C000319234

COLLECTION POÉSIE

GÉRARD DE NERVAL

Poésies
et Souvenirs

Édition établie,
présentée et annotée
par Jean Richer
Professeur à l'Université de Nice

GALLIMARD

« L'EXPÉRIENCE DE CHACUN
EST LE TRÉSOR DE TOUS »

« ... Je suis du nombre des écrivains dont la vie tient intimement aux ouvrages qui les ont fait connaître [a]. *»
Cette déclaration de Nerval autorise le regroupement dans le présent volume de ses œuvres les plus personnelles, comprenant les poésies présentées, sinon au complet du moins en un choix plus large que celui ordinairement mis à la disposition du lecteur, et des proses dans lesquelles le poète se raconte avec tant de simplicité et de gentillesse.*

Rassembler, sous le titre de Poésies et Souvenirs, *l'ensemble des écrits personnels de Nerval revient à réunir le quart en importance, sinon en étendue, de son œuvre essentielle, le reste comprenant, d'une part* Les Filles du feu, Aurélia, Pandora *(qui ont pris place dans un volume de la collection « Folio »), de l'autre les récits de voyage :* Le Voyage en Orient *et* Lorely. *Mais cela ne signifie pas que tout soit à négliger dans la critique, les articles de variétés, le théâtre qui forment la matière de huit volumes d'Œuvres complémentaires.* Léo Burckart, *par exemple, reste un des meilleurs drames de l'époque romantique* [b].

a. *Promenades et Souvenirs,* VII, « Voyage au Nord ».
b. Les huit volumes des Œuvres complémentaires sont publiés par les Éditions Minard-Lettres modernes. Le tome VII renfermant les *Œuvres de jeunesse* reste à paraître.

L'occasion nous a paru favorable pour donner, en attendant le volume des Œuvres de jeunesse, qui formera le septième tome des Œuvres complémentaires, un choix de poésies assez large et comprenant, avec des vers rarement recueillis, les traductions et adaptations en vers des poètes étrangers.

Dans le présent volume, on trouvera d'abord des poésies de jeunesse : sous le titre « Juvenilia I » les poésies où se manifestent un précoce besoin d'écrire et une ambition orientée avant tout vers la littérature ; sous le titre « Juvenilia II » des poèmes, déjà un peu plus mûrs, dans lesquels dominent la glorification de Napoléon, héros malheureux, et aussi l'inquiétude devant les rapports de l'homme avec le temps ; ensuite nous donnons les « Odes et Poèmes » de la période 1828-1831 dans lesquels apparaît l'enthousiasme du jeune poète pour l'idée de liberté. Parmi ces pages figurent un certain nombre de textes demeurés jusqu'à présent inédits, en particulier le touchant poème liminaire dans lequel un jeune adolescent parle de son « enfance », et aussi une partie du Cinq mai *et de* Sur la bataille du Mont Saint-Jean. *Ces textes proviennent d'un manuscrit, connu depuis longtemps, renfermant des poèmes de la période 1821-1824. Il appartient actuellement à M. Georges Dubois, qui a bien voulu nous le communiquer, ce dont nous le remercions vivement.*

Les variantes inédites de La Mort de l'Exilé *proviennent d'un manuscrit des* Élégies nationales, *daté de 1825, précédemment dans la collection Champion-Loubet, actuellement chez Éric et Marie-Hélène B...*

Pour la présentation de l'ensemble traditionnel des Poésies *nous avons conservé le cadre établi par le poète lui-même dans ses* Petits Châteaux de Bohême. *Toutefois, de cet ensemble, nous avons écarté le divertissement dialogué de* Corilla, *qui a pris place dans le volume des* Filles du feu.

A la section « Vers d'opéra-Lyrisme », nous avons

joint des vers de la pièce Caligula, *dont l'attribution
à Nerval ne fait guère de doute. Nous avons complété
les Odelettes et Les Chimères de tous les textes actuellement connus. Aux Poésies diverses nous avons
ajouté la Chanson de Han d'Islande, les traductions
de Lénore, celle de Boleslas Ier de Niemcewicz et deux
pièces provenant de L'Imagier de Harlem.*

*Après plus de trente années passées dans la société
presque constante de Gérard de Nerval, nous est-il
encore possible de parler de lui? On nous permettra
d'essayer ici, sinon d'ouvrir des perspectives nouvelles,
du moins de tenter quelques mises au point car, depuis
quelques années, certains détails ont pu être précisés,
et il convient de tenir compte des recherches et décou-
vertes récentes.*

NERVAL ET LE MYTHE DE NAPOLÉON

Le jeune Gérard Labrunie a été profondément marqué par l'épopée napoléonienne et si nous ne reproduisons pas intégralement les Élégies nationales, c'est
que leur masse même aurait déséquilibré le présent
recueil.

Il n'est pas inutile de rappeler une fois de plus que
la mort de la mère en Silésie, l'absence du Dr Labrunie,
puis le soudain retour de celui-ci ; ensuite, les récits
des guerres de l'Empire qui meublèrent l'enfance et
l'adolescence du poète, tout cela a exercé sur son esprit
une influence décisive. (Ici même les chapitres III, IV, V
de Promenades et Souvenirs en portent témoignage.)

C'est donc à dessein que nous avons regroupé quel-
ques poèmes consacrés à la mort et à la mémoire de
Napoléon où, déjà, apparaît le processus d'idéalisation.
Deux générations d'écrivains, qu'on songe à Vigny, à
Hugo, à Balzac, à Musset, ont transposé sur le plan

littéraire un rêve de gloire et de puissance, éveillé par l'épopée impériale, et ont feint de croire que, suivant la formule de Balzac, ils pourraient « achever avec la plume l'œuvre qui avait été commencée par l'épée [a] ». Que ces hommes fussent ou non légitimistes, pour la plupart d'entre eux, la Restauration fut l'époque des désillusions et 1830 marqua un grand espoir déçu. L'idéalisme révolutionnaire qui s'exprime dans En avant marche! est bien caractéristique de l'enthousiasme généreux de cette jeunesse qui, vers la même époque, voulut aider la Grèce, puis la Pologne, à se libérer de l'oppresseur.

Nerval, comme le jeune Hugo et à la suite de Béranger, a contribué à la formation de la légende napoléonienne et il a ainsi facilité l'avènement de Napoléon III, même si, par la suite, il adopta la position paradoxale et inconfortable d'un « napoléonide » anti-bonapartiste [b]. Un certain nombre de sonnets des Chimères ne s'expliquent que dans une perspective qui fait de l'Empereur un demi-dieu, et une odelette retrouvée, Le Coucher du soleil, n'a même de sens que si l'on sait que c'est le 5 mai, jour anniversaire de la mort de Napoléon, que le soleil se couche dans l'axe même de l'Arc de Triomphe de l'Étoile.

a. Voir de Jean Tulard : *Le Mythe de Napoléon*, 1971.
b. Nerval a collaboré à la *Revue comique à l'usage des gens sérieux* qui, en 1849-1850, faisait campagne contre la candidature du prince Napoléon à la présidence de la République. Il a aussi écrit anonymement dans *Le National ;* nous avons identifié à partir de quelques lignes manuscrites conservées à la collection Lovenjoul l'article sur *La Fête du 4 mai* publié par ce journal dans son numéro des 5-6 mai 1850, dans lequel Gérard ironisait sur une étrange commémoration de l'anniversaire de la République, qui célébrait plutôt le retour d'Égypte! (Voir *Les Nouvelles littéraires* du 7 janvier 1971, « Quand la République glorifiait Napoléon », article non encore recueilli.)

NAISSANCE D'UN POÈTE

Nerval conçoit d'abord la poésie comme un chant spontané et plutôt triste ; il note dans Le Prince des Sots : « *Dans les grandes peines, les grands chagrins, les grandes infortunes, il est rare, très rare, que des paroles chantées ne bruissent au fond de nous-mêmes et n'accompagnent constamment notre pensée surexcitée et anxieuse* [a]. » *Ce chant poétique intimement fondu avec le sentiment mélancolique d'où il tire son origine, c'est une possible définition de cette poésie orphique qui constitua l'idéal artistique de Nerval.*

Vers la même époque, dans un article du Carrousel, « *L'art et la poésie relativement à l'histoire* », *Nerval, sous le couvert de l'anonymat, a exprimé d'autres convictions :* « *... c'est à l'âme poétique que* [Dieu] *a communiqué la plus vive intuition des caractères, des mœurs et des passions humaines, l'instruisant du secret de leurs forces intimes, de leurs besoins et de leurs sympathies.*

« *A l'âme poétique, Dieu a donné la parole qui persuade et initie ; la poésie qui revêt de couleurs séduisantes les pensées arides du philosophe, du moraliste et du politique ; l'enthousiasme qui tire les hommes du cloaque des intérêts matériels et conduit ces âmes hors de leurs corps, comme la verge d'or d'Hermès. Il leur a donné la science et la divination du passé, qui leur découvre la loi providentielle de l'avenir et leur fait retrouver parmi les ténèbres et les décombres les cercles les plus anciens de la grande spirale du progrès et le point où devront être soudés les cercles nouveaux qui*

---

a. *Le Prince des Sots*, ch. xxx, p. 248 de notre édition, t. VI des Œuvres complémentaires. C'est à propos de Jean de Bourgogne que Nerval formule cette remarque. Mais, en fait, il prête un peu de lui-même à chacun des personnages de ce roman « historique ».

la continueront dans l'avenir [a]. » *On voit donc que,
dès 1836, faisant siennes certaines conceptions de Vico,
Nerval adoptait un « art poétique » très ambitieux, qui
trouvera sa formulation décisive dans l'admirable
préface de 1840 à l'édition des* Deux Faust : « *Il serait
consolant de penser, en effet, que rien ne meurt de ce qui
a frappé l'intelligence, et que l'éternité conserve dans
son sein une sorte d'histoire universelle, visible par les
yeux de l'âme, synchronisme divin, qui nous ferait
participer un jour à la science de Celui qui voit d'un
seul coup d'œil tout l'avenir et tout le passé* [b]. » *En fait,
toute l'entreprise poétique de Nerval, comme peut-être
toutes les œuvres humaines de quelque importance,
vise, en niant le temps, à situer auteur et lecteur dans
ce « synchronisme divin ».*

*Placée dans cette perspective, toute la poésie de
Nerval et tous ses écrits prennent leur sens et se ramènent
à une vision unitaire du cosmos. Transpositions
juvéniles de Byron et de Thomas Moore, traductions des
poètes allemands, imitations des poètes de la Pléiade,
fixation des ballades populaires apparaissent comme
autant d'exercices qui préparent l'éclosion des inimitables* Chimères, *mais ont aussi pour objet une prise
de conscience de plus en plus large de l'unité dans la
multiplicité, une appréhension de l'éternel dans le
présent. C'est une quête de la Signification à travers la
variété des voix avec, toujours, cette touchante attention
portée à la tonalité même de la voix humaine individuelle,
qui fait que l'œuvre est parsemée de femmes, de
jeunes filles, de jeunes gens, qui chantent.*

Pendant toute la première partie de sa carrière poé-

---

a. *Le Carrousel,* juillet 1836; article recueilli dans le t. VIII
des *Œuvres complémentaires, Variétés et Fantaisies,* p. 21.
Nerval y développait une note du *Carnet de Dolbreuse*
*(206) : « L'Art, par où l'homme active et complète l'œuvre de
la création. Il soumet et spiritualise la matière. »*
b. *La Vie des Lettres* (t. I des *Œuvres complémentaires*),
p. 14.

*lique, Nerval imite d'autres œuvres, en les faisant
siennes, de même que, par la suite, il donnera une signification personnelle à des mythes préexistants. Et c'est
comme créateur de sa propre mythologie qu'il parviendra
à cette gloire poétique tant désirée, en donnant à son
aventure terrestre valeur typique et exemplaire. Le
triomphe de cette imagination mythifiante est dans* Les
Chimères.

« LES CHIMÈRES »

*Il ne faut pas perdre de vue que Nerval lui-même
n'inséra que six de ces sonnets dans l'édition originale
des* Filles du feu, *en 1854. C'étaient, dans l'ordre :*
El Desdichado, Myrtho, Horus, Antéros, Delfica,
Artémis. *Ainsi, les initiales de ces titres écrivaient le
mot arabe ou turc EL MOHADDAR (« le caché ») qui
désigne celui qui transmet un enseignement ésotérique.*

*Mais, en fait, trois seulement de ces sonnets (*Horus,
Antéros, Artémis*) paraissaient là pour la première
fois, les autres avaient déjà été publiés ici ou là. Le
hasard de la conservation d'un manuscrit, probablement adressé, croyons-nous, à Edmond Texier
(*Ms « Dumesnil de Gramont »*) a permis la publication, en 1924, de six autres sonnets.*

*Nous voulons souligner la profonde unité d'inspira-
tion de ces poèmes. Il nous semble, en effet, que quelques
thèmes majeurs y dominent, chacun d'entre eux compor-
tant des nuances dans la formulation et des variantes
dans l'expression. On peut distinguer :*

I. Un cycle de la mort de Dieu et de la révolte
   caïnite, *auquel se rattachent les cinq sonnets du*
   Christ aux Oliviers, Antéros, *et* La Tête armée
   *(demeuré manuscrit jusqu'en 1877 et qui fait le
   lien avec le cycle napoléonien), en tout donc,
   sept sonnets.*

II. Un grand cycle de la correspondance universelle,
   qui comprend :
   1. Un texte théorique : Vers dorés.
   *2. Les sonnets d'inspiration napolitaine et orien-
      tale :* A Madame Aguado *et* A J-y Colonna,
      desquels dérivent Delfica, Myrtho, Érythréa.
      Donc six sonnets.
   3. Cinq sonnets du retour cyclique : A Madame
      Ida Dumas, A Louise d'Or., reine, A Hélène
      de Mecklembourg, A Madame Sand, Horus.
   4. Un dernier groupe comprend deux tombeaux :
      El Desdichado (Le Destin) *et* Artémis (Ballet
      des heures); *ils constituent comme le couronne-
      ment de l'édifice.*

*Dans ces poèmes, un ensemble d'allusions à des faits
historiques récents permet l'établissement de l'essai de
chronologie que nous proposons ci-après.*

*Nous avons, à dessein, laissé en blanc la colonne où
devrait figurer la date de composition proposée pour les
six sonnets qui figurent sur le manuscrit autrefois
dans la collection Dumesnil de Gramont. Il doit être
possible de donner à ce sujet une réponse globale. Nous
sommes parvenu à la conclusion, qui rejoint celle à
laquelle M. Paul Bénichou était arrivé de son côté* [a],
*que la « lettre » qui apporte le seul texte connu des six
« Autres Chimères » doit dater de la période 1841-1842.
Rappelons le texte du billet que l'on lit sous les sonnets :*

En voilà 6, fais les copier et envoie à diverses personnes — Va d'abord les lire (et la lettre au père L-y.
Tu verras si l'on peut révoquer ma lettre de cachet —
Sinon je refais l'*Erotica Biblion* de M. de Mirabeau,
car je n'ai pas même de Sophie pour venir me consoler

---

a. P. Bénichou : *L'Écrivain et ses travaux*, 1967 (pp. 144-
164).

	Repères	Composition	Publication	Manuscrits
Le Christ aux oliviers.		1842-1843	*L'Artiste* 31 mars 1844	(Existe, actuellement inaccessible)
Antéros	Séjour à Naples de 1843	1843-1845	*Les Filles du Jeu*, 1854	Inconnu
La Tête armée	Chute de Nerval, le 24 sept. 1851 Second Empire 1852	1852-1853	1877 et 1950	Coll. Lovenjoul
Vers dorés			*L'Artiste* 16 mars 1845	Album Nadar, reproduit par *L'Autographe*, 1er août 1864
A Madame Aguado	Les bayadères à Paris, août 1838		1924	Ms Dumesnil de Gramont
Myrtho	Séjour à Naples 18 nov.-1er décembre 1843		*L'Artiste* 15 fév. 1854	Inconnu
A J-y Colonna	Premier séjour à Naples, 20-29 octobre 1834		1924	Ms Dumesnil de Gramont

	Repères	Composition	Publication	Manuscrits
Delfica	Séjour à Naples de 1843		*L'Artiste* 28 déc. 1845	Inconnu
Erythréa	Articles d'Eckstein dans *La Revue indépendante*, 1847 et 1848 [a]		1941	Ms Éluard
A Madame Ida Dumas	Traité de la Tafna, 1837. Mariage de Dumas et d'Ida Ferrier, 5 février 1840		1924	Ms Dumesnil de Gramont
A Louise d'Or., reine	Lithographie de 1840 (*La déesse avait [ui [b]*), Louise d'Orléans, reine en 1832. Mort de la reine Hortense à Arenberg, 6 oct. 1837		1924	Ms Dumesnil de Gramont

a. Voir notre *Nerval, Expérience et Création*, p. 198.
b. *Ibid.*, pp. 67 à 69 et planches D-I et D-II.

	Repères	Composition	Publication	Manuscrits
Horus	Voir *A Louise d'Or.* Second séjour à Naples, 1843		*Les Filles du Jeu,* 1854	
A Hélène de Meck-lembourg	Tentative de Louis-Napoléon à Strasbourg 30 oct. 1836. Mariage du duc d'Orléans avec Hélène de Mecklembourg, à Fontainebleau, 30 mai 1837		1924	Ms Dumesnil de Gramont
A Madame Sand	Nerval passe près du château de Dürnstein le 18 nov. 1838		1924	Ms Dumesnil de Gramont
El Desdichado	1853	1853	*Le Mousquetaire* 10 décembre 1853	Ms Éluard Ms Lombard (*Le Destin*)
Artémis	1840-1853 (*La treizième revient...*)	1853	*Les Filles du Jeu,* 1854	Ms Éluard. Ms Lombard (*Ballet des heures*)

(écrire à l'Archiduchesse). Si tu veux les 6 autres
sonnets, viens vite les chercher demain.

      Adieu Muffe !

          Ton ami

            L-B Gérard de Nerval

*Selon nous, son destinataire le plus probable est
Edmond Texier que Nerval tutoyait et avec qui il était
alors en relations étroites (puisqu'ils écrivirent vers
la même époque* L'Ane d'or *en collaboration) et le
« père L-y » dont il est question dans cette lettre doit être
Lingay (comme l'a d'ailleurs supposé M. Bénichou* [a]).*

*Le tableau des allusions historiques que nous venons
d'établir montre que, dans les six sonnets, elles concernent toutes des événements antérieurs à 1840.*

Si, dans Hélène de Mecklembourg, *on croit lire
une allusion à la mort accidentelle du duc d'Orléans,
survenue le 13 juillet 1842, il faudrait dater le document
d'un peu après cette date.*

*Ainsi que l'a indiqué M. L. Belleli, dans la nuit du
19 au 20 novembre 1843, durant le deuxième séjour de
Nerval à Naples, se produisit une légère éruption du
Vésuve. Mais le séjour à Naples de 1834 suffit à rendre
compte des vers de A J-y Colonna :*

Sais-tu pourquoi, là-bas, le volcan s'est rouvert?
C'est qu'un jour nous l'avions touché d'un pied agile,
Et de sa poudre au loin l'horizon s'est couvert!

*Un dernier repère est fourni par une lettre à George
Sand du 23 novembre 1853, dans laquelle Nerval
transcrivit, avec des variantes, le premier quatrain et
les deux tercets du sonnet adressé à la romancière. Dans
cette lettre, il déclare lui avoir envoyé le poème dix ans
auparavant, ce qui renverrait à 1843.*

a. *Ibid.,* pp. 151-152.

Mais la lettre-manuscrit des Autres Chimères *a été envoyée durant un internement de Nerval : cela ramène donc à 1841 ou 1842 et on voit que la marge d'incertitude est décidément assez faible.*

Comme M. Bénichou encore [a], *nous pensons que le second* Myrtho, *qui comprend les quatrains du premier* Myrtho *et les tercets de* Delfica, *est ou une fabrication ou le résultat d'une erreur de typographie. Nul n'en a jamais vu de manuscrit et il n'apporte, par rapport aux poèmes connus, aucune variante, circonstance qui doit éveiller la méfiance. C'est pourquoi nous l'écartons.*

Lorsqu'on entreprend de commenter Les Chimères, *quel que soit le type d'analyse proposé, une marge de mystère subsiste toujours, voulue par le poète et qui tient à l'imprécision ou à l'ambiguïté de certains termes, ou bien à l'incertitude qui règne quant aux relations exactes entre plusieurs mots ou noms employés.*

Les cinq sonnets du Christ aux Oliviers *paraphrasent le célèbre texte de Jean-Paul Richter dont M*me *de Staël avait donné une adaptation, sous le titre* Un songe *dans le chapitre XXVIII (« Des romans ») de la deuxième partie de son livre* De l'Allemagne. *Cette adaptation était tronquée de la fin, où le narrateur se réveille de son cauchemar et a la vision apaisante d'un crépuscule pénétré de la présence de Dieu ; ainsi mutilée, elle faisait du texte de Jean-Paul une illustration de l'athéisme et de son auteur un désespéré.*

*Cependant Nerval a connu le texte intégral car, outre l'ouvrage de M*me *de Staël et l'original allemand, il a pu disposer de la traduction de Loève-Veimars (1830) et a très probablement recouru également à celle qui figure dans un recueil publié à Haguenau en 1828 par un groupe de professeurs alsaciens* [b] *et qui donnait*

a. *Ibid., loc. cit.*
b. M. Simon Jeune a trouvé ces volumes de traduction à la Bibliothèque municipale de Nancy. Voir son article « Sur

la traduction des Leçons de littérature allemande *de*
Noël et Stoeber (ouvrage que Nerval a emprunté à la
Bibliothèque nationale en 1830). C'est donc en pleine
connaissance de cause que Nerval a choisi de perpétuer
un contresens qui fut général en France à l'époque
romantique. A leur tour, les sonnets de Nerval inspi-
reront Le Mont des Oliviers *de Vigny.*

En les lisant, Verhaeren verra dans le Christ une
allégorie du poète : « ... ici le Christ, abandonné de tous,
par ses apôtres, par le seul qui veille dans Solyme, est
finalement recueilli par pitié et livré aux soldats, comme
fou. Et ce fou n'est-il pas le poète lui-même, en un jour
de spleen et de désespérance? N'est-ce pas lui, fatigué de
ses amis et comme attiré par ceux qui lui sont hostiles
et qui lui feront le mal presque bienveillamment [a]*? »*

Dans Antéros, Gérard laisse parler cette voix en
lui qui profère d'étranges blasphèmes : il donne la
parole à l'anti-amour, vengeur des dieux morts et de
l'amour humilié. Ce sonnet est le carrefour de l'œuvre
nervalienne où se rencontrent pré-adamisme et titanisme,
caïnisme, sabéisme et manichéisme, toutes les religions
qui auraient pu, à un moment donné, triompher du
christianisme. Les derniers vers évoquent la « mère
Amalécyte », formidable entité, dragon femelle, goule
et fée.

La Tête armée resta inédit du vivant de Nerval, peut-
être parce que le poète se rendit compte qu'il n'était
guère possible de publier des vers dans lesquels il se
donnait pour le seul héritier spirituel authentique de
Napoléon !

En somme, Le Christ aux Oliviers, Antéros, La
Tête armée *constituent un cycle de la révolte et de la*

---

une traduction romantique inconnue du Songe de Jean-
Paul », *R.L.C.*, juillet-septembre 1967, pp. 401-403. Nerval
a peut-être conservé les volumes identiques empruntés par
lui à la Bibliothèque nationale...

a. Verhaeren : *Impressions*, 2ᵉ série, 1927, reproduisant un
article paru dans *L'Art moderne* en 1887.

démesure : on y voit le poète s'identifier successivement au Christ, à Caïn, à Napoléon. L'effusion lyrique n'y dissimule qu'à peine la mégalomanie, ces étonnantes prétentions au statut de Dieu ou tout au moins de héros qui constituèrent un des aspects permanents du délire nervalien.

Le cycle de la correspondance universelle est le complément et le contrepoint obligé de celui de la révolte : il suppose la rigueur, la sévérité, l'équilibre, l'apaisement.

En termes d'une réelle noblesse Vers dorés *formule la doctrine pythagoricienne ou plutôt orphique qui constitue la partie la plus certaine et la mieux attestée des croyances de Nerval. Comme l'a montré G. Le Breton, Nerval y mit en vers certains passages du récit « les douze surprises de Pythagore » qui se lit à la fin du second tome de la* Philosophie de la nature *de Delisle de Sales, dans l'édition de 1777* [a].

Dans son important ouvrage Traditions orphiques et tendances mystiques dans le romantisme français *(1971), M. Brian Juden a étudié les multiples influences et souvenirs de lectures qui trouvent leur aboutissement dans cette « Pensée antique » (autre titre du poème).*

De manière proche et scolaire peut-on dire, plusieurs textes des Métamorphoses *d'Ovide ont eu pour Nerval une particulière importance: le récit de la seconde perte d'Eurydice (X, 1), celui de la mort d'Orphée (XI, 2), le discours que tient Pythagore pour exposer sa doctrine (XV, 2). Comme le dit très justement M. Brian Juden, c'est sur ce fond de croyances orphiques et pythagoriciennes que Nerval projette ses sonnets consacrés aux Sibylles et donc doublement sibyllins,*

a. *La Tour Saint-Jacques,* janvier-avril 1958 (numéro spécial sur Nerval).

Delfica, Myrtho, Érythréa, si bien étudiés par F. Cons-
tans [a]. *Le poète y annonce le retour d'Apollon et,*
reprenant en vers la doctrine exposée dans la Préface
aux Deux Faust *de 1840 (voir ci-dessus) affirme*
que tout ce que les hommes ont cru ou pensé à un quel-
conque moment de l'histoire, existe et continue à agir
de toute éternité :

Ils reviendront, ces Dieux que tu pleures toujours!

Érythréa, dont il existe deux versions, dans son
texte définitif décrit la danse cosmique d'une déesse
ou d'un dieu qui est à la fois la roue et le moyeu.

Si on a suivi nos précédentes déductions, les sonnets
A Madame Ida Dumas, A Louise d'Or., reine, A
Hélène de Mecklembourg, A Madame Sand, *se ratta-*
chent à une inspiration plus ancienne. La figure de
Napoléon, le Nouvel Apollon, y tient une place pré-
pondérante, et on peut dire que ces sonnets transposent,
dans un registre différent, l'inspiration des Élégies
nationales. *Mais c'est l'idée du retour cyclique qui*
donne à ce groupe de poèmes leur unité.

A titre d'exemple et pour préciser certains points,
examinons plus en détail A Madame Ida Dumas,
poème où l'on voit s'élaborer une poétique faite d'allu-
sions historiques, de métaphores à plusieurs niveaux,
une recherche de l'imprécision suggestive et calculée.

« A MADAME IDA DUMAS »

On n'a quelque chance de pénétrer le sens du poème
que si l'on perçoit d'abord que Nerval part de la concep-
tion des archanges recteurs des astres du système solaire

a. *R.S.H.*, juillet-septembre 1958 et juillet-septembre 1959.

et considère un trio formé par Michaël, Gabriel et Raphaël (qui n'est pas nommé mais qui prend la parole...). En effet le « Je », celui qui parle, est « assis chantant aux pieds de Michaël » (vers 1) et Michaël représente le principe solaire. Il a pour « frère » (vers 7) Gabriel, qui est régent de la Lune. Ce « Je » est aussi le poète, il ne peut donc être que Raphaël, ange de Mercure, d'abord parce que lorsque parmi les sept archanges on en considère seulement trois, ce sont, précisément, Michel, Gabriel et Raphaël — les plus connus ; ensuite parce que Gérard, né le 22 mai, est marqué par le signe mercurien des Gémeaux. (En de nombreuses circonstances et pour la même raison il s'identifiera à Ovide qui, dans le système de Marsile Ficin, représentait l'esprit de Mercure.)

Le Roi des rois dormait dans sa couche éclatante

C'est Michaël, identifié sur le plan humain à David, à Salomon et peut-être aussi à Mérovée (voir ci-après) et au Négus.

Tous deux en rêvant nous pleurions Israël !

Nous regrettions l'époque des grandeurs passées, non seulement d'Israël, mais de toute la race humaine.

Quand Tippoo se leva dans la nuée ardente

Tippoo Sahib a recommencé la guerre contre les Anglais en 1798, au moment où Bonaparte était en Égypte.

Trois voix avaient crié vengeance au bord du ·ciel

Ces trois voix, croyons-nous, ne peuvent être que celles des trois vaincus énumérés ensuite: Le loup Ibrahim, le tigre Napoléon, le lion Abd-el-Kader.

Il rappela d'en haut mon frère Gabriel

Tippoo « rappelle » Gabriel parce que l'archange, qui est pour les chrétiens celui de l'Annonciation, peut, dans une certaine perspective, être considéré comme l'archange de l'Islam; c'est lui qui aurait dicté le Coran à Mahomet. Il annonce la venue de trois combattants qui succomberont tous trois : Ibrahim, chef des mameluks d'Égypte, Napoléon, Abd-el-Kader (Traité de la Tafna, 1837).

le glaive d'Alaric, le sabre d'Attila,
Ils les ont

En 451, Attila fut vaincu à la bataille des champs catalauniques; Alaric II, roi des Wisigoths en 484 fut tué à Vouillé par Clovis en 507. On voit donc que, s'agissant de l'affrontement de l'Orient et de l'Occident, le poète considère une période de douze ou treize siècles. Il pense peut-être parvenir à dégager une loi cyclique et apparaît déjà, allusivement indiquée, la notion de treizième heure : 507-1837, l'intervalle est de 1330 années.

Dans la Première Aurélia, *ce thème des affrontements périodiques des races et des peuples de l'Orient et de l'Occident est évoqué et, en relisant ces pages, on est en droit de se demander si le « Roi des rois », dans l'esprit de Nerval, ne désignerait pas Mérovée, roi légendaire, dont il affirmait très sérieusement l'origine éthiopienne!*

Il est fort probable que le César romain *dont parle le dernier vers et qui a volé la foudre est Napoléon.*

C'est dans les Almanachs prophétiques de Bareste et dans l'édition que celui-ci donna des Centuries que Nerval a trouvé le ton vaticinant d'un tel poème.

Il est cependant construit sur une idée intéressante, qui consiste à voir dans les grands affrontements des

peuples le libre jeu de forces planétaires antagonistes.
Si le déterminisme astral existe, c'est probablement
au niveau des faits collectifs qu'il est le plus contraignant.
Dans une perspective simplifiée ou simpliste, la lutte
de l'Orient et de l'Occident à travers les âges historiques,
celle de la Croix et du Croissant, devient le combat
du Soleil et de la Lune, du jour et de la nuit. Et Raphaël
est le témoin, le poète, la personnification de la poésie
épique, relatant ce perpétuel combat.

On voit du même coup qu'il y a dans ce poème la
préfiguration de El Desdichado, *sonnet dans lequel le*
poète nommera les divers principes dont l'ensemble
formait à la fois sa personnalité et la trame de son destin.

« A LOUISE D'OR., REINE »

C'est le titre du poème A Louise d'Or., reine *qui*
retiendra notre attention.
Décrivant l'Adrienne de Sylvie, dans une lettre à
Maurice Sand du 5 novembre 1853, Nerval dit : « Il y a
deux femmes, l'une, l'actrice, est blonde — type bour-
bonien — Louise d'Orléans par exemple. » Cette réfé-
rence est complétée par un passage de la Première
Aurélia, *où il est question d'un concert donné à*
Bruxelles, en décembre 1840 : « Deux reines y assis-
taient. La reine du chant était celle que je nommerai
désormais Aurélie. La seconde était la reine de Belgique,
non moins belle et plus jeune. Elles étaient coiffées
de même et portaient à la nuque, derrière leurs cheveux
tressés, la résille d'or des Médicis. »
Comme Nerval le souligne lui-même, il s'agit de deux
beautés blondes et assez opulentes. Ne lit-on pas dans
Panorama : « Je me suis pris le cœur dans les cheveux
blonds de tes filles — ô ma mère Héva ! »? Relevons
un curieux parallèle phonétique : A Louise d'Or.,
reine *et à la résille d'or. L'adoration de la chevelure*

blonde se trouve dans le Songe de Poliphile, *cher à
Nerval. Polia, l'Étoile dont le nom désigne l'Antiquité
mais, selon une autre étymologie, veut dire lumineuse,
étincelante, stellaire y est dite* chrysocari *(« à la tête
d'or ») forme contractée de* chrysocarenos.

Aussi bien dans Sylvie *que dans* Aurélia, *les héroïnes
tendent sans cesse à se fondre dans l'esprit du narrateur, à se superposer dans celui du lecteur. Sur le jeu
d'épreuves conservé à la collection Lovenjoul, l'héroïne
d'*Aurélia *se nomme encore Aurélie. Pourquoi Nerval
a-t-il, finalement, et au dernier moment, adopté la
forme latine? C'est, croyons-nous, parce que cette figure
syncrétique doit aussi quelques traits à Louise d'Orléans
et parce qu'elle représente la Mère. En effet la mère
de César se nommait Aurélia (et le poète, lui, prétendait descendre de l'empereur Nerva) et, d'autre part,
l'étymologie du nom d'Orléans est Aureliana civitas [a].*

*On voit par ces deux exemples, pris à des niveaux
différents d'interprétation, puisque le premier concer-
nait un poème entier et le second seulement sa dédicace,
que le commentaire et la lecture des* Chimères *reposent
sur la constante confrontation d'une biographie du
poète ramenée à ses éléments légendaires avec l'histoire
de l'humanité tout entière.*

L'univers des Chimères *est celui de l'éternel retour,
de la répétition, de la paramnésie. Et la leçon qui s'en
dégage, une fois constaté le silence de la Divinité, c'est
qu'il faut sortir de ce monde-ci. Les Anciens le savaient
déjà, mieux vaudrait n'être pas né — une fois né,
on doit s'efforcer d'échapper au cycle des métempsy-
coses.*

C'est pourquoi les deux sonnets les plus remarquables

a. Pour le commentaire proprement dit de *A Louise d'Or.,
reine* et d'*Horus*, voir *Nerval, Expérience et Création*, 2ᵉ éd.,
Hachette, 1970, pp. 67-73.
Rappelons que, dans cet ouvrage, nous avons étudié tout
l'œuvre de Nerval.

et les plus justement célèbres des Chimères : El Desdi-chado (Le Destin) *et* Artémis (Ballet des heures) *sont en réalité des « Tombeaux » du poète et comme des conso-lations qu'il s'accorde à lui-même par le moyen de la poésie en constatant et assumant son « guignon » d'être incarné.*

Dans le premier, le poète énonce en termes somptueux les données permanentes de son destin et exprime sa croyance à la fatalité astrale : le seul salut pour lui est alors dans l'amor fati des Anciens.

Dans Artémis il décrit la dynamique d'une existence soumise à un tel déterminisme ; sa croyance au retour cyclique, appliquée à son cas personnel, se traduit par l'importance qu'il accorde à l'intervalle de treize années séparant 1840 de 1853 (date de composition du sonnet). Est-il besoin de dire qu'il y a lieu de tenir le plus grand compte des gloses proposées par Nerval lui-même qui figurent sur le « manuscrit Éluard » et qu'on trouvera dans les notes de la présente édition?

Les vingt poèmes du cycle des Chimères *et, spéciale-ment, les six qui se trouvaient à la suite des* Filles du feu, *ont plus fait pour la gloire de Nerval que tout le reste de son œuvre. Il faut voir là sans doute l'attirance de toute une partie du public lettré pour une poésie gnomique et cependant musicale.*

Dans Artémis, un poète très habile enfreint en se jouant les règles du poème à forme fixe pour les rem-placer par les contraintes qu'il s'impose. Tout, dans ce poème, repose sur une équivalence linguistique et spirituelle : ARTÉMIS-SYMETRIA, AMOR-MORS, BERCEAU-BIÈRE. *Le poète dit donc aimer pour « mourir », amant pour « mort », etc.*

La règle adoptée le conduit à écrire cinq fois le radi-cal du verbe aimer (amant, aimez, aima, aimai, aime) et à rechercher les assonances à ce radical ou à son inverse (mai) comme aussi à mort, d'où: moment, première, m'aime, Mort, Morte, trémière, mains.

Le rapport phonétique et sémantique Roi-Reine-Rose suscite une autre série d'assonances : le mot rose ne revient pas moins de quatre fois et appelle : cœur, fleur, croix.

Un tel « sonnet », s'éloignant délibérément de la prosodie traditionnelle, annonce une poésie différente et, par-delà le symbolisme, prélude à des recherches très actuelles.

SOUVENIRS

Nous l'avons rappelé, les Petits Châteaux de Bohême *constituent, en fait, le cadre dans lequel Gérard lui-même a choisi de présenter ses poèmes les plus achevés.*

Nous avons ensuite regroupé trois proses sous le titre Mémoires d'un Parisien, *espérant toujours la réapparition des feuillets qui manquent encore et qui doivent se trouver dans quelque collection privée. Les textes des* Nuits d'octobre *et de* Promenades et Souvenirs *sont ceux publiés dans* L'Illustration *du vivant de Nerval.*

« Les souvenirs d'enfance se ravivent quand on a atteint la moitié de la vie. C'est comme un manuscrit palimpseste dont on fait reparaître les lignes par des procédés chimiques[a]. » A partir de 1850 environ, Nerval entreprendra systématiquement d'intégrer son enfance par le moyen d'excursions dans le Valois et dans tous les environs de Paris (car Saint-Germain, dans ses souvenirs, joue un rôle presque aussi important que le Valois). De ces promenades sortiront Angélique, *une partie des* Nuits d'octobre, Promenades et Souvenirs.

Comme Rousseau et Nodier qui, avant lui, idéalisèrent leur passé, Nerval est de ceux chez qui l'exercice

_____

a. *Angélique,* 6e lettre.

modéré, les randonnées pédestres, en activant la circula-
tion du sang, favorisent l'éclosion de l'œuvre.

En même temps c'est un de nos grands humoristes,
aux divers sens du mot, et il prend très consciemment
la suite de ses maîtres Sterne, Rétif, Diderot, à qui il
emprunte plus d'un procédé. Mais chez lui, la confi-
dence est plus modeste et plus directe que chez ses pré-
décesseurs et c'est peut-être l'extrême simplicité du ton
qui nous retient aujourd'hui et qui le place à part.

L'entreprise des Nuits d'octobre est parallèle à
celle d'Aurélia et la complète. Poursuivant une recherche
de la totalité, il s'agit de faire entrer dans l'œuvre les
éléments les plus pauvres et, en apparence, les plus
démunis de poésie, les plus modestes, ceux qu'on place
ordinairement au dernier niveau de la réalité. Il s'agit
de réhabiliter l'humble et le vulgaire — de lui donner
ses titres de noblesse littéraire. C'est tout le côté sombre
et nocturne de l'existence que ce noctambule, qui avait
décrit les Nuits du Ramazan, entreprend de faire
connaître à ses contemporains — et son enquête revêt
un caractère quasi sociologique.

LES NIVEAUX DE LANGUE

En chemin, Nerval rencontre le problème des niveaux
de langue. Là encore il n'est pas le premier à avoir
songé à tirer parti de la langue populaire et de l'argot,
puisque Vadé avait écrit ses dialogues poissards. Mais
il est intéressant de relever qu'il n'a pas entièrement
utilisé les notes, prises sans doute dans quelque cabaret des
halles, des bouts de dialogue, que nous avons déchiffrés
à la collection Lovenjoul (reproduites à la fin du volume).

Quel élargissement du champ de la littérature propo-
sent ces Nuits d'octobre, où l'on trouve côte à côte
des récits de rêves et des notations de dialogues en langue
populaire!

Dès 1850, rendant compte d'un vaudeville, Nerval avait écrit :

« ... *Tout le monde aujourd'hui dévide le jars avec facilité. Notre collaborateur* [Théophile Gautier] *disait dernièrement, dans ce même feuilleton, que d'ici à quelques années la langue française serait au nouveau jargon parisien ce qu'est le sanscrit au prâcrit, l'italien au latin, l'arabe vulgaire à l'arabe littéral, et que l'idiome parlé depuis deux siècles passerait à l'état de langue savante* [a]. »

Et il poursuivait en parlant de l'argot ancien qu'il connaissait bien, pour s'y être intéressé lorsqu'il composait son Prince des Sots. Il ne faisait alors que suivre le Hugo de Notre-Dame de Paris. *Inversement, Hugo, prenant dans* Les Misérables *la suite des* Nuits d'octobre *pour en amplifier considérablement les thèmes, écrira dans le* Livre VII *les pages fameuses sur l'argot dans lesquelles on lit :* « L'argot, c'est la langue des ténèbres. »

Approchant du terme de sa trop brève existence, Nerval découvre que la plus sûre manière de créer l'univers magique dont il rêve c'est d'assurer l'éternité de l'œuvre littéraire à ses plus chers souvenirs, qui constituent ses seules certitudes : « Religion ou philosophie, tout indique à l'homme ce culte éternel des souvenirs [b]. » *Il s'efforce de les fixer à jamais, dans sa prose fluide et poétique. Tant dans ses meilleurs poèmes que dans les récits publiés à la fin de sa vie, il parvient à immobiliser un passé idéalisé et transfiguré. C'est ainsi que, par les magies conjointes du souvenir et de l'écriture, son expérience est devenue le* « trésor de tous ».

Jean Richer.

a. *La Presse*, 19 août 1850, feuilleton recueilli dans *La Vie du théâtre*, t. II des Œuvres complémentaires; notre citation p. 733.

b. *Angélique*, 5e lettre, *in fine*.

Poésies de jeunesse choisies

(1822-1827)

L'ENFANCE [1]

Qu'ils étaient doux ces jours de mon enfance
Où toujours gai, sans soucis, sans chagrin,
    Je coulai ma douce existence,
    Sans songer au lendemain.
    Que me servait que tant de connaissances
    A mon esprit vinssent donner l'essor,
    On n'a pas besoin des sciences,
    Lorsque l'on vit dans l'âge d'or!
    Mon cœur encore tendre et novice,
    Ne connaissait pas la noirceur, *
    De la vie en cueillant les fleurs,
    Je n'en sentais pas les épines,
    Et mes caresses enfantines
    Étaient pures et sans aigreurs.
    Croyais-je, exempt de toute peine
    Que, dans notre vaste univers,
    Tous les maux sortis des enfers,
    Avaient établi leur domaine? [3]

    Nous sommes loin de l'heureux temps
    Règne de Saturne et de Rhée,
    Où les vertus, les fléaux des méchants,

* Et le mensonge et l'artifice [2].

Sur la terre étaient adorées,
Car dans ces heureuses contrées
Les hommes étaient des enfants.

13 ans 1/2
[1821/1822]

ÉPÎTRE PREMIÈRE [1]

C'est à toi que j'écris, ami tendre et fidèle,
Je voudrais que ma muse à mes vœux moins rebelle,
Entonnât des accents dignes d'elle et de toi,
Mais c'est toujours en vain que je voudrais bien faire
Apollon me rebute, et rit de ma colère
Et Pégase rétif ne connaît plus ma loi.
Pourtant je fais des vers, dont tout le monde enrage
On me dit, que j'aurai l'infortune en partage,
On me dit, et pourtant on n'a pas encor tort,
Que souvent le Génie est un vilain trésor;
Que pour devenir riche, en rimant, il faut l'être,
Que le plus beau talent ne nourrit pas son maître;
On me dit... cent raisons que je n'écoute pas,
Et je crois, entre nous, qu'on y perd bien ses pas;
Mon désir généreux part d'une âme bien née,
Être auteur et jeûner, voilà ma destinée!
Je veux remplir le sort que les dieux m'ont offert,
Et suivre à l'hôpital, Malfilâtre, et Gilbert.
Tu ris, mon cher rival, tu plains mon infortune,
Tu crois que mon esprit est parti dans la lune,
Que mon glorieux sort fera peu de jaloux,
Et qu'il faudra me mettre à l'hôpital des fous.

A ce compte, mon cher, on t'y mettrait peut-être,
Car qu'est-ce qu'un poète? Un poète est un être
Bonhomme au demeurant, mais tant soit peu menteur
Tant soit peu médisant, et tant soit peu hâbleur;

Tourmenté nuit et jour d'une sotte manie,
Et brûlé d'un beau feu qu'il appelle génie;
Du reste, tout entier en proie aux ignorants,
Et servant de jouet même aux petits enfants.

Il est vrai cependant que des moments de gloire,
Sur ses vils ennemis lui donnent la victoire,
Lorsqu'il voit s'agiter les mains du spectateur,
Et qu'il entend partout crier : l'Auteur, l'auteur!
Qu'il voit tout lui sourire et tout lui rendre hommage
Mais aussi que fait-il? Que devient son courage,
Quand un malin public, lançant maints quolibets,
Souffle dans des tuyaux qu'on appelle sifflets!

Naguère il fut un temps où l'enfant du génie
Habitant fortuné des vallons d'Aonie,
Au sein d'un peuple entier attentif à ses chants
Faisait entendre au loin ses aimables accents.
Sur le soir d'un beau jour lorsque dans la vallée,
Des joyeux habitants la troupe rassemblée,
A des jeux innocents occupait ses loisirs,
Le luth harmonieux variait leurs plaisirs.

Aux accents du poète, une troupe attentive,
Accourait écouter la romance plaintive,
L'Ode qui noblement roule ses vers pompeux,
Ou coule avec langueur ses soupirs amoureux;
Là l'enfant d'Apollon par ses accents enchaîne
Une foule empressée et qui respire à peine,
Il en sait à son gré disposer les esprits,
Tantôt aux spectateurs étonnés, attendris,
Il sait communiquer le beau feu qui l'inspire,
Et tantôt sur leur bouche il enchaîne un sourire.

[1825]

LES ÉCRIVAINS[1]

Où fuir? Où me cacher? Quel déluge d'écrits,
En ce siècle falot vient infecter Paris,
En vain j'ai reculé devant le Solitaire,
O Dieu du mauvais goût! Faut-il donc pour te plaire
Entasser des grands mots toujours vides de sens,
Chanter l'homme des nuits, ou l'esprit des torrents,
Mais en vain j'ai voulu faire entrer dans ma tête,
La foudre qui soupire au sein de la tempête,
Devant le Renégat j'ai pâli de frayeur;
Et je ne sais pourquoi les esprits me font peur.

O grand Hugo, poète et raisonneur habile,
Viens me montrer cet art et grand et difficile,
Par lequel, le talent fait admirer aux sots,
Des vers, peut-être obscurs, mais riches de grands mots.
O Racine, Boileau! vous n'étiez pas poètes,
Déposez les lauriers qui parèrent vos têtes,
Laissez à nos auteurs cet encens mérité,
Qui n'enivra jamais la médiocrité;
Que vos vers relégués avec ceux de Virgile,
Fassent encore l'ennui d'un Public imbécile,
Ils sont plats, peu sonnants, et souvent ennuyeux,
C'était peut-être assez pour nos tristes ayeux,
Esprits lourds et bornés, sans goût et sans usage,
Mais tout se perfectionne avec le temps et l'âge.

C'est comme vous parlez, ô sublimes auteurs,
Il ne faut pas, dit-on, disputer des couleurs,
Cependant repoussant le style Romantique
J'ose encor, malgré vous, admirer le classique
Je suis original, je le sais, j'en conviens,
Mais vous du Romantisme, ô glorieux soutiens,
Allez dans quelques clubs ou dans l'Académie
Lire les beaux produits de votre lourd génie,

Sans doute ce jour-là vous serez mis à neuf,
Paré d'un long jabot et d'un habit d'Elbeuf
Vous ferez retentir dans l'illustre assemblée,
Les sons lourds et plaintifs d'une muse ampoulée.

Quoi, misérable auteur que vieillit le travail,
Voilà donc le motif de tout cet attirail,
Surnuméraire obscur du Temple de la gloire,
Tu cherches les bravos d'un nombreux auditoire.
Eh quoi, tu ne crains pas que quelques longs sifflets,
Remplissent le salon de leurs sons indiscrets
Couvrant ta lourde voix au sortir de l'exorde,
En te faisant crier, grâce, Miséricorde!
Et c'était pour l'appât des applaudissements?
Que dans ton cabinet tu séchas si longtemps;
Voilà donc le motif de ta longue espérance
Quoi tout fut pour la gloire, et rien pour la science?
Le savoir n'aurait donc aucun charme puissant
S'il n'était pas suivi d'un triomphe brillant,
Et tu lui préféras une vaine fumée,
Qui n'est pas la solide et bonne renommée
Sans compter direz-vous combien il est flatteur
D'entendre murmurer : C'est lui, ce grand auteur,
D'entendre le public en citer des passages,
Et même après la mort admirer ses ouvrages;
Pour le défunt, dis-tu, quel triomphe éclatant,
Sans doute pour le mort c'est un grand agrément
Sa gloire embellira sa demeure dernière,
La terre qui le couvre en est bien plus légère.

Ah! C'est trop vous moquer de nos auteurs nouveaux,
Dis-tu, lorsque vous-même avez tous leurs défauts,
Mais en vain vous voulez censurer leurs ouvrages,
Vous les verrez toujours postuler des suffrages,
Vous les verrez toujours occupés tout entiers,
A tirer leurs écrits des mains des Épiciers.

Mais vous, qui paraissez faire le moraliste,
De l'état d'Apollon ennuyeux rigoriste
Que retirez-vous de vos discours moraux?
La haine des auteurs, et l'amitié des sots.

O toi qui me tint lieu jusqu'ici d'auditoire
Me crois-tu donc vraiment insensible à la gloire!
Si ma Plume jamais produisait des écrits;
Qui ravissent la palme à tous nos beaux esprits.
J'aimerais à gagner un hommage sincère,
Mais je plains ton orgueil, Écrivain téméraire
Qui crois que les bravos qu'à dîner tu reçois,
Témoignent ton mérite, et sont de bon aloi.

Et cet Auteur encor qui sur la Place invite
A son maigre dîner, un maigre Parasite
Et qui lui dit ensuite à la fin du repas,
« Amis, parlez sans fraude, et ne me flattez pas,
« Trouvez-vous mes vers bons? Dites en conscience »
Peut-il à votre avis dire ce qu'il en pense?

En plein barreau Damis est traité de voleur
Il prend pour sa défense un célèbre orateur
Comment défendra-t-il une cause pareille?
Par des mots, de grands mots, et l'on dira, *Merveille!*

Eh! Quoi peuple ignorant, vous gardez vos bravos,
Et vos cris répétés pour encenser les sots,
Croyez-vous qu'en chantant une chanson risible,
Un Pauvre à ses malheurs me rende bien sensible
Non, à d'autres plus sots il pourra s'adresser,
Et le vrai, le vrai seul pourra m'intéresser.

ÉPÎTRE SECONDE[1]

O toi, cher Duponchel, que ton mauvais génie,
A doué comme moi d'une sotte manie
Et qui sais, à la rime asservissant tes mots,
Emprisonner un sens dans des mètres égaux,
Admirateur zélé du pur et beau classique ;
Fuis surtout, fuis toujours le style Romantique ;
Ah ! fuis, il en est temps ces vers éblouissants ;
Où tout est pour l'éclat où rien n'est pour le sens ;
En vain de maint lecteur la bizarre manie,
Accueille de ces vers l'étrangère harmonie,
Le faux goût passera, les bardes à leur tour
Verront tomber leur gloire aux premiers feux du jour,
Et suivis de l'oubli qui sur leurs vers retombe,
Des héros de Morven partageront la tombe.
Quelques-uns, il est vrai, surent loin des humains,
Dans l'ombre des brouillards se tracer des chemins ;
Lamartine, Biron, et leurs rimes obscures,
Iront sans trébucher jusqu'aux races futures
Eux seuls sont immortels, puisqu'ils sont créateurs.
Anathème, anathème, à leurs imitateurs,
C'est en vain qu'on voudra marcher dans leur carrière
Apollon sur leurs pas a fermé la barrière !

Pourquoi vouloir d'ailleurs, suivre un genre étranger,
Trop de Français déjà loin de les protéger
Dédaignent des Français les arts et l'industrie,
Sachons mieux soutenir les droits de la patrie ;

Que le talent au moins reste national,
Laissons dans leurs marais les héros de Fingal,
Ressusciter encor leurs vieux titres de gloire :
Mais n'allons pas sur nous leur donner la victoire,
Français, soyons Français, soyons indépendants,
Et sachons conserver le sceptre des talents,

En vain depuis longtemps on prône l'Angleterre,
Quel auteur pourra-t-elle égaler à Voltaire?
Qui pourrait à Rousseau préférer Richardson,
Shakspear au grand Racine, à Corneille Tompson,
A Jean Rousseau, Dryden, et Milton à Delille;
Le parallèle entre eux serait trop difficile;
Et toi, savant Neuton, homme inspiré d'en haut
Nous t'opposons encor d'Alembert, et Clairaut;
Nos auteurs, nos héros, leur mémoire immortelle,
Voilà les fondements d'une gloire éternelle;
Voilà ce qu'outremer on veut en vain chercher;
Et voilà ce que rien ne peut nous arracher!

Je ne te défends pas ces sublimes images,
Ces vers grands et fougueux qui font les bons
                                    ouvrages,
Mais use sobrement de ces vers de ces mots;
Qui ne font de l'effet qu'aux oreilles des sots.
Ou, si toujours épris du Style romantique
Tu veux, faible pigmé, renverser le classique,
Va donc braver ces dieux si longtemps admirés
Des talents, du bon goût, arbitres révérés;
Va! Tu verras bientôt, Titan trop indocile
Expirer les efforts de ta rage inutile,
Tu voudras obscurcir ces astres radieux,
Et l'éclat de leur gloire aveuglera tes yeux.

Ah! plutôt sur les pas des maîtres du Parnasse
Tâche de conquérir une honorable place,
Va cueillir des lauriers puisqu'ils te sont offerts,
Laisse là les Anglais et suis le dieu des vers;

Que les bardes du Nord s'engloutissent dans l'ombre,
Ou portent loin de nous leur style pâle et sombre
Armés d'un verre plein, assis sur un tonneau
Défions sans péril ces tristes buveurs d'eau.
Tous les Français sont gais et la joye est française

Si tous les partisans de la manie Anglaise;
Veulent sur nos auteurs fondre de toutes parts,
Qu'ils viennent; on craint peu leurs armes de brouil-
                                                    lard
Ou plutôt au bon goût cessant de faire outrage;
Qu'ils s'endorment en paix dans le sein du nuage!

[1825]

CHANTS ÉLÉGIAQUES

LE CINQ MAI [1]

e soleil s'est caché sous de sombres nuages,
Un vent précurseur des orages
Glisse dans l'horreur des forêts,
Du peuplier et du tremble,
On voit s'agiter les sommets,
La crainte et l'effroi rassemble
Les timides oiselets ;
Dans sa terreur inquiète
Le loup cherchant une retraite
Laisse en paix les jeunes agneaux
Et dans sa crainte soudaine
Le vautour vole dans la plaine
Parmi les tendres tourtereaux.
De ces antiques châteaux
Le vent ébranle le portique,
Et dans le clocher antique
Vient agiter le beffroi ;
Tout se tait, et dans la nature
Un sombre et triste murmure
Remplit tous les cœurs d'effroi,
Sur le ciprès qui dans les cieux s'élance
L'oiseau des nuits qui se balance
Des sons lugubres de sa voix

Fait au loin retentir les bois
La foudre gronde dans l'abyme
Quelle est la nouvelle victime
Qui descend au sombre séjour,
Quel est le mortel déplorable
Dont la Parque inévitable
Vient de terminer les jours?

N'est-ce pas ce Crésus dont l'indigne opulence
Refusant une obole au pauvre malheureux
Dans ses palais fastueux
Cachait son altière insolence,
Mais il faut enfin tout laisser,
Quand le cruel destin le presse.
Et tous ses biens et toute sa richesse
Ne pourront pas l'en dispenser.
N'est-ce pas toi que dès l'enfance
Poursuivit toujours le malheur
Tu ne connus jamais l'aisance
Jamais tu n'as vu le bonheur
Sourire à ton indigence
Tu ne connus que la douleur.
Mais non le riche existe encore,
Le pauvre placé dès l'aurore
Auprès de l'orgueilleux palais
Tend encor sa main importune
A tous ceux que la fortune
A comblé de ses bienfaits.

Mais l'orage a redoublé
Des coups terribles de la foudre
Les arbres sont réduits en poudre,
Le roc mugit ébranlé;
Mais des fantômes funèbres
Au milieu de l'obscure nuit,
Percent l'horreur des ténèbres,
L'un d'eux s'avance et me suit;

Tels que ces feux qui dans l'orage
Glissant sur l'azur des flots
Vont ranimer le courage,
Des timides matelots.
Quelques lauriers sanglants s'inclinent sur sa tête
Son front altier brave encor la tempête,
Sur sa palme flétrie on lit en frémissant,
Ces mots : « Austerlitz, Mont Saint-Jean;
Un seul revers contre trente ans de gloire. »

[« Tremble, dit-il en frémissant,
« Le second Mars, le dieu de la victoire,
  « Un vil poison a terminé ses jours,
    « Il meurt exilé, sans secours.
  « Pleure, ton souverain expire dans les fers
    « Sur un roc au milieu des mers,
    « Loin d'une terre hospitalière.
  — Qu'avez-vous fait, diront d'autres mortels,
  « Du héros à qui Rome eût voué des autels,
  « Du héros qui jadis, favori de la gloire,
    « Vous conduisait à la victoire? —
  « Alors vous répondrez : — Il est mort sans secours
  « Et le poison perfide a terminé ses jours. —
  « Par le poison, cruels, il a perdu la vie!
  « Il vous manquait encor cet excès d'infamie.
  « Socrate, Phocion, ne soyez plus surpris,
  « Il est des lieux encor, loin de votre pays,
  « Des lieux où les héros sont en butte à l'injure.
« Que direz-vous, Français, à la race future,
  « Dont les décrets trop sûrs retomberont sur vous.
  « Vous lui direz : « L'Enfer, ou les dieux en
                      courroux,
  « Amenant dans nos murs la terrible anarchie,
  « Avaient ensanglanté notre chère patrie,
  « Les flots de sang coulaient dans nos rangs divisés.
  « L'ennemi paraissait dans nos murs ébranlés;

« Un guerrier, un héros, noble enfant de la gloire,
« Dans nos foyers enfin ramena la victoire.
« Ce guerrier illustré par vingt ans de succès
« Faisait fleurir les arts et les talents français.
« Mais par un seul revers sa gloire fut troublée,
« Avec lui tombe aussi sa puissance ébranlée.
« Il meurt abandonné, sans appui, sans secours,
« Et le poison perfide a terminé ses jours.
« Mais il existe encor, sa gloire menaçante
« Apparaît aux Français comme une ombre san-
                                              glante,
« Et de ses grands exploits l'éternel souvenir
« Peindra votre infamie aux siècles à venir. »]

SUR LA BATAILLE DU MONT SAINT-JEAN [1]

O mon pays, j'ose prendre la lire,
Que les vers qu'Apollon m'inspire
Trouvent place dans tous les cœurs,
Je veux pleurer tes défenseurs,
Mille transports agitent ma grande âme
Patrie, Honneur, vous êtes mes seuls dieux
Je sens une sublime flamme,
Qui me dit de venger mon pays malheureux.

Ainsi peut-être une ardeur vengeresse
Pour leur patrie animait autrefois
Les glorieux enfants de l'héroïque Grèce,
Thémistocles, Cimon, accourez à ma voix!
    Lève-toi, grand Alcibiades
        Thémistocles, Phocion
    Suivez les pas de Miltiades,
        Du grand vainqueur de Marathon;

Léonidas, ranime ton courage,
Mânes des trois [2], accourez,

De la mort de nos preux votre mort est l'image
   Les siècles vous ont admirés,
   Mais on mettra dans la balance,
   De vingt-mille Français la glorieuse mort,
   Et la postérité chantera leur vaillance,
   Et maudira les coups du sort.

[O généreux guerriers écrasés par la foudre,
   Vos membres gisent dans la poudre!
Le marbre ne pouvait dans ses humides flancs
   Contenir vos froids ossements.
   O vous, la gloire de la terre!
Vous étiez réservés pour un destin plus beau.
Le soleil est pour vous la torche funéraire,
   L'univers est votre tombeau.]

LE TEMPS [1]
Ode

I

   Le Temps ne surprend pas le sage;
   Mais du Temps le sage se rit,
   Car lui seul en connaît l'usage;
   Des plaisirs que Dieu nous offrit,
   Il sait embellir l'existence;
   Il sait sourire à l'espérance,
   Quand l'espérance lui sourit.

II

   Le bonheur n'est pas dans la gloire,
   Dans les fers dorés d'une cour,
   Dans les transports de la victoire,

Mais dans la lyre et dans l'amour.
Choisissons une jeune amante,
Un luth qui lui plaise et l'enchante;
Aimons et chantons tour à tour!

III

« Illusions! vaines images! »
Nous dirons les tristes leçons
De ces mortels prétendus sages
Sur qui l'âge étend ses glaçons;
« Le bonheur n'est point sur la terre,
Votre amour n'est qu'une chimère,
Votre lyre n'a que des sons! »

IV

Ah! préférons cette chimère
A leur froide moralité;
Fuyons leur voix triste et sévère;
Si le mal est réalité,
Et si le bonheur est un songe,
Fixons les yeux sur le mensonge,
Pour ne pas voir la vérité.

V

Aimons au printemps de la vie,
Afin que d'un noir repentir
L'automne ne soit point suivie;
Ne cherchons pas dans l'avenir
Le bonheur que Dieu nous dispense;
Quand nous n'aurons plus l'espérance,
Nous garderons le souvenir.

VI ·

Jouissons de ce temps rapide
Qui laisse après lui des remords,
Si l'amour, dont l'ardeur nous guide,
N'a d'aussi rapides transports :
Profitons de l'adolescence,
Car la coupe de l'existence
Ne pétille que sur ses bords!

1824

LA MORT DE L'EXILÉ [1]

Toi qui semblas un dieu, quoique fils de la terre,
Qui pourra de ta vie expliquer le mystère?　　·
Un matin, tu brillas comme un soleil nouveau,
Mais, le soir, las enfin de lasser la victoire,
Trop chargé de grandeurs, de triomphe, de gloire,
Tu roulas contre un roc avec ton lourd fardeau [2].

Là, tu viens de t'asseoir, et ta tâche [3] est finie :
Du crêpe de la nuit la terre est rembrunie;
Au repos bienfaisant tu vas enfin céder...
Jusqu'à ce que la voix du maître qui t'éveille
A la fin de la nuit vienne te demander
　　　　　Compte du travail de la veille.

Mais, avant d'accueillir ce sommeil précieux,
Vers le jour qui n'est plus tu reportes les yeux,
Et ton esprit, plongeant dans ta course passée,
Tantôt veut secouer un triste souvenir,
Tantôt d'un plus brillant aime à s'entretenir,
Et semble en écouter l'enivrante [4] pensée.

[Ah! pleure [5] tes grandeurs qui ne reviendront plus;
Ton pouvoir, tes honneurs sont à jamais perdus,

Et ce charme puissant, insoluble problème,
Ce talisman vainqueur, que seul tu possédais,
Qui triomphait des rois, des peuples, du ciel même,
Dans les mains d'un mortel ne renaîtra jamais.

Un athlète fameux voulut briser un chêne;
Mais il ne pensait pas que le tronc divisé,
Resserrant les éclats qu'il écarte avec peine,
    Retiendrait son bras épuisé :
De ses efforts en vain déployant la puissance,
Par les cris de sa rage il trahit sa souffrance,
L'écho seul du désert répondit à sa voix :
Et le soir, s'approchant de l'arbre qui l'enchaîne,
Un animal le vit, et déchira sans peine
Le vainqueur des lions et des monstres des bois.

De ton orgueil trompé telle fut l'imprudence;
Attaché comme lui, sans force, sans défense,
Il fallut sous le fer plier ton bras vainqueur;
Déchiré sans combat par des monstres perfides,
L'athlète de Crotone expira sans honneur :
Et toi, ne sens-tu pas, comme des loups avides,
Toutes les passions qui déchirent ton cœur?

A son arbre attaché, quelle fut sa pensée
Quand il se ressouvint de sa vigueur passée,]
Dont les premiers essais étonnaient l'univers?
Et toi, que pensas-tu, quand, battu par l'orage,
Tu te vis, de si loin, jeté sur le rivage,
Comme un débris vomi par l'écume des mers?

Mais pourquoi par le temps laisser ronger tes armes?
Pourquoi laisser couler ton âme dans les larmes?
Reprends le glaive encor, sors de ton long repos!
N'as-tu donc plus le bras qui lance le tonnerre?
N'as-tu plus le sourcil qui fait trembler la terre?
N'as-tu plus le regard qui produit les héros?

Lève-toi! c'est assez gémir dans le silence!
De tes lâches gardiens crains-tu la vigilance?
Ces vaincus d'autrefois ne te connaissent plus :
Mais redeviens toi-même, et reparais leur maître!...
Ils gardent sans effroi ce que tu sembles être,
Et s'enfuiront encor devant ce que tu fus!

Mais ton âme n'a plus sa brûlante [1] énergie,
Ton talisman sans force a perdu sa magie,
Et les fers ont usé ta vie et ton ardeur :
Ainsi le roi des bois devient doux et docile,
Et se laisse guider par le chasseur habile,
　　　　Qui sut enchaîner sa fureur [2].

Tu n'es plus à présent qu'un mortel ordinaire,
Faible dans l'infortune et sensible aux malheurs;
Plus d'encens! plus d'autels pour l'enfant de la terre...
On ne peut désormais t'accorder que des pleurs!

Il fallait rester grand en restant à ta place;
Au lieu de te plier [3], te briser sous le sort,
Tu pouvais en héros défier sa menace :
N'avais-tu pas toujours [4] un asile?... la mort!

La mort, mais elle est là : c'est Dieu qui te rappelle;
Il va te délivrer de l'écorce mortelle
　　　　Qui cachait ton âme de feu [5] :
Lui seul peut prononcer l'éloge ou l'anathème.
Quand sur les rois détruits tu régnais, dieu toi-même;
　　　　Songeais-tu qu'il était un Dieu?

Maintenant tu frémis, et ta vue incertaine
　　　　Sonde l'éternité;
Et ton œil, égaré dans la céleste plaine,
Pénètre avec horreur dans son immensité.
Ne crains rien! notre Dieu, c'est un Dieu qui par-
　　　　　　　　　　　　　　donne!

La clémence qui l'environne,
Et son éternelle bonté,
Sont sa plus brillante couronne,
Le plus bel attribut de sa divinité.

Il te pardonnera; qu'importe que sur terre
Il t'ait vu consumer un temps si précieux,
A ramasser en tas quelque peu de poussière...
Que le souffle du Nord fit voler dans tes yeux.

La mort vient. — Et, semblable à la mourante
                                        flamme,
Dans ton cœur défaillant tu sens trembler ton âme,
Et tes cils, tout chargés du long sommeil des morts [1],
Vacillent sur tes yeux, s'abaissent; tu t'endors! [2] —
Adieu! — Mais, en quittant sa dépouille [3] grossière,
Ton âme arrête encor et se porte en arrière;
Tu crains... que peux-tu craindre au moment du
                                        trépas?
Non, personne jamais n'occupera ta place;
Eh! quel fils de la terre osera, sur ta trace,
S'élancer jusqu'aux cieux pour retomber si bas?

[O vous [4] qu'il étonna dans sa noble carrière,
Contemplez le héros au moment du sommeil;
De sa chute on le vit se relever naguère...
Mais, hélas! cette fois, c'est sa chute dernière,
Et son repos tardif n'aura plus de réveil.

Ah! contemplez encore au moment qu'il expire,
Cette tête où siégea le destin d'un empire,
Cette bouche où tonna sa formidable voix,
Ce front vaste, foyer de ses projets immenses,
Cette main dont l'effort écrasait des puissances,
Élevait des guerriers, ou pesait sur des rois.

Mais sa bouche est muette, et sa main impuissante,
Son front n'enferme plus une pensée ardente,
Et, puisque le grand homme est au séjour des morts,
Il n'en restera plus bientôt que la mémoire...
Et le ver du cercueil aura rongé son corps,
Quand l'Envie à son tour voudra ronger sa gloire.

Dans le triste réduit où le roi prisonnier
Après tant de chagrins exhala l'existence,
Les preux, frappés encor de son accent dernier*,
Les yeux fixés sur lui, gémissent en silence;
Mais aux portes s'entend un bruit long et confus;
Soudain la Renommée embouche la trompette;
L'écho redit ses sons, et partout il répète
  Ces mots : *Il n'est plus ! il n'est plus !*

N'est-ce qu'un bruit trompeur et l'accent du men-
        songe?...
Sans le croire on l'entend : mais le bruit se prolonge;
Le temps, comme un vain son, ne l'a point dissipé,
Et sur tant de grandeur la mort a donc frappé !
Les uns ont tressailli d'une barbare joie;
D'autres, pleurant sa perte, au chagrin sont en proie;
Quelques-uns même encor ne peuvent consentir
A croire un coup du sort qu'ils étaient loin de crain-
        dre :
« Comme si le soleil pouvait jamais s'éteindre,
Et comme si le dieu pouvait jamais mourir ! »]
Il n'est plus [1]; mais la gloire a droit de le défendre
Du blâme qui souvent plane autour des tombeaux,
Le grand homme en mourant a couvert ses défauts
Du rapide laurier qui grandit sur sa cendre.

---

 * Les dernières paroles de Napoléon mourant furent :
« *Mon Dieu et la nation française !... Mon fils ! Tête armée !...* »
On ne sait ce que signifiaient ces derniers mots. Peu de temps
après, on l'entendit s'écrier : « *France ! France !* »

Quoique, ressortant plus sur un fond radieux,
Des faiblesses [1] sans doute entachent sa mémoire,
Honte à vous qui voulez [2] rabaisser cette gloire
       Dont l'éclat aveugla vos yeux :
Ne portez pas si haut ces yeux faits pour la terre ;
Reptiles impuissants, rampez dans la poussière...
       L'aigle était dans les cieux !

Avant sa mort, craignant un revers [3] de fortune,
L'Europe, mesurant le long gouffre des mers
      Et la lenteur [4] d'une vie importune,
      Frémissait au bruit de ses fers.
Mais, le champ désormais étant libre à l'injure,
Ta [5] mémoire est en butte à des flots d'imposture ;
Des nocturnes oiseaux les lamentables cris
Viennent insulter l'aigle à son heure dernière,
Comme un vent empesté, planent sur ses débris,
Et croassent longtemps autour de sa poussière.

« Il n'est plus [6], disent-ils, ce tyran des mortels ;
Dans un honteux exil à son tour il succombe,
Ce lâche contempteur des ordres éternels,
Qui voulait de la terre obtenir des autels,
      Et qui n'en obtient [7] qu'une tombe.

« Le hasard, ce seul Dieu qu'il voulût adorer,
De la coupe des biens se plut à l'enivrer ;
      Mais il la vida tout entière ;
      Alors sa fortune cessa ;
Puis il l'emplit du sang des peuples de la terre
      Et la coupe se renversa !

« Comme un songe d'Enfer, il pesait sur le monde,
Balayait en passant son espoir renversé,
Ainsi qu'un vent du nord dans la plaine féconde,
      Promenant son souffle glacé.

La palme qu'il portait était toute sanglante,
    Les [1] guirlandes étaient des fers ;

« Et son sceptre imprimait une tache infamante
    Au front des rois de l'univers ;
Sa gloire qui brûlait la terre palpitante,
    Était de sang toute fumante,
Et ses rayons de feu [2] n'étaient que des éclairs.

« Mais les hivers du Nord arrêtèrent sa rage,
Le tonnerre au néant le força de rentrer,
La mer le revomit dans une île sauvage,
Où le sol le porta... mais pour le dévorer.
« Tigre [3] cruel, l'horreur de toute la nature,
Dans un étroit cachot l'on sut te captiver.
Là, tu viens d'expirer [4] faute de nourriture ;
Car il t'aurait fallu tout le monde en pâture,
    Et tout le sang pour t'abreuver ! »

En insultes ainsi déborde l'impudence !
Mais un autre motif le guidait aux combats
Que celui de régner sur de vastes États :
Ce fut par le désir d'une juste défense [5],
Par celui de venger et d'agrandir la France,
Qu'il remplit vingt pays des flots de ses soldats.
Cependant, si toujours à conquérir la terre,
A rabaisser l'orgueil de ses puissants rivaux,
    Il eût borné tous ses travaux,
Sans doute il n'eût été qu'un conquérant vulgaire :
Mais il fut des talents et le guide et l'appui ;
    Il encourageait le génie,
Ornait de monuments la France rajeunie,
    Et les arts régnaient avec lui.

Admirez en tous lieux ces superbes portiques,
Ces monuments sacrés [6], ces palais magnifiques,
    Dont il remplissait ses États ;

Il fut grand dans la paix comme dans la victoire ;
O Français, contemplez ces colonnes de gloire,
Dont le bronze orgueilleux retrace vos combats :
Gloire au législateur ! il terrasse le crime,
Il montre à l'innocence un sévère vengeur,
Et Thémis, reprenant son pouvoir qu'il ranime,
Entoure le héros d'une sainte splendeur [1]
Gloire [2] à lui qui fut grand, et de toutes les gloires,
A lui qui nous combla de maux et de bienfaits,
A lui qui fut vainqueur de toutes les victoires,
   Mais ne put se vaincre jamais !

Extrême en ses grandeurs comme en ses petitesses [3],
N'allons pas comparer à César, à Sylla,
   Dans ses vertus ou ses faiblesses,
   Ce qu'il fut... ou ce qu'il sembla ;
N'égalons donc à rien celui que rien n'égale ;
Qu'il tombât dans l'abîme, ou volât au soleil,
Sur un rocher désert, dans la pourpre royale,
Ou plus haut, ou plus bas, il était sans pareil !

Le superbe tombeau qu'il fit jadis construire,
   Ainsi que son immense empire,
   Est demeuré vide de lui :
On tailla dans le roc sa demeure dernière,
   Et sous une modeste pierre
   Sa cendre repose aujourd'hui.
Mais ses gloires, toujours aux nôtres enchaînées,
Lui promettent un nom qui ne doit pas finir,
Monument éternel, enfant du souvenir,
Qui ne croulera pas sous le poids des années,
   Mais grandira dans l'avenir !

PROLOGUE DES « ÉLÉGIES NATIONALES » [4]

Je ne suis plus enfant : trop lents pour mon envie,
Déjà dix-sept printemps ont passé dans ma vie :

Je possède une lyre, et cependant mes mains
N'en tirent dès longtemps que des sons incertains.
Oh! quand viendra le jour où, libre de sa chaîne,
Mon cœur ne verra plus la gloire, son amour,
Aux songes de la nuit se montrer incertaine,
Pour s'enfuir comme une ombre aux premiers feux du
                                          jour.

J'étais bien jeune encor quand la France abattue
Vit de son propre sang ses lauriers se couvrir;
Deux fois de son héros la main lasse et vaincue
Avait brisé le sceptre, en voulant le saisir.
Ces maux sont déjà loin : cependant, sous des chaînes,
Nous pleurâmes longtemps notre honneur outragé;
L'empreinte en est restée, et l'on voit dans nos plaines
Un sang qui fume encore... et qui n'est pas vengé!

Ces tableaux de splendeur, ces souvenirs sublimes,
J'ai vu des jours fatals en rouler les débris,
Dans leur course sanglante entraîner des victimes,
Et de flots étrangers inonder mon pays.
Je suis resté muet; car la voix d'un génie
Ne m'avait pas encor inspiré des concerts;
Mon âme de la lyre ignorait l'harmonie,
Et ses plaisirs si doux, et ses chagrins amers.

Ne reprochez pas à mes chants, à mes larmes,
De descendre trop tard sur des débris glacés,
De ramener les cœurs à d'illustres alarmes,
Et d'appeler des jours déjà presque effacés;
Car la source des pleurs en moi n'est point tarie,
Car mon premier accord dut être à la patrie;
Heureux si je pouvais exprimer par mes vers
La fierté qui m'anime en songeant à ses gloires,
Le plaisir que je sens en chantant ses victoires,
La douleur que j'éprouve en pleurant ses revers!

Oui, j'aime mon pays : dès ma plus tendre enfance,
Je chérissais déjà la splendeur de la France;
De nos aigles vainqueurs j'admirais les soutiens;
De loin j'applaudissais à leur marche éclatante,
Et ma voix épela la page triomphante
Qui contait leurs exploits à mes concitoyens.

Mais bientôt, aigle, empire, on vit tout disparaître!
Ces temps ne vivent plus que dans le souvenir;
L'histoire seule, un jour, trop faiblement peut-être,
En dira la merveille aux siècles à venir.
C'est alors qu'on verra dans ses lignes sanglantes
Les actions des preux s'éveiller rayonnantes...
Puis des tableaux de mort les suivront, et nos fils,
Voyant tant de lauriers flétris par des esclaves,
Demanderont comment tous ces bras avilis
Purent, en un seul jour, dompter des cœurs si braves?

Oh! si la lyre encor a des accents nouveaux,
Si sa mâle harmonie appartient à l'histoire,
Consacrons-en les sons à célébrer la gloire,
A déplorer le sort fatal à nos héros!
Qu'ils y puissent revivre, et, si la terre avide
Donna seule à leurs corps une couche livide,
Élevons un trophée où manquent des tombeaux!
Oui, malgré la douleur que sa mémoire inspire,
Et malgré tous les maux dont son cœur fut rempli,
Ce temps seul peut encore animer une lyre;
L'aigle était renversé, mais non pas avili;
Alors, du sort jaloux s'il succombait victime,
Le brave à la victoire égalait son trépas,
Quand, foudroyé d'en haut, suspendu sur l'abîme,
Son front mort s'inclinait... et ne s'abaissait pas!

Depuis que rien de grand ne passe ou ne s'apprête,
Que la gloire a fait place à des jours plus obscurs,

Qui pourrait désormais inspirer le poète
Et lui prêter des chants dignes des temps futurs?
Tout a changé depuis, ô France infortunée!
Ton orgueil est passé, ton courage abattu!
De tes anciens guerriers la vie abandonnée
S'épuise sans combats et languit sans vertu!
Sur ton sort malheureux c'est en vain qu'on soupire.
On fait à tes enfants un crime de leurs pleurs,
Et le pâle flambeau qui conduit aux honneurs
S'allume à ce bûcher où la patrie expire.

Oh! si les vers craintifs de ma plume sortis
Ou si l'expression qu'en tremblant j'ai tracée,
Osaient, indépendants, répondre à ma pensée,
Et palpiter du feu qu'en moi j'ai ressenti...
Combien je serais fier de démasquer le crime,
Dont grandit chaque jour le pouvoir colossal,
Et vengeant la patrie outragée et victime
D'affronter nos Séjans sur leur char triomphal!...
Mais on dit que bientôt, à leur voix étouffée,
Ma faible muse, hélas! s'éteindra pour toujours,
Et que mon luth brisé grossira le trophée
Dressé par la bassesse aux idoles des cours...

Qu'avant ce jour encor sous mes doigts il s'anime!
Qu'il aille, frémissant d'un accord plus sublime,
Dans les cœurs des Français un instant réchauffer
Cette voix de l'honneur trop longtemps endormie,
Que, dociles aux vœux d'une ligue ennemie,
L'intérêt ou la crainte y voudraient étouffer!

LA GLOIRE [1]

Le temps, comme un torrent, roule sur les cités;
Rien n'échappe à l'effort de ses flots irrités.
En vain quelques vieillards, sur le bord du rivage,
Derniers et seuls débris qui restent d'un autre âge,

Raidissant contre lui leur effort impuissant,
S'attachent, comme un lierre, au siècle renaissant :
De leurs corps un moment le flot du temps se joue,
Et, sans les détacher, les berce et les secoue ;
Puis bientôt, tout gonflés d'un orgueil criminel,
Les entraîne sans bruit dans l'abîme éternel.

O chimère de l'homme ! ô songe de la vie !
O vaine illusion, d'illusions suivie !
Qu'on parle de grandeur et d'immortalité...
Mortels, pourquoi ces bruits de votre vanité ?
Qu'est-ce ? un roi qui s'éteint, un empire qui tombe ?
Un poids plus ou moins lourd qu'on jette dans la
                                                  tombe...
A de tels accidents dont l'homme s'est troublé,
Le ciel s'est-il ému, le sol a-t-il tremblé ?...
Non ; le ciel est le même, et, dans sa paix profonde,
N'a d'aucun phénomène épouvanté le monde.
Eh ! qu'importe au destin de la terre et des cieux
Que le sort ait détruit un peuple ambitieux,
Ou bien qu'un peu de chair d'un puissant qu'on révère
Ait d'un nouvel engrais fertilisé la terre ?

Et vous croyez, mortels, que Dieu, par ses décrets,
Règle, du haut des cieux, vos petits intérêts ;
Et, choisissant en vous des vengeurs, des victimes,
Prend part à vos vertus, aussi bien qu'à vos crimes,
Vous montre tour à tour ses bontés, son courroux,
Vous immole lui-même, ou s'immole pour vous ?...
O vanité de l'homme ! aveuglement stupide
D'un atome perdu dans les déserts du vide,
Qui porte jusqu'aux cieux sa faible vanité,
Et veut d'un peu plus d'air gonfler sa nullité !

Hélas ! dans l'univers, tout passe, tout retombe
Du matin de la vie à la nuit de la tombe !

Nous voyons sans retour nos jours se consumer,
Sans que le flambeau mort puisse se rallumer;
Tout meurt, et le pouvoir, et le talent lui-même,
Ainsi que le vulgaire, a son heure suprême.

Une idée a pourtant caressé mon orgueil :
Je voudrais qu'un grand nom décorât mon cercueil;
Tout ce qui naît s'éteint, il est vrai; mais la gloire
Ne meurt pas tout entière, et vit dans la mémoire;
Elle brave le temps, aux siècles révolus
Fait entendre les noms de ceux qui ne sont plus;
Et, quand un noble son dans les airs s'évapore,
Elle est l'écho lointain qui le redit encore.

Il me semble qu'il est un sort bien glorieux :
C'est de ne point agir comme ont fait nos aïeux;
De ne point imiter, dans la commune ornière,
Des serviles humains la marche moutonnière,
Un cœur indépendant, d'un feu pur embrasé,
Rejette le lien qui lui fut imposé,
Va, de l'humanité lavant l'ignominie,
Arracher dans le ciel ces dons qu'il lui dénie,
S'élance, étincelant, de son obscurité,
Et s'enfante lui-même à l'immortalité.

Dans mon esprit charmé, revenez donc encore,
Douces illusions que le vulgaire ignore;
Ah! laissez quelque temps résonner à mon cœur
Ces sublimes pensers de gloire et de grandeur;
Laissez-moi croire enfin, si le reste succombe,
Que je puis arracher quelque chose à la tombe,
Que, même après ma mort, mon nom, toujours vivant,
Dans la postérité retentira souvent;
Puisque ce corps terrestre est fait pour la poussière,
Et qu'il faut le quitter au bout de la carrière,
Qu'un rayon de la gloire, à tous les yeux surpris,
Comme un flambeau des temps, luise sur ses débris.

Il me semble, en effet, que je sens dans mon âme
La dévorante ardeur d'une céleste flamme,
Quelque chose de beau, de grand, d'audacieux,
Qui dédaigne la terre et qui remonte aux cieux.
Quelquefois, dans le vol de ma pensée altière,
Je veux abandonner la terrestre poussière;
Je veux un horizon plus pur, moins limité,
Où l'âme, sans efforts, respire en liberté;
Mais, dans le cercle étroit de l'humaine pensée,
L'âme sous la matière est toujours affaissée,
Et, sitôt qu'il veut prendre un essor moins borné,
L'esprit en vain s'élance, il se sent enchaîné.

Puisqu'à l'humanité notre âme est asservie
Et qu'il nous faut payer un tribut à la vie,
Choisissons donc au moins la plus aimable erreur,
Celle qui nous promet un instant de douceur.
Oh! viens me consoler, amour, belle chimère!
Emporte mes chagrins sur ton aile légère;
Et, si l'illusion peut donner le bonheur,
Remplis-en, combles-en le vide de mon cœur!
Je ne te connais pas, amour;... du moins, mon âme
N'a jamais éprouvé ton ardeur et ta flamme.
Il est vrai que mon cœur, doucement agité,
En voyant une belle a souvent palpité;
Mais je n'ai point senti, d'un être vers un être,
L'irrésistible élan que tous doivent connaître;
De repos, de bonheur, mon esprit peu jaloux,
Jusqu'ici, se livrant à des rêves moins doux,
Poursuivit une idée encor plus illusoire,
Et mon cœur n'a battu que pour le mot de gloire.

Suprême déité! reine de l'univers,
Gloire, c'est ton nom seul qui m'inspira des vers,
Qui ralluma mon cœur d'une plus vive flamme,
Et d'un air plus pur fit respirer mon âme;

J'aimai, je désirai tes célestes attraits,
Tes lauriers immortels, et jusqu'à tes cyprès.
On parle des chagrins qu'à tes amants tu donnes,
Et des poisons mêlés aux fleurs de tes couronnes ;
Mais qui peut trop payer tes transports, tes honneurs ?
Un seul de tes regards peut sécher bien des pleurs.

Qu'importe que l'orgueil des nullités humaines
Voue à de froids dédains nos travaux et nos peines
Qu'importent leurs clameurs, si la postérité
Nous imprime le sceau de l'immortalité,
Si son arrêt plus sûr nous illustre et nous venge ;
Tandis que le Zoïle, au milieu de sa fange,
Traînant dans l'infamie un nom déshonoré,
Jette en vain les poisons dont il est dévoré ?

Si la vie est si courte et nous paraît un songe,
La gloire est éternelle et n'est pas un mensonge ;
Car sans doute il est beau d'arracher à l'oubli
Un nom qui, sans honneur, serait enseveli,
De pouvoir dire au temps : « Je brave ton empire ;
Respecte dans ton cours tes lauriers et ma lyre ;
Je suis de tes fureurs l'impassible témoin ;
Toute ma gloire est là : tu n'iras pas plus loin ! »

PRIÈRE DE SOCRATE[1]

O toi dont le pouvoir remplit l'immensité,
Suprême ordonnateur de ces célestes sphères
Dont j'ai voulu jadis, en ma témérité,
Calculer les rapports et sonder les mystères ;
Esprit consolateur, reçois du haut du ciel
　　　　L'unique et pur hommage
D'un des admirateurs de ton sublime ouvrage,
Qui brûle de rentrer en ton sein paternel !

Un peuple entier, guidé par un infâme prêtre,
Accuse d'être athée et rebelle à la foi
Le philosophe ardent qui seul connaît ta loi,
   Et bientôt cesserait de l'être,
    S'il doutait un moment de toi.

Eh! comment, voyant l'ordre où marche toute chose,
Pourrais-je, en admirant ces prodiges divers,
Cet éternel flambeau, ces mondes et ces mers,
En admettre l'effet, en rejeter la cause?

Oui, grand Dieu, je te dois le bien que j'ai goûté,
    Et le bien que j'espère;
A m'appeler ton fils j'ai trop de volupté
    Pour renier mon père.

Mais qu'es-tu cependant, être mystérieux?
Qui jamais osera pénétrer ton essence,
Déchirer le rideau qui te cache à nos yeux,
Et montrer au grand jour ta gloire et ta puissance?

Sans cesse dans le vague on erre en te cherchant,
Combien l'homme crédule a rabaissé ton être!
Trop bas pour te juger, il écoute le prêtre,
Qui te fait, comme lui, vil, aveugle et méchant.
Les imposteurs sacrés qui vivent de ton culte,
Te prodiguent sans cesse et l'outrage et l'insulte;
Ils font de ton empire un éternel enfer,
Te peignent gouvernant de tes mains souveraines
Un stupide ramas de machines humaines,
    Avec une verge de fer.

A te voir de plus près en vain il veut prétendre;
Le sage déraisonne en croyant te comprendre,
   Et, d'après lui seul te créant,
En vain sur une base il t'élève, il te hausse;

Mais ton être parfait n'est qu'un homme étonnant,
  Et son Jupiter un colosse.

Brûlant de te connaître, ô divin Créateur!
J'analysai souvent les cultes de la terre,
Et je ne vis partout que mensonge et chimère;
Alors, abandonnant et le monde et l'erreur,
Et cherchant, pour te voir, une source plus pure,
J'ai demandé ton nom à toute la nature,
Et j'ai trouvé ton culte en consultant mon cœur.

Ah! ta bonté, sans doute, approuva mon hommage,
Puisqu'en toi j'ai goûté le plaisir le plus pur;
Qu'en toi, pour expirer, je puise mon courage,
  Dans l'espoir d'un bonheur futur!
Réveillé de la vie, en toi je vais renaître.
A tous mes ennemis je pardonne leurs torts,
Et, puisque je me crois digne de te connaître,
Je descends dans ton sein, sans trouble et sans
        remords.

Odes et Poèmes

(1828-1831)

A BÉRANGER [1]
Ode

Des chants. voilà toute sa vie !
Ainsi qu'un brouillard vaporeux,
Le souffle animé de l'envie
Glissa sur son cœur généreux :
Toujours sa plus chère espérance
Rêva le bonheur de la France;
Toujours il respecta les lois...
Mais les haines sont implacables,
Et sur le banc des vils coupables
La vertu s'assied quelquefois.

Qu'a-t-il fait? pourquoi le proscrire?
Ah! c'est encor pour des chansons :
Courage! étouffez la satire,
Au lieu d'écouter ses leçons.
Quand une secte turbulente,
Levant sa tête menaçante,
Brave les décrets souverains,
Vous restez muets, sans vengeance,
Et vous n'usez de la puissance
Que pour combattre des refrains...

O Béranger! muse chérie!
Toi dont la voix unit toujours
Le souvenir de la patrie
Au souvenir de tes amours,

Tendre ami, poète sublime,
Du pouvoir jaloux qui t'opprime
Tes nobles chants seront vainqueurs;
Car ils parlent de notre gloire,
Et, comme un récit de victoire,
Ils ont fait palpiter nos cœurs.
Un jour viendra, la France émue
Rendra justice à tes vertus;
On verra surgir ta statue...
Mais alors tu ne seras plus!

Car un poète sur la terre
Doit lutter contre la misère
Et des détracteurs odieux,
Jusqu'au jour où, brisant ses chaînes,
Le droit vient terminer ses peines
Et le placer au rang des dieux.

Mais nous que charma son délire
Quand il chantait la liberté,
Accourons, enfants de la lyre,
Devançons la postérité.
Pour célébrer notre poète,
Pour poser des fleurs sur sa tête,
N'attendons pas qu'il ait vécu...
Si dans la lutte qui s'engage
Son sort doit être l'esclavage,
Redisons tous : Gloire au vaincu!

1828

LE PEUPLE [1]
1830

SON NOM

O vous qui célébrez tous les pouvoirs, ainsi
    Que le canon des Invalides;
    Et qui pendant la lutte aussi
    N'êtes jamais plus homicides;
Les temps sont accomplis, le sort s'est déclaré,
    La force sous le droit succombe;
    Par un effort désespéré
    La liberté sort de sa tombe [2]!
A présent paraissez; à la tête des rangs
Cherchez quelques héros à proclamer très grands :
Mais, entre tous les noms que le siècle répète,
Un seul reste à chanter, cherchez, encore un nom,
Plus noble qu'Orléans, plus beau que la Fayette,
    Et plus grand que Napoléon.

SA GLOIRE

Le Peuple! — Trop longtemps on n'a vu dans l'histoire
Pour l'œuvre des sujets que des [3] rois admirés,
    Les arts dédaignaient une gloire
    Qui n'avait pas [4] d'habits dorés;
A la cour seule étaient l'éclat et le courage,
    Et le bon goût et le vrai beau;
Les vêtements grossiers [5] du peuple et son langage
Faisaient rougir la Muse et souillaient le pinceau...
    Qu'enfin ce préjugé s'efface!
Nous avons vu le peuple et la cour face à face,
Elle, ameutant en vain ses rouges bataillons,
Lui, sous leur jeu [6] cruel marchant aux Tuileries;
Elle, tremblante et vile avec ses broderies,
    Lui, sublime avec ses haillons!

SA FORCE

C'est que le peuple aussi, malheur à qui l'éveille !
Lorsque paisible il dort sur la foi des serments ;
      Il laisse bourdonner longtemps
      La tyrannie à son oreille.
Il semble Gulliver environné de nains.
      Voyez, par des fils innombrables,
      Des milliers de petites mains
      Fixer ses membres redoutables.
Ils y montent enfin, triomphent... le voilà
Bien lié... Que faut-il pour briser tout cela ?
Qu'il se lève ! Déjà de ses mains désarmées
Il lutte avec les forts où gît la trahison,
Et son pied en passant couche à bas les armées
      Comme les crins d'une toison [1].

SA VERTU

Je crois le voir encor, le peuple, aux Tuileries,
Alors que sous ses pas tout le palais trembla ;
      Que de richesses étaient là !...
      Étincelantes pierreries,
Trône, manteau royal sur la terre jeté,
Colliers, habits, cordons oubliés dans la fuite,
Enfin, tout ce qu'avait la famille proscrite
      De grandeur et de majesté.
Eh bien, de ces trésors, rien, pour lui, qui le tente ;
En les foulant aux pieds sa justice est contente [2],
Et, dans ce grand château d'où les valets ont fui,
Partout, sans rien détruire, il regarde, il pénètre,
Montrant qu'il est le roi, montrant qu'il est le maître,
      Et que tout cela, c'est à lui !

SON REPOS

Non, rien de ces trésors qu'il voit avec surprise
Ne le tente! Il confie à des princes nouveaux
    Sa couronne qu'il a reprise,
    Et puis retourne à ses travaux.
Maintenant, courtisans de tout pouvoir qui règne,
Accourez; battez-vous, traînez-vous à genoux,
    Pour ces oripeaux qu'il dédaigne
    Et qui ne sont faits que pour vous.
Mais, lorsque des grandeurs vous atteindrez le faîte,
N'ayez point trop d'orgueil d'être assis sur sa tête,
Et craignez de peser sur lui trop lourdement;
Car, tranquille au plus bas de l'immense édifice,
Pour que tout, au-dessus, penche et se démolisse
    Il ne lui faut qu'un mouvement!

Août 1830

LES DOCTRINAIRES [1]
A Victor Hugo

I

Oh! le Vingt-sept juillet [2], quand les couleurs chéries,
Joyeuses, voltigeaient sur les toits endormis,
Après que dans le Louvre et dans les Tuileries
    On eut traqué les ennemis!
Le plus fort était fait... que cette nuit fut belle!
Près du retranchement par nos mains élevé,
Combien nous étions fiers de faire sentinelle
    En foulant le sol dépavé!

O nuit d'indépendance, et de gloire et de fête!
Rien au-dessus de nous!... pas un gouvernement

N'osait encor montrer la tête :
Comme on sentait à tout moment [1]
L'esprit se déplier en immenses idées...
On était haut de sept coudées...
Et l'on respirait largement !

II

Ce n'est point [2] la licence, hélas ! que je demande,
Mais, si quelqu'un alors nous eût dit que bientôt
Cette Liberté-là, qui naissait toute grande,
On la remettrait au maillot !...
Que des Ministres rétrogrades,
Habitants de palais encore mal lavés
Du pur sang de nos camarades,
Ne verraient dans les barricades
Qu'un dérangement de pavés !...

Ils n'étaient donc point là, ces hommes qui, peut-être
Apôtres en secret d'un pouvoir détesté,
Ont tout haut [3] renié leur maître
Depuis que le Coq a chanté !...
Ils n'ont pas [4] vu sous la mitraille
Marcher les rangs vengeurs d'un Peuple désarmé...
Au feu de l'ardente bataille
Leur œil ne s'est point allumé !

III

Quoi ! l'Étranger, riant de tant de gloire vaine,
De tant d'espoir anéanti,
Quand on lui parlera de la grande semaine,
Dirait : « Vous en avez menti ? »
Le tout à cause d'eux ! Au point où nous en sommes...
Du despotisme encor... c'est impossible... non [1] !
A bas ! A bas donc petits hommes [2] !
Nous avons vu Napoléon !

Petits! — Tu l'as bien dit, Victor, lorsque du Corse
Ta voix leur évoquait le spectre redouté,
Montrant qu'il n'est donné qu'aux hommes de sa force
      De violer la Liberté!
      C'est le dernier; nous pouvons le prédire [3]
      Et jamais nul pouvoir humain
Ne saura remuer ce globe de l'Empire
      Qu'il emprisonnait dans sa main!

IV

Et, quand tout sera fait..., que la France indignée
Aura bien secoué ces [4] toiles d'araignée
      Que des fous veulent tendre encor;
      Ne nous le chante plus, Victor,
Lui, que nous aimons tant, hélas! malgré des crimes
Qui sont, pour une vaine et froide Majesté [5],
D'avoir répudié deux épouses sublimes,
      Joséphine et la Liberté!

Mais chante-nous un hymne universel, immense,
Qui par France, Belgique et Castille commence,
Hymne national pour toute nation :
Que seule, à celui-là, la Liberté t'inspire,
      Que chaque révolution
      Tende une corde de ta lyre!

                        1830

EN AVANT MARCHE! [1]

> « *J'entendis ces mots, prononcés dis-
> tinctement en français : « En avant,
> marche !... » Je me retournai, et je vis
> une troupe de petits Arabes tout nus qui
> faisaient l'exercice avec des bâtons de
> palmier.* »
>
> Chateaubriand [2].

I

En avant, marche !... Amis, c'est notre cri d'attaque,
De départ, de conquête... Il a retenti loin :
  Aux plaines blanches du Cosaque,
  Aux plaines jaunes du Bédouin !
Les peuples nos voisins l'ont dans l'oreille encore,
  Car, sous le drapeau tricolore,
  Il les guida contre le czar,
Lorsque leurs légions à nos succès fidèles
  De l'aigle immense étaient les ailes,
  Le jour d'Austerlitz... et plus tard.

La Grande Armée enfin se remet en campagne !
Accourez, Nations, sous sa triple couleur,
  Que la Liberté joue et gagne
  La revanche de l'empereur !
En avant, marche !... Est-il une cause plus belle?
  La Pologne encor nous appelle,
  Il faut écraser ses tyrans !
Une neige perfide en vain ceint leurs frontières...
  Prenons le chemin que nos frères
  Ont pavé de leurs ossements !...

  En avant, marche ! la Belgique !
  Toi, notre sœur de liberté,
  Viens pour cette guerre héroïque
  La première à notre côté !

Et, si tu sais dans quelle plaine
Un jour dix rois ivres de haine
Ont voulu pousser au tombeau
La France lâchement frappée...,
Aiguise en passant ton épée
Au monument de Waterloo!

En avant, marche! l'Italie!
Les sépulcres de tes héros,
Alors que la liberté crie,
Ont de magnifiques échos :
Longtemps tu leur fermas l'oreille;
Mais, puisqu'enfin tu te réveilles,
Viens, ton opprobre est effacé!...
Ce jour aux vieux jours se rattache,
Et les vivants ne font plus tache
Au sol glorieux du passé!

En avant, marche! l'Allemagne!
Hourra! les braves écoliers!
Par la cendre de Charlemagne!
Voulez-vous être les derniers?
Les âmes sont-elles glacées
Au pays des nobles pensées
Et de la foi des anciens temps?...
Non! notre feu s'y communique,
Et le vieux chêne teutonique
Reverdit avant le printemps!

Sommes-nous là tous?... Déjà brille
Pour nous accompagner toujours
Le beau soleil de la Bastille
Et d'Austerlitz et des trois jours?
Marchons! la voici reformée
Après quinze ans, la Grande Armée!...

Mais à des succès différents
Quoique la liberté nous mène,...
Pour l'ombre du grand capitaine,
Laissons un vide dans les rangs !

Ah ! ah ! la route est belle, et chère à notre gloire...
Toutes les plaines, là, sont des pages d'histoire ;
Mais combien de Français y sont ensevelis !...
Oh ! pourtant nous aurons l'âme joyeuse et fière,
Quand nos pieds triomphants fouleront la poussière
D'Iéna, de Friedland, d'Essling ou d'Austerlitz !

Puis, avant d'arriver jusqu'à l'empire russe,
Nous pousserons du pied et l'Autriche et la Prusse,
Tuant leurs aigles noirs qui semblent des corbeaux ;
Et nous rirons à voir ces vieilles monarchies
Honteuses, choir parmi leurs estrades pourries,
Leurs tréteaux vermoulus et leur pourpre en lam-
                                        beaux !

Et, l'apercevez-vous, mes amis, qui sans cesse
Sur la pointe des pieds, haletante, se dresse...
La Pologne... pour voir si nous n'arrivons pas ?...
Enfin notre arc-en-ciel à l'horizon se montre :
... Ah ! le voyage est long, frères, quand on rencontre
Un trône à renverser sous chacun de ses pas !

Nous voici !... Dans nos rangs vous savez votre place,
        Braves de Pologne, accourez !
Maintenant, attaquons dans ses remparts de glace
        Le géant et marchons serrés !
Car il faut en finir avec le despotisme :
        Ceci, c'est une guerre ! et non
De ces guerres d'enfant où brillait l'héroïsme
        De Louis Antoine de Bourbon [1]...

Mais une guerre à mort! et des batailles larges
    Avec des canons par milliers!
Où viendront se heurter en effroyables charges
    Des millions de cavaliers!
Guerre du chaud au froid, du jour à l'ombre... Guerre
    Où le ciel dira ses secrets!
Et telle qu'à coup sûr les peuples de la terre
    N'en oseront plus faire après!
Là, quinze ans de vengeance entassée et funeste
    Éclateront comme un obus,
Et coucheront à bas plus d'hommes que la peste
    Ou que le choléra-morbus [1]!
Là, le sang lavera des affronts sanguinaires,
    Et sur nos bataillons épars,
Nous croirons voir toujours les ombres de nos frères
    Flotter comme des étendards!

II

Ut turpiter atrum
Desinit in piscem mulier formosa
*   superne* [2].
Horace.

Que dis-je? hélas! hélas! Tout cela, c'est un rêve,
    Un rêve à jamais effacé!...
L'autocrate est vainqueur... le niveau de son glaive
    Sur notre Pologne a passé!
C'est en vain, qu'à la voir tomber faible et trahie,
    La honte nous montait au cœur;
En vain que nous tendions de toute sa longueur
    La chaîne infâme qui nous lie!...
Mais c'est fini!... L'éclat dont notre ciel brillait
    S'évanouit... le temps se couvre,
La gloire de la France est enterrée au Louvre
    Avec les martyrs de Juillet!...

Une vieille hideuse à nos yeux l'a tuée,
          Vieille à l'œil faux, aux pas tortus,
La Politique enfin, cette prostituée
          De tous les trônes absolus!

Oh! que de partisans s'empressent autour d'elle!
          Jeunes et vieux, petits et grands,
Inamovible cour à tous les rois fidèle,
          Fouillis de dix gouvernements;
Avocats, professeurs à la parole douce,
          Mannequins usés aux genoux,
Tout cela vole, et rampe, et fourmille, et se pousse,
          Tout cela pue autour de nous!...

C'est pourquoi nous pleurons nos rêves politiques,
          Notre avenir découronné,
Nos cris de liberté, nos chants patriotiques!...
          Leur contact a tout profané!
Notre coq, dont ils ont coupé les grandes ailes,
          Dépérit, vulgaire et honteux;
Et nos couleurs déjà nous paraissent moins belles
          Depuis qu'elles traînent sur eux!

Oh! vers de grands combats, de nobles entreprises,
          Quand pourront les vents l'emporter,
Ce drapeau conquérant, qui s'ennuie à flotter
          Sur des palais et des églises!
Liberté, l'air des camps aurait bientôt reteint
          Ta robe, qui fut rouge et bleue...
Liberté de juillet! femme au buste divin,
          Et dont le corps finit en queue!

1831

Petits Châteaux de Bohême[1]
PROSE ET POÉSIE

A UN AMI [1]

O primavera, gioventù dell'anno,
Bella madre di fiori,
D'erbe novelle e di novelli amori..

Pastor Fido [2].

Mon ami, vous me demandez si je pourrais retrouver quelques-uns de mes anciens vers, et vous vous inquiétez même d'apprendre comment j'ai été poète, longtemps avant de devenir un humble prosateur [3].

Je vous envoie les trois âges du poète — il n'y a plus en moi qu'un prosateur obstiné. J'ai fait les premiers vers par enthousiasme de jeunesse, les seconds par amour, les derniers par désespoir. La Muse est entrée dans mon cœur comme une déesse aux paroles dorées; elle s'en est échappée comme une pythie en jetant des cris de douleur. Seulement, ses derniers accents se sont adoucis à mesure qu'elle s'éloignait. Elle s'est détournée un instant, et j'ai revu comme en un mirage les traits adorés d'autrefois!

La vie d'un poète est celle de tous. Il est inutile d'en définir toutes les phases. Et maintenant :

Rebâtissons, ami, ce château périssable
Que le souffle du monde a jeté sur le sable.
Replaçons le sopha sous les tableaux flamands... [4]

Premier château

I
LA RUE DU DOYENNÉ [1]

C'était dans notre logement commun de la rue
du Doyenné que nous nous étions reconnus frères
— *Arcades ambo*, — dans un coin du vieux Louvre
des Médicis, — bien près de l'endroit [2] où exista
l'ancien hôtel de Rambouillet.

Le vieux salon du doyen, aux quatre portes à deux
battants, au plafond historié de rocailles et de guivres,
— restauré par les soins [3] de tant de peintres, nos
amis, qui sont depuis devenus célèbres, retentissait
de nos rimes galantes, traversées souvent par les
rires joyeux ou les folles chansons des Cydalises.

Le bon Rogier [4] souriait dans sa barbe, du haut
d'une échelle, où il peignait sur un des trois [5] dessus
de glace un Neptune, — qui lui ressemblait! Puis,
les deux battants d'une porte s'ouvraient avec fracas :
c'était Théophile [6]. — On s'empressait de lui offrir
un fauteuil Louis XIII, et il lisait, à son tour, ses
premiers vers, — pendant que Cydalise Ire, ou
Lorry, ou Victorine, se balançaient nonchalamment
dans le hamac de Sarah la blonde, tendu à travers
l'immense salon [7].

Quelqu'un de nous se levait parfois, et rêvait à
des vers nouveaux en contemplant, des fenêtres, les
façades sculptées de la galerie du Musée, égayée de
ce côté par les arbres du manège [8].

Vous l'avez bien dit :

> *Théo, te souviens-tu de ces vertes saisons*
> *Qui s'effeuillaient si vite en ces vieilles maisons,*
> *Dont le front s'abritait sous une aile du Louvre?*

Ou bien, par les fenêtres opposées, qui donnaient
sur l'impasse, on adressait de vagues provocations
aux yeux espagnols de la femme du commissaire,
qui apparaissaient assez souvent au-dessus de la
lanterne municipale.

Quels temps heureux! On donnait des bals, des
soupers, des fêtes costumées, — on jouait [1] de
vieilles comédies, où mademoiselle Plessy, étant
encore débutante, ne dédaigna pas d'accepter un
rôle : — c'était celui de Béatrice dans *Jodelet*. Et
que notre pauvre Édouard [2] était comique dans les
rôles d'Arlequin *!

Nous étions jeunes, toujours gais, souvent riches [3]...
Mais je viens de faire vibrer la corde sombre : notre
palais est rasé. J'en ai foulé les débris l'automne
passée. Les ruines mêmes de la chapelle, qui se décou-
paient si gracieusement sur le vert des arbres, et
dont le dôme s'était écroulé un jour, au XVIIIe siècle,
sur six [4] malheureux chanoines réunis pour dire
un office, n'ont pas été respectées. Le jour où l'on
coupera les arbres du manège j'irai relire sur la place
la *Forêt coupée* de Ronsard :

> *Écoute, bûcheron, arreste un peu le bras :*
> *Ce ne sont pas des bois que tu jettes à bas ;*
> *Ne vois-tu pas le sang, lequel dégoutte à force,*
> *Des nymphes, qui vivaient dessous la dure écorce?*

Cela finit ainsi, vous le savez :

> *La matière demeure et la forme se perd !*

---

* Notamment dans le *Courrier de Naples*, du théâtre des
grands boulevards.

Vers cette époque, je me suis trouvé, un jour
encore, assez riche pour enlever aux démolisseurs
et racheter deux lots [1] de boiseries du salon, peintes
par nos amis. J'ai les deux dessus de porte de Nanteuil ; le *Watteau* de Vattier, signé ; les deux panneaux
longs de Corot, représentant deux *Paysages* de Pro-
vence ; le *Moine rouge*, de Châtillon, lisant la Bible
sur la hanche cambrée d'une femme nue, qui dort * [2] ;
les *Bacchantes*, de Chassériau, qui tiennent des tigres
en laisse comme des chiens ; les deux trumeaux de
Rogier, où la Cydalise, en costume régence, en robe
de taffetas feuille-morte, — triste présage, — sourit,
de ses yeux chinois, en respirant une rose, en face
du portrait en pied de Théophile, vêtu à l'espagnole.
L'*affreux* propriétaire, qui demeurait au rez-de-
chaussée, mais sur la tête duquel nous dansions trop
souvent, après deux ans de souffrances qui l'avaient
conduit à nous donner congé, a fait couvrir depuis
toutes ces peintures d'une couche à la détrempe [4],
parce qu'il prétendait que les nudités l'empêchaient
de louer à des bourgeois. — Je bénis le sentiment
d'économie qui l'a porté à ne pas employer la peinture
à l'huile.

De sorte que tout cela est à peu près sauvé. Je n'ai
pas retrouvé le *Siège de Lérida*, de Lorentz, où l'armée
française monte à l'assaut, précédée par des violons ;
ni les deux petits *Paysages* de Rousseau, qu'on aura
sans doute coupés d'avance ; mais j'ai, de Lorentz,
une *Maréchale* poudrée, en uniforme Louis XV. —
Quant au lit Renaissance, à la console Médicis, aux
deux buffets **, au *Ribeira* ***, aux tapisseries des

---

* Même sujet que le tableau qui se trouvait chez Victor
Hugo [3].
** Heureusement, Alphonse Karr possède le buffet aux
trois femmes et aux trois satyres, avec des ovales de peintures
du temps sur les portes.
*** La *Mort de saint Joseph* est à Londres, chez Gavarni.

Quatre Éléments, il y a longtemps que tout cela s'était dispersé [1]. « Où avez-vous perdu tant de belles choses? me dit un jour Balzac. — Dans les malheurs! lui répondis-je en citant un de ses mots favoris. »

II

PORTRAITS [2]

Reparlons de la Cydalise, ou plutôt, n'en disons qu'un mot : — Elle est embaumée et conservée à jamais dans le pur cristal d'un sonnet de Théophile [3], — du Théo, comme nous disions.

Théophile a toujours passé pour solide [4]; il n'a jamais cependant pris de ventre, et s'est conservé tel encore que nous le connaissions. Nos vêtements étriqués sont si absurdes, que l'Antinoüs, habillé d'un habit, semblerait énorme, comme la Vénus, habillée d'une robe moderne : l'un aurait l'air d'un fort de la halle endimanché, l'autre d'une marchande de poisson. L'armature colossale [5] du corps de notre ami (on peut le dire, puisqu'il voyage en Grèce aujourd'hui) lui fait souvent du tort près des dames abonnées aux journaux de modes; une connaissance plus parfaite lui a maintenu la faveur du sexe le plus faible et le plus intelligent; il jouissait d'une grande réputation dans notre cercle, et ne se mourait pas toujours aux pieds chinois de la Cydalise.

En remontant plus haut dans mes souvenirs, je retrouve un Théophile maigre... Vous ne l'avez pas connu. Je l'ai vu un jour, étendu sur un lit, — long et vert, — la poitrine chargée de ventouses. Il s'en allait rejoindre, peu à peu, son pseudonyme, Théophile de Viau, dont vous avez décrit les amours panthéistes, — par le chemin ombragé de l'*Allée de*

Sylvie [1]. Ces deux poètes, séparés par deux siècles, se seraient serré la main, aux Champs-Élysées de Virgile, beaucoup trop tôt.

Voici ce qui s'est passé à ce sujet :

Nous étions plusieurs amis, d'une société antérieure, qui menions gaiement une existence de mode alors, même pour les gens sérieux. Le Théophile mourant nous faisait peine, et nous avions des idées nouvelles d'hygiène, que nous communiquâmes aux parents. Les parents comprirent, chose rare; mais ils aimaient leur fils. On renvoya le médecin, et nous dîmes à Théo : « Lève-toi... et viens souper. » [2] La faiblesse de son estomac nous inquiéta d'abord. Il s'était endormi et senti malade à la première représentation de *Robert le Diable* [3].

On rappela le médecin. Ce dernier se mit à réfléchir, et, le voyant plein de santé au réveil, dit aux parents : « Ses amis ont peut-être raison. »

Depuis ce temps-là, le Théophile refleurit. — On ne parla plus de ventouses, et on nous l'abandonna. La nature l'avait fait poète, nos soins le firent presque immortel. Ce qui réussissait le plus sur son tempérament, c'était une certaine préparation de cassis sans sucre, que ses sœurs lui servaient dans d'énormes amphores en grès de la fabrique de Beauvais; Ziégler [4] a donné depuis des formes capricieuses à ce qui n'était alors que de simples cruches au ventre lourd. Lorsque nous nous communiquions nos inspirations poétiques, on faisait, par précaution, garnir la chambre de matelas, afin que le *paroxysme*, dû quelquefois au Bacchus du cassis, ne compromît pas nos têtes avec les angles des meubles.

Théophile, sauvé, n'a plus bu que de l'eau rougie et un doigt de champagne dans les petits soupers.

III

LA REINE DE SABA

Revenons-y. — Nous avions désespéré d'attendrir la femme du commissaire. — Son mari, moins farouche qu'elle, avait répondu, par une lettre fort polie, à l'invitation collective que nous leur avions adressée. Comme il était impossible de dormir dans ces vieilles maisons, à cause des suites chorégraphiques de nos soupers, — munis du silence complaisant des autorités voisines, — nous invitions tous les locataires distingués de l'impasse, et nous avions une collection d'attachés d'ambassades, en habits bleus à boutons d'or, de jeunes conseillers d'État *, de référendaires en herbe, dont la nichée d'hommes déjà sérieux, mais encore aimables, se développait dans ce pâté de maisons, en vue des Tuileries et des ministères voisins. Ils n'étaient reçus qu'à condition d'amener des femmes du monde, protégées, si elles y tenaient, par des dominos et des loups.

Les propriétaires et les concierges étaient seuls condamnés à un sommeil troublé — par les accords d'un orchestre de guinguette choisi à dessein, et par les bonds éperdus d'un galop monstre, qui, de la salle aux escaliers et des escaliers à l'impasse, allait aboutir nécessairement à une petite place entourée d'arbres, — où un cabaret s'était abrité sous les ruines imposantes de la chapelle du Doyenné. Au clair de lune, on admirait encore les restes de la vaste coupole italienne qui s'était écroulée, au xviiie siècle, sur les six malheureux chanoines, — accident duquel le cardinal Dubois fut un instant soupçonné [1].

---

* L'un d'eux s'appelait Van Daël, jeune homme charmant, mais dont le nom a porté malheur à notre château.

Mais vous me demanderez d'expliquer encore, en pâle prose, ces six vers de votre pièce intitulée : *Vingt ans.*

> *D'où vous vient, ô Gérard ! cet air académique?*
> *Est-ce que les beaux yeux de l'Opéra-Comique*
> *S'allumeraient ailleurs? La reine du Sabbat,*
> *Qui, depuis deux hivers, dans vos bras se débat,*
> *Vous échapperait-elle ainsi qu'une chimère?*
> *Et Gérard répondait : « Que la femme est amère ! »*

Pourquoi *du Sabbat*... mon cher ami? et pourquoi jeter maintenant de l'absinthe dans cette coupe d'or, moulée sur un beau sein?

Ne vous souvenez-vous plus des vers de ce[1] *Cantique des Cantiques*, où l'Ecclésiaste nouveau s'adresse à cette même reine du matin :

> *La grenade qui s'ouvre au soleil d'Italie*
> *N'est pas si gaie encore, à mes yeux enchantés,*
> *Que ta lèvre entr'ouverte, ô ma belle folie,*
> *Où je bois à longs flots le vin des voluptés.*

La reine de Saba[2], c'était bien celle, en effet, qui me préoccupait alors, — et doublement. — Le fantôme éclatant de la fille des Hémiarites tourmentait mes nuits sous les hautes colonnes de ce grand lit sculpté, acheté en Touraine, et qui n'était pas encore garni de sa brocatelle rouge à ramages. Les salamandres de François Ier me versaient leur flamme du haut des corniches, où se jouaient des amours imprudents. ELLE m'apparaissait radieuse, comme au jour où Salomon l'admira s'avançant vers lui dans les splendeurs pourprées du matin[3]. Elle venait me proposer l'éternelle énigme que le Sage ne put résoudre, et ses yeux, que la malice animait plus que l'amour, tempéraient seuls la majesté de son visage oriental.

— Qu'elle était belle! non pas plus belle cependant qu'une autre reine du matin dont l'image tourmentait mes journées.

Cette dernière réalisait vivante mon rêve idéal et divin. Elle avait, comme l'immortelle Balkis, le don communiqué par la huppe miraculeuse. Les oiseaux se taisaient en entendant ses chants, — et l'auraient certainement suivie à travers les airs.

La question était de la faire débuter à l'Opéra. Le triomphe de Meyerbeer devenait le garant d'un nouveau succès. J'osai en entreprendre le poème. J'aurais réuni ainsi dans un trait de flamme les deux moitiés de mon double amour. — C'est pourquoi, mon ami, vous m'avez vu si préoccupé dans une de ces nuits splendides où notre Louvre était en fête. — Un mot de Dumas m'avait averti que Meyerbeer nous attendait à sept heures du matin [1].

IV
UNE FEMME EN PLEURS

Je ne songeais qu'à cela au milieu du bal. Une femme, que vous vous rappelez sans doute, pleurait à chaudes larmes dans un coin du salon, et ne voulait, pas plus que moi, se résoudre à danser. Cette belle éplorée ne pouvait parvenir à cacher ses peines. Tout à coup elle me prit le bras et me dit : « Ramenez-moi, je ne puis rester ici. »

Je sortis en lui donnant le bras. Il n'y avait pas de voiture sur la place. Je lui conseillai de se calmer et de sécher ses yeux, puis de rentrer ensuite dans le bal; elle consentit seulement à se promener sur la petite place.

Je savais ouvrir une certaine porte en planches qui donnait sur le manège, et nous causâmes longtemps au clair de lune, sous les tilleuls. Elle me raconta longuement tous ses désespoirs.

Celui qui l'avait amenée s'était épris d'une autre;

de là une querelle intime; puis elle avait menacé de
s'en retourner seule, ou accompagnée; il lui avait
répondu qu'elle pouvait bien agir à son gré. De là les
soupirs, de là les larmes.

Le jour ne devait pas tarder à poindre. La grande
sarabande commençait. Trois ou quatre peintres
d'histoire, peu danseurs de leur nature, avaient fait
ouvrir le petit cabaret et chantaient à gorge déployée :
Il était un rabouleur, ou bien : *C'était un calonnier qui
revenait de Flandre*, souvenir des réunions joyeuses
de la mère Saguet [1]. — Notre asile fut bientôt
troublé par quelques masques qui avaient trouvé
ouverte la petite porte. On parlait d'aller déjeuner
à Madrid — au Madrid du bois de Boulogne — ce qui
se faisait quelquefois. Bientôt le signal fut donné,
on nous entraîna, et nous partîmes à pied [2], escortés
par trois gardes françaises, dont deux étaient simplement MM. d'Egmont [3] et de Beauvoir; — le troisième, c'était Giraud, le peintre ordinaire des gardes
françaises.

Les sentinelles des Tuileries ne pouvaient comprendre cette apparition inattendue qui semblait le
fantôme d'une scène d'il y a cent ans, où des gardes
françaises auraient mené au violon une troupe de
masques tapageurs. De plus, l'une des deux petites
marchandes de tabac si jolies, qui faisaient l'ornement
de nos bals, n'osa se laisser emmener à Madrid sans
prévenir son mari, qui gardait la maison.

Nous l'accompagnâmes à travers les rues. Elle
frappa à sa porte. Le mari parut à une fenêtre [4] de
l'entresol. Elle lui cria : « Je vais déjeuner avec ces
messieurs. » Il répondit : « Va-t'en au diable! c'était
bien la peine de me réveiller pour cela! »

La belle désolée faisait une résistance assez faible
pour se laisser entraîner à Madrid, et moi, je faisais
mes adieux à Rogier en lui expliquant que je voulais
aller travailler à mon *scénario*. « Comment! tu ne

nous suis pas? Cette dame n'a plus d'autre cavalier
que toi... et elle t'avait choisi pour la reconduire. —
Mais j'ai rendez-vous à sept heures chez Meyerbeer,
entends-tu bien? »

Rogier fut pris d'un fou rire. Un de ses bras
appartenait à la Cydalise [1]; il offrit l'autre à la belle
dame, qui me salua d'un petit air moqueur. J'avais
servi du moins à faire succéder un sourire à ses larmes.

J'avais quitté la proie pour l'ombre... comme
toujours [2]!

V

PRIMAVERA [3]

En ce temps, je ronsardisais — pour me servir d'un
mot de Malherbe [4]. Il s'agissait alors pour nous, jeunes
gens, de rehausser la vieille versification française,
affaiblie par les langueurs du dix-huitième siècle,
troublée par les brutalités des novateurs trop ardents;
mais il fallait aussi maintenir le droit antérieur de
la littérature nationale dans ce qui se rapporte à
l'invention et aux formes générales [5].

— Mais, me direz-vous, il faut enfin montrer ces
premiers vers, ces *juvenilia*. «Sonnez-moi ces sonnets »,
comme disait Du Bellay.

— Eh bien! étant admise l'étude assidue de ces
vieux poètes, croyez bien que je n'ai nullement cherché à en faire le pastiche, mais que leurs formes de
style m'impressionnaient malgré moi, comme il est
arrivé à beaucoup de poètes de notre temps.

Les *odelettes*, ou petites odes de Ronsard, m'avaient
servi de modèle. C'était encore une forme classique,
imitée par lui d'Anacréon, de Bion, et, jusqu'à un
certain point, d'Horace. La forme concentrée de

l'odelette ne me paraissait pas moins précieuse à
conserver que celle du sonnet, où Ronsard s'est
inspiré si heureusement de Pétrarque, de même que,
dans ses élégies, il a suivi les traces d'Ovide ; toutefois, Ronsard a été généralement plutôt grec que
latin : c'est là ce qui distingue son école de celle de
Malherbe [1].

ODELETTES [1]

I

AVRIL [2]

Déjà les beaux jours, — la poussière,
Un ciel d'azur et de lumière,
Les murs enflammés, les longs soirs; —
Et rien de vert : — à peine encore
Un reflet rougeâtre décore
Les grands arbres aux rameaux noirs!

Ce beau temps me pèse et m'ennuie.
— Ce n'est qu'après des jours de pluie
Que doit surgir, en un tableau,
Le printemps verdissant et rose,
Comme une nymphe fraîche éclose,
Qui, souriante, sort de l'eau.

FANTAISIE [3]

Il est un air pour qui je donnerais
Tout Rossini, tout Mozart et tout Weber [*],
Un air très vieux, languissant et funèbre,
Qui pour moi seul a des charmes secrets!

On prononce *Wèbre*.

Or, chaque fois que je viens à l'entendre,
De deux cents ans mon âme rajeunit...
C'est sous Louis treize; et je crois voir s'étendre
Un coteau vert, que le couchant jaunit,

Puis un château de brique à coins de pierre,
Aux vitraux teints de rougeâtres couleurs,
Ceint de grands parcs, avec une rivière
Baignant ses pieds, qui coule entre des fleurs;

Puis une dame, à sa haute fenêtre,
Blonde aux yeux noirs, en ses habits anciens,
Que, dans une autre existence peut-être,
J'ai déjà vue... et dont je me souviens!

LA GRAND'MÈRE [1]

Voici trois ans qu'est morte ma grand'mère,
— La bonne femme, — et, quand on l'enterra,
Parents, amis, tout le monde pleura
D'une douleur bien vraie et bien amère.

Moi seul j'errais dans la maison, surpris
Plus que chagrin; et, comme j'étais proche
De son cercueil, — quelqu'un me fit reproche
De voir cela sans larmes et sans cris.

Douleur bruyante est bien vite passée :
Depuis trois ans, d'autres émotions,
Des biens, des maux, — des révolutions, —
Ont dans les cœurs sa mémoire effacée.

Moi seul j'y songe, et la pleure souvent;
Depuis trois ans, par le temps prenant force,
Ainsi qu'un nom gravé dans une écorce,
Son souvenir se creuse plus avant!

LA COUSINE [1]

L'hiver a ses plaisirs ; et souvent, le dimanche,
Quand un peu de soleil jaunit la terre blanche,
Avec une cousine on sort se promener...
— Et ne vous faites pas attendre pour dîner,

Dit la mère. Et quand on a bien, aux Tuileries,
Vu sous les arbres noirs les toilettes fleuries,
La jeune fille a froid... et vous fait observer
Que le brouillard du soir commence à se lever.

Et l'on revient, parlant du beau jour qu'on regrette,
Qui s'est passé si vite... et de flamme discrète :
Et l'on sent en rentrant, avec grand appétit,
Du bas de l'escalier, — le dindon qui rôtit.

PENSÉE DE BYRON [2]
Élégie

Par mon amour et ma constance,
J'avais cru fléchir ta rigueur,
Et le souffle de l'espérance
Avait pénétré dans mon cœur ;
Mais le temps, qu'en vain je prolonge,
M'a découvert la vérité,
L'espérance a fui comme un songe...
Et mon amour seul m'est resté !

Il est resté comme un abîme
Entre ma vie et le bonheur,
Comme un mal dont je suis victime,
Comme un poids jeté sur mon cœur !

Pour fuir le piège où je succombe,
Mes efforts seraient superflus;
Car l'homme a le pied dans la tombe,
Quand l'espoir ne le soutient plus.

J'aimais à réveiller la lyre,
Et souvent, plein de doux transports,
J'osais, ému par le délire,
En tirer de tendres accords.
Que de fois, en versant des larmes,
J'ai chanté tes divins attraits!
Mes accents étaient pleins de charmes,
Car c'est toi qui les inspirais.

Ce temps n'est plus, et le délire
Ne vient plus animer ma voix;
Je ne trouve point à ma lyre
Les sons qu'elle avait autrefois.
Dans le chagrin qui me dévore,
Je vois mes beaux jours s'envoler;
Si mon œil étincelle encore,
C'est qu'une larme va couler!

Brisons la coupe de la vie;
Sa liqueur n'est que du poison;
Elle plaisait à ma folie,
Mais elle enivrait ma raison.
Trop longtemps épris d'un vain songe,
Gloire! amour! vous eûtes mon cœur:
O Gloire! tu n'es qu'un mensonge;
Amour! tu n'es point le bonheur!

GAIETÉ [1]

Petit *piqueton* de Mareuil,
Plus clairet qu'un vin d'Argenteuil,
Que ta saveur est souveraine !
Les Romains ne t'ont pas compris
Lorsqu'habitant l'ancien Paris
Ils te préféraient le Surène.

Ta liqueur rose, ô joli vin !
Semble faite du sang divin
De quelque nymphe bocagère ;
Tu perles au bord désiré
D'un verre à côtes, coloré
Par les teintes de la fougère.

Tu me guéris pendant l'été
De la soif qu'un vin plus vanté
M'avait laissé depuis la veille [*] ;
Ton goût suret, mais doux aussi,
Happant mon palais épaissi,
Me rafraîchit quand je m'éveille.

Eh quoi ! si gai dès le matin,
Je foule d'un pied incertain
Le sentier où verdit ton pampre !...
— Et je n'ai pas de Richelet
Pour finir ce docte couplet...
Et trouver une rime en ampre [**]

---

[*] Il y a une faute, mais elle est dans le goût *du temps.*
[**] Lisez le *Dictionnaire des Rimes*, à l'article AMPRE. Vous n'y trouvez que *pampre ;* pourquoi ce mot si sonore n'a-t-il pas de rime ?

POLITIQUE [1]
1832

Dans Sainte-Pélagie,
Sous ce règne élargie,
Où, rêveur et pensif,
   Je vis captif,

Pas une herbe ne pousse
Et pas un brin de mousse
Le long des murs grillés
   Et frais taillés!

Oiseau qui fends l'espace...
Et toi, brise, qui passe
Sur l'étroit horizon
   De la prison,

Dans votre vol superbe,
Apportez-moi quelque herbe,
Quelque gramen, mouvant
   Sa tête au vent!

Qu'à mes pieds tourbillonne
Une feuille d'automne
Peinte de cent couleurs
   Comme les fleurs!

Pour que mon âme triste
Sache encor qu'il existe
Une nature, un Dieu
   Dehors ce lieu,

Faites-moi cette joie,
Qu'un instant je revoie
Quelque chose de vert
    Avant l'hiver !

LE POINT NOIR [1]

Quiconque a regardé le soleil fixement
Croit voir devant ses yeux voler obstinément
Autour de lui, dans l'air, une tache livide.

Ainsi, tout jeune encore et plus audacieux,
Sur la gloire un instant j'osai fixer les yeux :
Un point noir est resté dans mon regard avide.

Depuis, mêlée à tout comme un signe de deuil,
Partout, sur quelque endroit que s'arrête mon œil,
Je la vois se poser aussi, la tache noire ! —

Quoi, toujours? Entre moi sans cesse et le bonheur !
Oh! c'est que l'aigle seul — malheur à nous, malheur !
Contemple impunément le Soleil et la Gloire.

LES PAPILLONS [2]

I

De toutes les belles choses
Qui nous manquent en hiver,
Qu'aimez-vous mieux? — Moi, les roses;
— Moi, l'aspect d'un beau pré vert;

— Moi, la moisson blondissante,
Chevelure des sillons;
— Moi, le rossignol qui chante;
— Et moi, les beaux papillons!

Le papillon, fleur sans tige,
    Qui voltige,
Que l'on cueille en un réseau;
Dans la nature infinie,
    Harmonie
Entre la plante et l'oiseau!...

Quand revient l'été superbe,
Je m'en vais au bois tout seul :
Je m'étends dans la grande herbe,
Perdu dans ce vert linceul.
Sur ma tête renversée,
Là, chacun d'eux à son tour,
Passe comme une pensée
De poésie ou d'amour!

Voici le papillon *faune*,
    Noir et jaune;
Voici le *mars* azuré,
Agitant des étincelles
    Sur ses ailes
D'un velours riche et moiré.

Voici le *vulcain* rapide,
Qui vole comme un oiseau :
Son aile noire et splendide
Porte un grand ruban ponceau.
Dieux! le *soufré*, dans l'espace,
Comme un éclair a relui...
Mais le joyeux *nacré* passe,
Et je ne vois plus que lui!

II

Comme un éventail de soie,
    Il déploie
Son manteau semé d'argent;
Et sa robe bigarrée
    Est dorée
D'un or verdâtre et changeant.

Voici le *machaon-zèbre*,
De fauve et de noir rayé;
Le *deuil*, en habit funèbre,
Et le *miroir* bleu strié;
Voici l'*argus*, feuille-morte,
Le *morio*, le *grand-bleu*,
Et le *paon-de-jour* qui porte
Sur chaque aile un œil de feu!

Mais le soir brunit nos plaines;
    Les *phalènes*
Prennent leur essor bruyant,
Et les *sphinx* aux couleurs sombres,
    Dans les ombres
Voltigent en tournoyant.

C'est le *grand-paon* à l'œil rose
Dessiné sur un fond gris,
Qui ne vole qu'à nuit close,
Comme les chauves-souris;
Le *bombice* du troëne,
Rayé de jaune et de vert,
Et le *papillon du chêne*
Qui ne meurt pas en hiver!...

Voici le *sphinx* à la tête
    De squelette,
Peinte en blanc sur un fond noir,

Que le villageois redoute,
        Sur sa route,
De voir voltiger le soir.

Je hais aussi les *phalènes*,
Sombres hôtes de la nuit,
Qui voltigent dans nos plaines
De sept heures à minuit;
Mais vous, papillons que j'aime.
Légers papillons de jour,
Tout en vous est un emblème
De poésie et d'amour!

III

Malheur, papillons que j'aime,
        Doux emblème,
A vous pour votre beauté!...
Un doigt, de votre corsage,
        Au passage,
Froisse, hélas! le velouté!...

Une toute jeune fille
Au cœur tendre, au doux souris,
Perçant vos cœurs d'une aiguille,
Vous contemple, l'œil surpris :
Et vos pattes sont coupées
Par l'ongle blanc qui les mord,
Et vos antennes crispées
Dans les douleurs de la mort!...

NI BONJOUR NI BONSOIR [1]
Sur un air grec

Νή καλιμέρα, νὴ ὥρα καλή.

Le matin n'est plus! le soir pas encore :
Pourtant de nos yeux l'éclair a pâli!

Νή καλιμέρα, νὴ ὥρα καλή.

Mais le soir vermeil ressemble à l'aurore,
Et la nuit plus tard amène l'oubli!

LES CYDALISES [2]

Où sont nos amoureuses?
Elles sont au tombeau :
Elles sont plus heureuses,
Dans un séjour plus beau!

Elles sont près des anges,
Dans le fond du ciel bleu,
Et chantent les louanges
De la mère de Dieu!

O blanche fiancée!
O jeune vierge en fleur!
Amante délaissée,
Que flétrit la douleur!

L'éternité profonde
Souriait dans vos yeux...
Flambeaux éteints du monde,
Rallumez-vous aux cieux!

NOBLES ET VALETS

Ces nobles d'autrefois dont parlent les romans,
Ces preux à fronts de bœuf, à figures dantesques,
Dont les corps charpentés d'ossements gigantesques
Semblaient avoir au sol racine et fondements;

S'ils revenaient au monde, et qu'il leur prît l'idée
De voir les héritiers de leurs noms immortels,
Race de Laridons, encombrant les hôtels
Des ministres, — rampante, avide et dégradée;

Êtres grêles, à buscs, plastrons et faux mollets : —
Certes ils comprendraient alors, ces nobles hommes,
Que, depuis les vieux temps, au sang des gentils-
hommes
Leurs filles ont mêlé bien du sang de valets !

LE RÉVEIL EN VOITURE [1]

Voici ce que je vis : Les arbres sur ma route
Fuyaient mêlés, ainsi qu'une armée en déroute,

Et sous moi, comme ému par les vents soulevés,
Le sol roulait des flots de glèbe et de pavés!

Des clochers conduisaient parmi les plaines vertes
Leurs hameaux aux maisons de plâtre, recouvertes
En tuiles, qui trottaient ainsi que des troupeaux
De moutons blancs, marqués en rouge sur le dos!

Et les monts enivrés chancelaient, — la rivière
Comme un serpent boa, sur la vallée entière
Étendu, s'élançait pour les entortiller...
— J'étais en poste, moi, venant de m'éveiller!

LE RELAIS

En voyage, on s'arrête, on descend de voiture;
Puis entre deux maisons on passe à l'aventure,
Des chevaux, de la route et des fouets étourdi,
L'œil fatigué de voir et le corps engourdi.

Et voici tout à coup, silencieuse et verte,
Une vallée humide et de lilas couverte,
Un ruisseau qui murmure entre les peupliers, —
Et la route et le bruit sont bien vite oubliés!

On se couche dans l'herbe et l'on s'écoute vivre,
De l'odeur du foin vert à loisir on s'enivre,
Et sans penser à rien on regarde les cieux...
Hélas! une voix crie : « En voiture, messieurs! »

UNE ALLÉE DU LUXEMBOURG

Elle a passé, la jeune fille
Vive et preste comme un oiseau :
A la main une fleur qui brille,
A la bouche un refrain nouveau.

C'est peut-être la seule au monde
Dont le cœur au mien répondrait,
Qui venant dans ma nuit profonde
D'un seul regard l'éclaircirait !

Mais non, — ma jeunesse est finie...
Adieu, doux rayon qui m'as lui, —
Parfum, jeune fille, harmonie...
Le bonheur passait, — il a fui !

NOTRE-DAME DE PARIS [1]

Notre-Dame est bien vieille : on la verra peut-être
Enterrer cependant Paris qu'elle a vu naître ;
Mais, dans quelque mille ans, le Temps fera broncher
Comme un loup fait un bœuf, cette carcasse lourde,
Tordra ses nerfs de fer, et puis d'une dent sourde
Rongera tristement ses vieux os de rocher !

Bien des hommes, de tous les pays de la terre
Viendront, pour contempler cette ruine austère,
Rêveurs, et relisant le livre de Victor :
— Alors ils croiront voir la vieille basilique,
Toute ainsi qu'elle était, puissante et magnifique,
Se lever devant eux comme l'ombre d'un mort !

DANS LES BOIS [1]

Au printemps l'Oiseau naît et chante :
N'avez-vous pas ouï sa voix?...
Elle est pure, simple et touchante,
La voix de l'Oiseau — dans les bois!

L'été, l'Oiseau cherche l'Oiselle;
Il aime — et n'aime qu'une fois!
Qu'il est doux, paisible et fidèle,
Le nid de l'Oiseau — dans les bois!

Puis quand vient l'automne brumeuse,
Il se tait... avant les temps froids.
Hélas! qu'elle doit être heureuse
La mort de l'Oiseau — dans les bois!

[LE COUCHER DU SOLEIL [2]

Quand le Soleil du soir parcourt les Tuileries
Et jette l'incendie aux vitres du château;
Je suis la Grande Allée et ses deux pièces d'eau
       Tout plongé dans mes rêveries!

Et de là, mes amis, c'est un coup d'œil fort beau
De voir, lorsqu'à l'entour la nuit répand son voile
Le coucher du soleil, riche et mouvant tableau,
       Encadré dans l'Arc de l'Étoile!]

   Vous verrez, mon ami, si ces poésies déjà vieilles
ont encore conservé quelque parfum. — J'en ai écrit
de tous les rythmes, imitant plus ou moins, comme
l'on fait quand on commence [3].

L'ode sur les papillons est encore une coupe à la
Ronsard, et cela peut se chanter sur l'air du cantique de Joseph. Remarquez une chose, c'est que les
odelettes se chantaient et devenaient même populaires, témoin cette phrase du *Roman comique* :
« Nous entendîmes la servante, qui, d'une bouche
imprégnée d'ail, chantait l'ode du vieux Ronsard :

> *Allons de nos voix*
> *Et de nos luths d'ivoire*
> *Ravir les esprits !* »

Ce n'était, du reste, que renouvelé des odes
antiques, lesquelles se chantaient aussi. J'avais écrit
les premières sans songer à cela, de sorte qu'elles
ne sont nullement lyriques. La dernière [1] : « Où sont
nos amoureuses? » est venue, malgré moi, sous forme
de chant; j'en avais trouvé en même temps les vers
et la mélodie, que j'ai été obligé de faire noter, et
qui a été trouvée très concordante aux paroles. Elle
est calquée sur un air grec [2].

Je suis persuadé que tout poète ferait facilement
la musique de ses vers s'il avait quelque connaissance
de la notation. Rousseau est cependant presque le
seul qui, avant Pierre Dupont, ait réussi.

Je discutais dernièrement là-dessus avec S... [3], à
propos des tentatives de Richard Wagner. Sans
approuver le système musical actuel, qui fait du
poète un *parolier*, S... paraissait craindre que l'inno-
vation de l'auteur de *Lohengrin*, qui soumet entièrement la musique au rythme poétique, ne la fît
remonter à l'enfance de l'art. Mais n'arrive-t-il pas
tous les jours qu'un art quelconque se rajeunit en
se retrempant à ses sources? S'il y a décadence,
pourquoi le craindre? S'il y a progrès, où est le
danger?

Il est très vrai que les Grecs avaient quatorze modes

lyriques fondés sur les rythmes poétiques de quatorze chants ou chansons. Les Arabes en ont le
même nombre, à leur imitation. De ces timbres
primitifs résultent des combinaisons infinies, soit
pour l'orchestre, soit pour l'opéra. Les tragédies
antiques étaient des opéras, moins avancés sans doute
que les nôtres; les mystères aussi du moyen âge
étaient des opéras complets avec récitatifs, airs et
chœurs; on y voit poindre même le duo, le trio, etc.
On me dira que les chœurs n'étaient chantés qu'à
l'unisson — soit. Mais n'aurions-nous réalisé qu'un
de ces progrès matériels qui perfectionnent la forme
aux dépens de la grandeur et du sentiment? Qu'un
faiseur italien vole un air populaire qui court les
rues de Naples ou de Venise, et qu'il en fasse le
motif principal d'un duo, d'un trio ou d'un chœur,
qu'il le dessine dans l'orchestre, le complète et le
fasse suivre d'un autre motif également pillé, sera-
t-il pour cela inventeur? Pas plus que poète. Il aura
seulement le mérite de la composition, c'est-à-dire
de l'arrangement selon les règles et selon son style
ou son goût particuliers.

Mais cette esthétique nous entraînerait trop loin,
et je suis incapable de la soutenir avec les termes
acceptés, n'ayant jamais pu mordre au solfège.
Voici des pièces choisies parmi celles que j'ai écrites
pour plusieurs compositeurs :

LYRISME ET VERS D'OPÉRA[1]

PIQUILLO

ESPAGNE[2]

Mon doux pays des Espagnes,
Qui voudrait fuir ton beau ciel,
Tes cités et tes montagnes,
Et ton printemps éternel?

Ton air pur qui nous enivre,
Tes jours moins beaux que tes nuits,
Tes champs, où Dieu voudrait vivre
S'il quittait son paradis?

Autrefois, ta souveraine,
L'Arabie, en te fuyant,
Laissa sur ton front de reine
Sa couronne d'Orient!

Un écho redit encore
A ton rivage enchanté
L'antique refrain du Maure :
Gloire, amour et liberté!

CHŒUR D'AMOUR [1]

Ici l'on passe
Des jours enchantés !
L'ennui s'efface
Aux cœurs attristés
Comme la trace
Des flots agités.

Heure frivole
Et qu'il faut saisir,
Passion folle
Qui n'est qu'un désir,
Et qui s'envole
Après le plaisir !

CALIGULA

LES HEURES [1]

(César est sur un char d'ivoire et d'or, attelé de quatre chevaux blancs conduits par les Heures du jour et de la nuit.)

LES HEURES DU JOUR,
tenant des palmes d'or à la main.

Nous sommes les Heures guerrières
Qui présidons aux durs travaux.
Quand Bellone ouvre les barrières,
Quand César marche à ses rivaux,
Notre cohorte échevelée
Pousse dans l'ardente mêlée
La ruse fertile en détours;
Et sur la plaine, vaste tombe
Où la moisson sanglante tombe,
Souriant à cette hécatombe,
Nous planons avec les vautours.

LES HEURES DE LA NUIT

Nous sommes des Heures heureuses
Par qui le Plaisir est conduit;
Quand les étoiles amoureuses
Percent le voile de la nuit,
Près de la beauté qui repose,
Œil entr'ouvert, bouche mi-close,
Vers un lit parfumé de rose,
Nous guidons César et l'Amour.
Et, là, nous demeurons sans trêve
Jusqu'au moment où, comme un rêve,
L'Aube naissante nous enlève
Sur le premier rayon du jour.

(Un nuage descend et s'abaisse près du char; Messa-
line paraît en Victoire, une couronne d'or à la main.)

PREMIER CHANT [1]

L'hiver s'enfuit; le printemps embaumé
Revient suivi des Amours et de Flore;
Aime demain qui n'a jamais aimé,
Qui fut amant, demain le soit encore!

Hiver était le seul maître des temps,
Lorsque Vénus sortit du sein de l'onde;
Son premier souffle enfanta le printemps,
Et le printemps fit éclore le monde.

L'été brûlant a ses grasses moissons,
Le riche automne a ses treilles encloses,
L'hiver frileux son manteau de glaçons,
Mais le printemps a l'amour et les roses.

L'hiver s'enfuit, le printemps embaumé
Revient suivi des Amours et de Flore ;
Aime demain qui n'a jamais aimé,
Qui fut amant, demain le soit encore !

DEUXIÈME CHANT [1]

De roses vermeilles
Nos champs sont fleuris,
Et le bras des treilles
Tend à nos corbeilles
Ses raisins mûris.

Puisque chaque année
Jetant aux hivers
Sa robe fanée,
Renaît couronnée
De feuillages verts,

Puisque toute chose
S'offre à notre main
Pour qu'elle en dispose,
Effeuillons la rose,
Foulons le raisin ;

Car le temps nous presse
D'un constant effort ;
Hier la jeunesse,
Ce soir la vieillesse,
Et demain la mort.

Étrange mystère !
Chaque homme à son tour
Passe solitaire
Un jour sur la terre ;

Mais pendant ce jour,
De roses vermeilles
Nos champs sont fleuris,
Et le bras des treilles
Tend à nos corbeilles
Ses raisins mûris.

TROISIÈME CHANT [1]

César a fermé la paupière;
Au jour doit succéder la nuit;
Que s'éteigne toute lumière,
Que s'évanouisse tout bruit.

A travers ces arcades sombres,
Enfants aux folles passions,
Disparaissez comme des ombres,
Fuyez comme des visions.

Allez, que le caprice emporte
Chaque âme selon son désir,
Et que, close après vous, la porte
Ne se rouvre plus qu'au plaisir.

TRADUCTIONS ET ADAPTATIONS
DE L'ALLEMAND

LA SÉRÉNADE [1]
(imitée d'Uhland)

— Oh! quel doux chant m'éveille?
— Près de ton lit je veille,
Ma fille! et n'entends rien...
Rendors-toi, c'est chimère!
— J'entends dehors, ma mère,
Un chœur aérien!...

— Ta fièvre va renaître.
— Ces chants de la fenêtre
Semblent s'être approchés.
— Dors, pauvre enfant malade,
Qui rêves sérénade...
Les galants sont couchés!

— Les hommes! que m'importe?
Un nuage m'emporte...
Adieu le monde, adieu!
Mère, ces sons étranges
C'est le concert des anges
Qui m'appellent à Dieu!

(Musique du prince Poniatowski.)

CHAMBRE DE MARGUERITE [1]

Une amoureuse flamme
Consume mes beaux jours;
Ah! la paix de mon âme
A donc fui pour toujours!

Son départ, son absence,
Sont pour moi le cercueil;
Et loin de sa présence
·Tout me paraît en deuil.

Alors, ma pauvre tête
Se dérange bientôt;
Mon faible esprit s'arrête,
Puis se glace aussitôt.

Une amoureuse flamme
Consume mes beaux jours;
Ah! la paix de mon âme
A donc fui pour toujours!

Je suis à ma fenêtre,
Ou dehors, tout le jour
C'est pour le voir paraître,
Ou hâter son retour.

Sa marche que j'admire,
Son port si gracieux,
Sa bouche au doux sourire,
Le charme de ses yeux;

La voix enchanteresse
Dont il sait m'embraser,

De sa main la caresse,
Hélas! et son baiser...

D'une amoureuse flamme
Consument mes beaux jours;
Ah! la paix de mon âme
A donc fui pour toujours!

Mon cœur bat et se presse,
Dès qu'il le sent venir;
Au gré de ma tendresse
Puis-je le retenir?

O caresses de flamme!
Que je voudrais un jour
Voir s'exhaler mon âme
Dans ses baisers d'amour!

LE ROI DE THULÉ [1]

Il était un roi de Thulé
A qui son amante fidèle
Légua, comme souvenir d'elle,
Une coupe d'or ciselé.

C'était un trésor plein de charmes
Où son amour se conservait :
A chaque fois qu'il y buvait
Ses yeux se remplissaient de larmes.

Voyant ses derniers jours venir,
Il divisa son héritage,
Mais il excepta du partage
La coupe, son cher souvenir.

Il fit à la table royale
Asseoir les barons dans sa tour ;
Debout et rangée alentour,
Brillait sa noblesse loyale.

Sous le balcon grondait la mer.
Le vieux roi se lève en silence,
Il boit, — frissonne, et sa main lance
La coupe d'or au flot amer !

Il la vit tourner dans l'eau noire,
La vague en s'ouvrant fit un pli,
Le roi pencha son front pâli...
Jamais on ne le vit plus boire.

LES MONTÉNÉGRINS

CHANSON GOTHIQUE [1]

Belle épousée
J'aime tes pleurs!
C'est la rosée
Qui sied aux fleurs.

Les belles choses
N'ont qu'un printemps,
Semons de roses
Les pas du Temps!

Soit brune ou blonde
Faut-il choisir?
Le Dieu du monde,
C'est le Plaisir.

CHANT DES FEMMES EN ILLYRIE [2]

Pays enchanté,
C'est la beauté
Qui doit te soumettre à ses chaînes.

Là-haut sur ces monts
Nous triomphons :
L'infidèle est maître des plaines.

Chez nous
Son amour jaloux
Trouverait des inhumaines...
Mais, pour nous conquérir,
Que faut-il nous offrir?
Un regard, un mot tendre, un soupir!...

O soleil riant
De l'Orient!
Tu fais supporter l'esclavage;
Et tes feux vainqueurs
Domptent les cœurs,
Mais l'amour peut bien davantage.

Ses accents
Sont tout-puissants
Pour enflammer le courage...
A qui sait tout oser
Qui pourrait refuser
Une fleur, un sourire, un baiser?

CHANT MONTÉNÉGRIN [1]

C'est l'empereur Napoléon,
Un nouveau César, nous dit-on,
Qui rassembla ses capitaines :
    « Allez là-bas
Jusqu'à ces montagnes hautaines;
    N'hésitez pas!

» Là sont des hommes indomptables
          Au cœur de fer,
Des rochers noirs et redoutables
Comme les abords de l'enfer. »

Ils ont amené des canons
Et des houzards et des dragons.
« — Vous marchez tous, ô capitaines !
          Vers le trépas ;
Contemplez ces roches hautaines,
          N'avancez pas !

» Car la montàgne a des abîmes
          Pour vos canons ;
Les rocs détachés de leurs cimes
Iront broyer vos escadrons.

» Monténégro, Dieu te protège,
Et tu seras libre à jamais,
          Comme la neige
          De tes sommets ! »

CHŒUR SOUTERRAIN [1]

          Au fond des ténèbres,
          Dans ces lieux funèbres,
          Combattons le sort :
          Et pour la vengeance,
          Tous d'intelligence,
          Préparons la mort.

          Marchons dans l'ombre ;
          Un voile sombre
          Couvre les airs :
          Quand tout sommeille,
          Celui qui veille
          Brise ses fers !

Ces dernières strophes, comme vous voyez, ont une couleur ancienne qui aurait réjoui le vieux Gluck.

Il est difficile de devenir un bon prosateur si l'on n'a pas été poète — ce qui ne signifie pas que tout poète puisse devenir un prosateur. Mais comment s'expliquer la séparation qui s'établit presque toujours entre ces deux talents? Il est rare qu'on les accorde tous les deux au même ecrivain : du moins, l'un prédomine l'autre. Pourquoi aussi notre poésie n'est-elle pas populaire comme celle des Allemands? C'est, je crois, qu'il faut distinguer toujours ces deux styles et ces deux genres, chevaleresque et gaulois, dans l'origine, qui, en perdant leurs noms, ont conservé leur division générale. On parle en ce moment d'une collection de chants nationaux recueillis et publiés à grands frais. Là, sans doute, nous pourrons étudier les rythmes anciens conformes au génie primitif de la langue, et peut-être en sortira-t-il quelque moyen d'assouplir et de varier ces coupes belles mais monotones que nous devons à la réforme classique. La rime riche est une grâce, sans doute, mais elle ramène trop souvent les mêmes formules. Elle rend le récit poétique ennuyeux et lourd le plus souvent, et est un grand obstacle à la popularité des poèmes.

Second château

Celui-là fut un château d'Espagne, construit avec
des châssis, des *fermes* et des praticables... Vous en
dirai-je la radieuse histoire, poétique et lyrique à la
fois? Revenons d'abord au rendez-vous donné par
Dumas, et qui m'en avait fait manquer un autre.

J'avais écrit avec tout le feu de la jeunesse un
scénario fort compliqué, qui parut faire plaisir à
Meyerbeer. J'emportai avec effusion l'espérance
qu'il me donnait; seulement, un autre opéra, *les
Frères corses*, lui était déjà destiné par Dumas, et le
mien n'avait qu'un avenir assez lointain. J'en avais
écrit un acte lorsque j'apprends, tout d'un coup, que
le traité fait entre le grand poète et le grand compo-
siteur se trouve rompu, je ne sais pourquoi. — Dumas
partait pour son voyage de la Méditerranée, Meyerbeer avait déjà repris la route de l'Allemagne. La
pauvre *Reine de Saba*, abandonnée de tous, est
devenue depuis un simple conte oriental qui fait
partie des *Nuits du Rhamazan*.

C'est ainsi que la poésie tomba dans la prose et
mon château théâtral dans le *troisième* dessous. —
Toutefois, les idées scéniques et lyriques s'étaient
éveillées en moi, j'écrivis en prose un acte d'opéra-
comique, me réservant d'y intercaler, plus tard, des
morceaux. Je viens d'en retrouver le manuscrit

primitif, qui n'a jamais tenté les musiciens auxquels
je l'ai soumis. Ce n'est donc qu'un simple proverbe,
et je n'en parle ici qu'à titre d'épisode de ces petits
mémoires littéraires.

Ici se place le texte de « Corilla »

Troisième château

Château de cartes, château de Bohême, château en Espagne, — telles sont les premières stations à parcourir pour tout poète. Comme ce fameux roi dont Charles Nodier a raconté l'histoire, nous en possédons au moins sept de ceux-là pendant le cours de notre vie errante, — et peu d'entre nous arrivent à ce fameux château de briques et de pierre, rêvé dans la jeunesse, — d'où quelque belle aux longs cheveux nous sourit amoureusement à la seule fenêtre ouverte, tandis que les vitrages treillissés reflètent les splendeurs du soir.

En attendant, je crois bien que j'ai passé une fois par le château du diable. Ma Cydalise, à moi, perdue, à jamais perdue!... Une longue histoire, qui s'est dénouée dans un pays du nord, — et qui ressemble à tant d'autres! Je ne veux ici que donner le motif des vers suivants, conçus dans la fièvre et dans l'insomnie. Cela commence par le désespoir et cela finit par la résignation.

Puis, revient un souffle épuré de la première jeunesse, et quelques fleurs poétiques s'entrouvrent encore, dans la forme de l'odelette aimée, — sur le rythme sautillant d'un orchestre d'opéra.

MYSTICISME

LE CHRIST AUX OLIVIERS [1]

Dieu est mort ! le ciel est vide...
Pleurez ! enfants, vous n'avez plus de père !
                              Jean-Paul.

I

Quand le Seigneur, levant au ciel ses maigres bras
Sous les arbres sacrés, comme font les poètes,
Se fut longtemps perdu dans ses douleurs muettes,
Et se jugea trahi par des amis ingrats ;

Il se tourna vers ceux qui l'attendaient en bas
Rêvant d'être des rois, des sages, des prophètes...
Mais engourdis, perdus dans le sommeil des bêtes,
Et se prit à crier : « Non, Dieu n'existe pas ! »

Ils dormaient. « Mes amis, savez-vous *la nouvelle?*
J'ai touché de mon front à la voûte éternelle ;
Je suis sanglant, brisé, souffrant pour bien des jours !

» Frères, je vous trompais : Abîme ! abîme ! abîme !
Le dieu manque à l'autel où je suis la victime...
Dieu n'est pas ! Dieu n'est plus ! » Mais ils dormaient
                                        toujours !...

II

Il reprit : « Tout est mort ! J'ai parcouru les mondes ;
Et j'ai perdu mon vol dans leurs chemins lactés,
Aussi loin que la vie, en ses veines fécondes,
Répand des sables d'or et des flots argentés :

» Partout le sol désert côtoyé par des ondes,
Des tourbillons confus d'océans agités...
Un souffle vague émeut les sphères vagabondes,
Mais nul esprit n'existe en ces immensités.

» En cherchant l'œil de Dieu, je n'ai vu qu'un orbite
Vaste, noir et sans fond, d'où la nuit qui l'habite
Rayonne sur le monde et s'épaissit toujours ;

» Un arc-en-ciel étrange entoure ce puits sombre,
Seuil de l'ancien chaos dont le néant est l'ombre,
Spirale engloutissant les Mondes et les Jours !

III

» Immobile Destin, muette sentinelle,
Froide Nécessité !... Hasard qui, t'avançant
Parmi les mondes morts sous la neige éternelle,
Refroidis, par degrés, l'univers pâlissant,

» Sais-tu ce que tu fais, puissance originelle,
De tes soleils éteints, l'un l'autre se froissant...
Es-tu sûr de transmettre une haleine immortelle,
Entre un monde qui meurt et l'autre renaissant ?...

» O mon père! est-ce toi que je sens en moi-même?
As-tu pouvoir de vivre et de vaincre la mort?
Aurais-tu succombé sous un dernier effort

» De cet ange des nuits que frappa l'anathème?...
Car je me sens tout seul à pleurer et souffrir,
Hélas! et, si je meurs, c'est que tout va mourir! »

IV

Nul n'entendait gémir l'éternelle victime,
Livrant au monde en vain tout son cœur épanché;
Mais prêt à défaillir et sans force penché,
Il appela le *seul* — éveillé dans Solyme :

« Judas! lui cria-t-il, tu sais ce qu'on m'estime,
Hâte-toi de me vendre, et finis ce marché :
Je suis souffrant, ami! sur la terre couché...
Viens! ô toi qui, du moins, as la force du crime! »

Mais Judas s'en allait, mécontent et pensif,
Se trouvant mal payé, plein d'un remords si vif
Qu'il lisait ses noirceurs sur tous les murs écrites...

Enfin Pilate seul, qui veillait pour César,
Sentant quelque pitié, se tourna par hasard :
« Allez chercher ce fou! » dit-il aux satellites.

V

C'était bien lui, ce fou, cet insensé sublime...
Cet Icare oublié qui remontait les cieux,
Ce Phaéton perdu sous la foudre des dieux,
Ce bel Atys meurtri que Cybèle ranime!

L'augure interrogeait le flanc de la victime,
La terre s'enivrait de ce sang précieux...
L'univers étourdi penchait sur ses essieux,
Et l'Olympe un instant chancela vers l'abîme.

« Réponds! criait César à Jupiter Ammon,
Quel est ce nouveau dieu qu'on impose à la terre?
Et si ce n'est un dieu, c'est au moins un démon... »

Mais l'oracle invoqué pour jamais dut se taire;
Un seul pouvait au monde expliquer ce mystère :
— Celui qui donna l'âme aux enfants du limon.

DELFICA[1]

La connais-tu, DAFNÉ, cette ancienne romance,
Au pied du sycomore, ou sous les lauriers blancs,
Sous l'olivier, le myrte, ou les saules tremblants,
Cette chanson d'amour... qui toujours recommence?...

Reconnais-tu le TEMPLE au péristyle immense,
Et les citrons amers où s'imprimaient tes dents,
Et la grotte, fatale aux hôtes imprudents,
Où du dragon vaincu dort l'antique semence?...

Ils reviendront, ces Dieux que tu pleures toujours!
Le temps va ramener l'ordre des anciens jours;
La terre a tressailli d'un souffle prophétique...

Cependant la sibylle au visage latin
Est endormie encor sous l'arc de Constantin
— Et rien n'a dérangé le sévère portique.

VERS DORÉS [1]

Eh quoi ! tout est sensible !
Pythagore.

Homme ! libre penseur — te crois-tu seul pensant
Dans ce monde où la vie éclate en toute chose :
Des forces que tu tiens ta liberté dispose,
Mais de tous tes conseils l'Univers est absent.

Respecte dans la bête un esprit agissant...
Chaque fleur est une âme à la Nature éclose ;
Un mystère d'amour dans le métal repose :
Tout est sensible ; — et tout sur ton être est puissant !

Crains dans le mur aveugle un regard qui t'épie :
A la matière même un verbe est attaché...
Ne la fais point servir à quelque usage impie.

Souvent dans l'être obscur habite un Dieu caché ;
Et, comme un œil naissant couvert par ses paupières
Un pur esprit s'accroît sous l'écorce des pierres.

Les Chimères [1]

I

EL DESDICHADO [1]

Je suis le Ténébreux, — le Veuf, — l'Inconsolé,
Le Prince d'Aquitaine à la Tour abolie :
Ma seule *Éloile* est morte, — et mon luth constellé
Porte le *Soleil noir* de la *Mélancolie.*

Dans la nuit du Tombeau, Toi qui m'as consolé,
Rends-moi le Pausilippe et la mer d'Italie,
La *fleur* qui plaisait tant à mon cœur désolé,
Et la treille où le Pampre à la Rose s'allie.

Suis-je Amour ou Phœbus?... Lusignan ou Biron?
Mon front est rouge encor du baiser de la Reine;
J'ai rêvé dans la Grotte où nage la Syrène...

Et j'ai deux fois vainqueur traversé l'Achéron :
Modulant tour à tour sur la lyre d'Orphée
Les soupirs de la Sainte et les cris de la Fée.

MYRTHO [1]

Je pense à toi, Myrtho, divine enchanteresse,
Au Pausilippe altier, de mille feux brillant,
A ton front inondé des clartés d'Orient,
Aux raisins noirs mêlés avec l'or de ta tresse.

C'est dans ta coupe aussi que j'avais bu l'ivresse,
Et dans l'éclair furtif de ton œil souriant,
Quand aux pieds d'Iacchus on me voyait priant,
Car la Muse m'a fait l'un des fils de la Grèce.

Je sais pourquoi là-bas le volcan s'est rouvert...
C'est qu'hier tu l'avais touché d'un pied agile,
Et de cendres soudain l'horizon s'est couvert.

Depuis qu'un duc normand brisa tes dieux d'argile,
Toujours, sous les rameaux du laurier de Virgile,
Le pâle Hortensia s'unit au Myrte vert!

HORUS [2]

Le dieu Kneph en tremblant ébranlait l'univers :
Isis, la mère, alors se leva sur sa couche,
Fit un geste de haine à son époux farouche,
Et l'ardeur d'autrefois brilla dans ses yeux verts.

« Le voyez-vous, dit-elle, il meurt, ce vieux pervers,
Tous les frimas du monde ont passé par sa bouche,
Attachez son pied tors, éteignez son œil louche,
C'est le dieu des volcans et le roi des hivers!

» L'aigle a déjà passé, l'esprit nouveau m'appelle,
J'ai revêtu pour lui la robe de Cybèle...
C'est l'enfant bien-aimé d'Hermès et d'Osiris! »

La déesse avait fui sur sa conque dorée,
La mer nous renvoyait son image adorée,
Et les cieux rayonnaient sous l'écharpe d'Iris.

ANTÉROS [1]

Tu demandes pourquoi j'ai tant de rage au cœur
Et sur un col flexible une tête indomptée;
C'est que je suis issu de la race d'Antée,
Je retourne les dards contre le dieu vainqueur.

Oui, je suis de ceux-là qu'inspire le Vengeur,
Il m'a marqué le front de sa lèvre irritée,
Sous la pâleur d'Abel, hélas! ensanglantée,
J'ai parfois de Caïn l'implacable rougeur!

Jéhovah! le dernier, vaincu par ton génie,
Qui, du fond des enfers, criait : « O tyrannie! »
C'est mon aïeul Bélus ou mon père Dagon...

Ils m'ont plongé trois fois dans les eaux du Cocyte,
Et, protégeant tout seul ma mère Amalécyte,
Je ressème à ses pieds les dents du vieux dragon.

ARTÉMIS [2]

La Treizième revient... C'est encor la première;
Et c'est toujours la Seule, — ou c'est le seul moment;
Car es-tu Reine, ô Toi! la première ou dernière?
Es-tu Roi, toi le Seul ou le dernier amant?...

Aimez qui vous aima du berceau dans la bière ;
Celle que j'aimai seul m'aime encor tendrement :
C'est la Mort — ou la Morte... O délice ! ô tourment !
La rose qu'elle tient, c'est la *Rose trémière*.

Sainte napolitaine aux mains pleines de feux,
Rose au cœur violet, fleur de sainte Gudule :
As-tu trouvé ta Croix dans le désert des Cieux ?

Roses blanches, tombez ! vous insultez nos Dieux,
Tombez, fantômes blancs, de votre ciel qui brûle :
— La Sainte de l'Abîme est plus sainte à mes yeux !

II

LA TÊTE ARMÉE [1]

Napoléon mourant vit une *Tête armée*...
Il pensait à son fils déjà faible et souffrant :
La Tête, c'était donc sa France bien-aimée,
Décapitée aux pieds du César expirant.

Dieu, qui jugeait cet homme et cette renommée,
Appela Jésus-Christ ; mais l'abyme, s'ouvrant,
Ne rendit qu'un vain souffle, un spectre de fumée :
Le Demi-Dieu vaincu se releva plus grand.

Alors on vit sortir du fond du purgatoire
Un jeune homme inondé des pleurs de la Victoire,
Qui tendit sa main pure au monarque des cieux ;

Frappés au flanc tous deux par un double mystère,
L'un répandait son sang pour féconder la Terre,
L'autre versait au Ciel la semence des Dieux !

A HÉLÈNE DE MECKLEMBOURG [1]

Fontainebleau, mai 1837.

Le vieux palais attend la princesse saxonne
Qui des derniers Capets veut sauver les enfants;
Charlemagne, attentif à ses pas triomphants,
Crie à Napoléon que Charles-Quint pardonne.

Mais deux rois à la grille attendent en personne;
Quel est le souvenir qui les tient si tremblants,
Que l'aïeul aux yeux morts s'en retourne à pas lents,
Dédaignant de frapper ces pêcheurs de couronne?

O Médicis! les temps seraient-ils accomplis?
Tes trois fils sont rentrés dans ta robe aux grands plis,
Mais il en reste un seul qui s'attache à ta mante.

C'est un aiglon tout faible, oublié par hasard,
Il rapporte la foudre à son père Cæsar...
Et c'est lui qui dans l'air amassait la tourmente.

A MADAME SAND [2]

« Ce roc voûté par art, chef-d'œuvre d'un autre âge,
Ce roc de Tarascon hébergeait autrefois
Les géants descendus des montagnes de Foix,
Dont tant *d'os* excessifs rendent sûr témoignage. »

O seigneur Du Bartas! Je suis de ton lignage,
Moi qui soude mon vers à ton vers d'autrefois;
Mais les vrais descendants des vieux *Comtes de Foix*
Ont besoin de *témoins* pour parler dans notre âge.

J'ai passé près Salzbourg sous des rochers tremblants;
La Cigogne d'Autriche y nourrit les Milans,
Barberousse et Richard ont sacré ce refuge.

La neige règne au front de leurs pics infranchis;
Et ce sont, m'a-t-on dit, les *ossements* blanchis
Des anciens monts rongés par la mer du Déluge.

A MADAME IDA DUMAS [1]

J'étais assis chantant aux pieds de Michaël,
Mithra sur notre tête avait fermé sa tente,
Le Roi des rois dormait dans sa couche éclatante,
Et tous deux en rêvant nous pleurions Israël!

Quand Tippoo se leva dans la nuée ardente...
Trois voix avaient crié vengeance au bord du ciel :
Il rappela d'en haut mon frère Gabriel,
Et tourna vers Michel sa prunelle sanglante :

« Voici venir le Loup, le Tigre et le Lion...
L'un s'appelle Ibrahim, l'autre Napoléon
Et l'autre Abd-el-Kader qui rugit dans la poudre;

» Le glaive d'Alaric, le sabre d'Attila,
Ils les ont... Mon épée et ma lance sont là :
Mais le Cæsar romain nous a volé la foudre. »

A LOUISE D'OR., REINE [2]

Le vieux père en tremblant ébranlait l'univers.
Isis, la mère enfin se leva sur sa couche,
Fit un geste de haine à son époux farouche,
Et l'ardeur d'autrefois brilla dans ses yeux verts.

« Regardez-le! dit-elle, il dort, ce vieux pervers,
Tous les frimas du monde ont passé par sa bouche.
Prenez garde à son pied, éteignez son œil louche,
C'est le roi des volcans et le Dieu des hivers!

» L'aigle a déjà passé : Napoléon m'appelle;
J'ai revêtu pour lui la robe de Cybèle,
C'est mon époux Hermès et mon frère Osiris... »;

La Déesse avait fui sur sa conque dorée;
La mer nous renvoyait son image adorée.
Et les cieux rayonnaient sous l'écharpe d'Iris!

A J-y COLONNA [1]

La connais-tu, Daphné, cette vieille romance
Au pied du sycomore... ou sous les mûriers blancs,
Sous l'olivier plaintif, ou les saules tremblants,
Cette chanson d'amour, qui toujours recommence?

Reconnais-tu le Temple au péristyle immense,
Et les citrons amers où s'imprimaient tes dents,
Et la grotte fatale aux hôtes imprudents,
Où du serpent vaincu dort la vieille semence?

Sais-tu pourquoi, là-bas, le volcan s'est rouvert?
C'est qu'un jour nous l'avions touché d'un pied agile,
Et de sa poudre au loin l'horizon s'est couvert!

Depuis qu'un Duc Normand brisa vos dieux d'argile,
Toujours sous le palmier du tombeau de Virgile
Le pâle hortensia s'unit au laurier vert.

A MADAME AGUADO [1]

Colonne de saphir, d'arabesques brodée
Reparais ! Les ramiers s'envolent de leur nid,
De ton bandeau d'azur à ton pied de granit
Se déroule à longs plis la pourpre de Judée.

Si tu vois Bénarès, sur son fleuve accoudée,
Détache avec ton arc ton corset d'or bruni
Car je suis le vautour volant sur Patani,
Et de blancs papillons la mer est inondée.

Lanassa ! fais flotter tes voiles sur les eaux !
Livre les fleurs de pourpre au courant des ruisseaux.
La neige du Cathay tombe sur l'Atlantique.

Cependant la prêtresse au visage vermeil
Est endormie encor sous l'arche du soleil,
Et rien n'a dérangé le sévère portique.

ÉRYTHRÉA [1]

Colonne de Saphir, d'arabesques brodée
— Reparais! — Les *Ramiers* pleurent cherchant leur
nid :
Et, de ton pied d'azur à ton front de granit
Se déroule à longs plis la pourpre de Judée !

Si tu vois *Bénarès* sur son fleuve accoudée
Prends ton arc et revêts ton corset d'or bruni :
Car voici *le Vautour*, volant sur *Patani*,
Et de *papillons blancs* la Mer est inondée.

MAHDÉWA ! Fais flotter tes voiles sur les eaux
Livre tes fleurs de pourpre au courant des ruisseaux :
La neige du *Cathay* tombe sur l'Atlantique :

Cependant la *Prêtresse* au visage vermeil
Est endormie encor sous l'*Arche du Soleil :*
— Et rien n'a dérangé le sévère portique.

Poésies diverses[1]

CHANSON DE HAN D'ISLANDE [1]

Lorsque dans nos vertes campagnes
   La nuit
Descend du sommet des montagnes
   Sans bruit...
Malheur à toi qui dans nos plaines
Poursuis un voyage imprudent...
Entends-tu des forêts lointaines
Sortir un long rugissement?...
   C'est Han!
   C'est Han!
  C'est Han d'Islande...
  Han! Han! Han! Han!

Cet homme qui recèle une âme
   De fer
Et dont les yeux lancent la flamme
   D'enfer;
Au fond de son antre sauvage
Courbé sur un corps palpitant,
Ce monstre qui repaît sa rage
De cris, de larmes et de sang...
   C'est Han!
   C'est Han!

C'est Han d'Islande...
Han! Han! Han! Han!

Quand parfois au sein de la danse
Des jeux,
Tout à coup un homme s'élance...
Hideux!

Si l'on ne peut le reconnaître
Si de sa voix le sombre accent
Ajoute à l'effroi que fait naître
Son regard fixe et dévorant...
C'est Han!
C'est Han!
C'est Han d'Islande...
Han! Han! Han! Han!

LÉNORE [1]

Ballade allemande
(Imitée de Burger)

Le point du jour brillait à peine que Lénore
Saute du lit : « Guillaume, es-tu fidèle encore,
Dit-elle, ou n'es-tu plus? » C'était un officier
Jeune et beau, qui devait l'épouser; mais, la veille
Du mariage, hélas! le tambour le réveille
De grand matin; il s'arme et part sur son coursier.

Depuis, pas de nouvelle, et cependant la guerre,
Aux deux partis fatale, avait cessé naguère.
Les soldats revenaient, avec joie accueillis :
« Mon mari! mon amant! mon fils!... Dieu vous
renvoie! »
Tout cela s'embrassait, sautait, mourait de joie...
Lénore seule, en vain, parcourait le pays.

« L'avez-vous vu?... — Non. — Non. » Chacun a sa
                                     famille,
Ses affaires... Chacun passe. La pauvre fille
Pleure, pleure, et sa mère accourt, lui prend la main :
« Qu'as-tu, Lénore? — Il est mort, et je dois le suivre ;
Nous nous sommes promis de ne pas nous survivre...
— Patience ! sans doute il reviendra demain.
Quelque chose l'aura retardé. Viens, ma fille,
Il est nuit. » Elle rentre, elle se déshabille,
Et dort, ou croit dormir... Mais, tout à coup, voilà
Qu'un galop de cheval au loin se fait entendre,
Puis éclate plus près... Enfin, une voix tendre :
« Lénore ! mon amour... ouvre-moi... je suis là ! »

Elle n'est pas levée encore que Guillaume
Est près d'elle. « Ah ! c'est toi ! d'où viens-tu?
— D'un royaume
Où je dois retourner cette nuit ; me suis-tu?
— Oh ! jusqu'à la mort ! — Bien. — Est-ce loin?
— A cent lieues.
— Partons. — La lune luit... les montagnes sont
                                     bleues...
A cheval !... d'ici là, le chemin est battu... »

    Ils partent. Sous les pas agiles
    Du coursier les cailloux brûlaient.
    Et les monts, les forêts, les villes,
    A droite, à gauche, s'envolaient.

    « Le glas tinte, le corbeau crie,
    Le lit nuptial nous attend...
Presse-toi contre moi, mon épouse chérie !
    — Guillaume, ton lit est-il si grand?
— Non, mais nous y tiendrons... Six planches, deux
                                     planchettes,
Voilà tout... pas de luxe. Oh ! l'amour n'en veut pas. »

Ils passaient, ils passaient, et les ombres muettes
    Venaient se ranger sur leurs pas.

    « Hourra! hourra! je vous invite
    A ma noce... Les morts vont vite...
    Ma belle amie, en as-tu peur?
    — Ne parle pas des morts... cela porte malheur... »

Hop! hop! hop!... Sous les pas agiles
Du coursier les cailloux brûlaient,
Et les monts, les forêts, les villes,
A droite, à gauche, s'envolaient.

    « Mais d'où partent ces chants funèbres,
    Où vont ces gens en longs manteaux?
Hourra! que faites-vous là-bas sous les ténèbres,
    Avec vos chants et vos flambeaux?
— Nous conduisons un mort. — Et moi, ma fiancée.
Mais votre mort pourra bien .attendre à demain;
Suivez-moi tous, la nuit n'est pas très avancée...
    Vous célébrerez mon hymen.

    » Hourra! hourra! je vous invite
    A ma noce... Les morts vont vite...
    Ma belle amie, en as-tu peur?
    — Ne parle pas des morts... cela porte malheur... »

Hop! hop! hop!... Sous les pas agiles
Du coursier les cailloux brûlaient,
Et les monts, les forêts, les villes,
A droite, à gauche, s'envolaient.

    « Tiens! vois-tu ces ombres sans tête
    Se presser autour d'un tréteau,
Là, du supplice encor tout l'attirail s'apprête...
    Pour exécuter un bourreau.
Hourra! dépêchez-vous!... hourra! troupe féroce,
Faites aussi cortège autour de mon cheval!

Vous seriez déplacés au banquet de ma noce,
    Mais vous pourrez danser au bal.

    » Hourra ! mais j'aperçois le gîte
    Sombre, où nous sommes attendus...
    Les morts au but arrivent vite ;
    Hourra ! vous y voici rendus ! »

Contre une grille en fer le cavalier arrive,
Y passe sans l'ouvrir... et d'un élan soudain,
    Transporte Lénore craintive
    Au milieu d'un triste jardin.
C'était un cimetière. « Est-ce là ta demeure ?
    — Oui, Lénore ; mais voici l'heure,
    Voici l'heure de notre hymen ;
Descendons de cheval... Femme, prenez ma main ! »
    Ah ! Seigneur Dieu ! plus de prestige...
    Le cheval, vomissant des feux,
    S'abîme ! et de l'homme (ô prodige !)
    Un vent souffle les noirs cheveux
    Et la chair qui s'envole en poudre...
    Puis, à la lueur de la foudre,
    Découvre un squelette hideux !

    « Hourra ! qu'on commence la fête !
    Hourra ! » Tout s'agite, tout sort,
    Et, pour la ronde qui s'apprête,
    Chaque tombeau vomit un mort.

    .   .   .   .

    « Tout est fini ! par Notre-Dame !
Reprend la même voix, chaque chose à son tour :
    Après la gloire vient l'amour !
    Maintenant, j'embrasse ma femme.

— Jamais! » Elle s'agite... et tout s'évanouit!
« Jamais! dit son amant, est-ce bien vrai, cruelle?
(Il était près du lit.) — Ah! Guillaume, dit-elle,
    Quel rêve j'ai fait cette nuit! »

LÉNORE
(Ballade de Burger)

I. LE BLASPHÈME

Lénore au point du jour se lève,
L'œil en pleurs, le cœur oppressé;
Elle a vu passer dans un rêve,
Pâle et mourant, son fiancé [1]!
Wilhelm était parti naguère
Pour Prague, où le roi Frédéric
Soutenait une rude guerre,
Si l'on en croit le bruit public.

Enfin, ce prince et la czarine,
Las de batailler sans succès,
Ont calmé leur humeur chagrine
Et depuis peu conclu la paix;
Et cling! et clang! les deux armées,
Au bruit des instruments guerriers,
Mais joyeuses et désarmées,
Rentrent gaiement dans leurs foyers.

Ah! partout, partout quelle joie!
Jeunes et vieux, filles, garçons,
La foule court et se déploie
Sur les chemins et sur les ponts.

Quel moment d'espoir pour l'amante,
Et pour l'épouse quel beau jour [1]!
Seule, hélas! Lénore tremblante
Attend le baiser du retour.

Elle s'informe, crie, appelle,
Parcourt en vain les rangs pressés.
De son amant point de nouvelle...
Et tous les soldats sont passés!
Mais sur la route solitaire,
Lénore en proie au désespoir
Tombe échevelée..., et sa mère
L'y retrouva quand vint le soir.

« Ah! le Seigneur nous fasse grâce!
Qu'as-tu? qu'as-tu, ma pauvre enfant?... »
Elle la relève, l'embrasse,
Contre son cœur la réchauffant.
« Que le monde et que tout périsse,
Ma mère! il est mort! il est mort!
Il n'est plus au ciel de justice...,
Mais je veux partager son sort [2]!

« — Mon Dieu! mon Dieu! quelle démence!
Enfant, rétracte un tel souhait;
Du ciel implore la clémence,
Le bon Dieu fait bien ce qu'il fait.
— Vain espoir! ma mère! ma mère!
Dieu n'entend rien; le ciel est loin...
A quoi servira ma prière,
Si Wilhelm n'en a plus besoin?

« — Qui connaît le Père, d'avance
Sait qu'il aidera son enfant :
Va, Dieu guérira ta souffrance
Avec le très-saint sacrement!

— Ma mère! pour calmer ma peine,
Nul remède n'est assez fort,
Nul sacrement, j'en suis certaine,
Ne peut rendre à la vie un mort [1]!

« — Ces mots, à ma fille chérie,
Par la douleur sont arrachés...
Mon Dieu, ne va pas, je t'en prie,
Les lui compter pour des péchés!
Enfant, ta peine est passagère,
Mais songe au bonheur éternel;
Tu perds un fiancé sur terre,
Il te reste un époux au ciel.

« — Qu'est-ce que le bonheur céleste,
Ma mère! qu'est-ce que l'enfer?
Avec lui le bonheur céleste,
Et sans lui, sans Wilhelm, l'enfer;
Que ton éclat s'évanouisse,
Flambeau de ma vie, éteins-toi!
Le jour me serait un supplice,
Puisqu'il n'est plus d'espoir pour moi! »

Ainsi, dans son cœur, dans son âme,
Se ruait un chagrin mortel :
Longtemps encore elle se pâme,
Se tord les mains, maudit le ciel [2],
Jusqu'à l'heure où de sombres voiles
Le soleil obscurcit ses feux;
A l'heure où les blanches étoiles
Glissent en paix sur l'arc des cieux.

II. LA COURSE

Tout à coup, trap! trap! trap! Lénore
Reconnaît le pas d'un coursier;

Bientôt une armure sonore
En grinçant, monte l'escalier...
Et puis écoutez : la sonnette,
Klinglingling! tinte doucement...
Par la porte de la chambrette
Ces mots pénètrent sourdement :

« Holà! holà! c'est moi, Lénore!
Veilles-tu, petite, ou dors-tu?
Me gardes-tu ton cœur encore?
Es-tu joyeuse ou pleures-tu?
— Ah! Wilhelm! Wilhelm, à cette heure!
Je t'attends, je veille et je pleure...
Mais d'où viens-tu sur ton cheval?

« — Je viens du fond de la Bohême,
Je n'en suis parti qu'à minuit,
Et je veux, si Lénore m'aime,
Qu'elle m'y suive cette nuit.
— Entre ici, d'abord, ma chère âme,
J'entends le vent siffler dehors;
Dans mes bras, sur mon sein de flamme,
Viens que je réchauffe ton corps [1].

« — Laisse le vent siffler, ma chère;
Qu'importe à moi le mauvais temps!
Mon cheval noir gratte la terre,
Je ne puis rester plus longtemps :
Allons! chausse tes pieds agiles,
Saute en croupe sur mon cheval,
Nous avons à faire cent milles
Pour gagner le lit nuptial.

« — Quoi! cent milles à faire encore
Avant la fin de cette nuit?
Wilhelm, la cloche vibre encore,
Du douzième coup de minuit...

— Vois la lune briller, petite,
La lune éclairera nos pas;
Nous et les morts nous allons vite,
Et bientôt nous serons là-bas. »

« — Mais où sont et comment sont faites
Ta demeure et ta couche? — Loin :
Le lit est fait de deux planchettes
Et de six planches..., dans un coin [1]
Étroit, silencieux, humide.
— Y tiendrons-nous bien ? — Oui, tous deux;
Mais viens, que le cheval rapide
Nous emporte au festin joyeux! »

Lénore se chausse et prend place
Sur la croupe du noir coursier;
De ses mains de lis elle embrasse
Le corps svelte du cavalier [2]...
Hop! hop! hop! ainsi dans la plaine
Toujours le galop redoublait;
Les amants respiraient à peine,
Et sous eux le chemin brûlait.

Comme ils voyaient, devant, derrière,
A droite, à gauche, s'envoler
Steppes, forêts, champs de bruyère,
Et les cailloux étinceler!
« Hourra! hourra! la lune est claire,
Les morts vont vite, par le frais!
En as-tu peur des morts, ma chère [3]?
— Non!... Mais laisse les morts en paix!

« — Pourquoi ce bruit, ces chants, ces plaintes,
Ces prêtres?... — C'est le chant des morts,
Le convoi, les prières saintes;
Et nous portons en terre un corps. »
Tout se rapproche : enfin la bière

Se montre à l'éclat des flambeaux...
Et les prêtres chantaient derrière
Avec une voix de corbeaux.

« Votre tâche n'est pas pressée ;
Vous finirez demain matin ;
Moi, j'emmène ma fiancée,
Et je vous invite au festin :
Viens, chantre, que du mariage
L'hymne joyeux nous soit chanté ;
Prêtre, il faut au bout du voyage
Nous unir pour l'éternité. »

Ils obéissent en silence
Au mystérieux cavalier.
« Hourra ! » Tout le convoi s'élance
Sur les pas ardents du coursier...
Hop ! hop ! hop ! ainsi dans la plaine
Toujours le galop redoublait ;
Les amants respiraient à peine,
Et sous eux le chemin brûlait.

Oh ! comme champs, forêts, herbages,
Devant et derrière filaient !
Oh ! comme villes et villages,
A droite, à gauche s'envolaient !
« Hourra ! hourra ! Les morts vont vite,
La lune brille sur leurs pas...
En as-tu peur, des morts, petite ?
— Oh ! Wilhelm, ne m'en parle pas [1] !

« — Tiens ! tiens ! aperçois-tu la roue ?
Comme on y court de tous côtés !
Sur l'échafaud on danse, on joue ;
Vois-tu ces spectres argentés ?
Ici, compagnons, je vous prie,
Suivez les pas de mon cheval ;

Bientôt, bientôt, je me marie,
Et vous danserez à mon bal. »

Housch! housch! housch! les spectres en foule
A ces mots se sont rapprochés
Avec le bruit du vent qui roule
Dans les feuillages desséchés :
Hop! hop! hop! ainsi dans la plaine
Toujours le galop redoublait;
Les amants respiraient à peine,
Et sous eux le chemin brûlait [1].

« Mon cheval! mon noir!... Le coq chante,
Mon noir! Nous arrivons enfin,
Et déjà ma poitrine ardente
Hume le vent frais du matin...
Au but! au but! Mon cœur palpite,
Le lit nuptial est ici;
Au but! au but! Les morts vont vite;
Les morts vont vite. Nous voici! »

Une grille en fer les arrête;
Le cavalier frappe trois coups
Avec sa légère baguette.
Les serrures et les verrous
Craquent... Les deux battants gémissent,
Se retirent. Ils sont entrés;
Des tombeaux autour d'eux surgissent
Par la lune blanche éclairés.

Le cavalier près d'une tombe
S'arrête en ce lieu désolé :
Pièce à pièce son manteau tombe
Comme de l'amadou brûlé...
Hou! hou!... Voici sa chair encore
Qui s'envole, avec ses cheveux,
Et de tout ce qu'aimait Lénore
Ne laisse qu'un squelette affreux.

III. LE BAL DES MORTS

Le cheval disparaît en cendre
Avec de longs hennissements...
Du ciel en feu semblent descendre
Des hurlements! des hurlements!
Lénore entend des cris de plainte
Percer la terre sous ses pas...
Et son cœur, glacé par la crainte,
Flotte de la vie au trépas.

C'est le bal des morts qui commence,
La lune brille... Les voici!
Ils se forment en ronde immense,
Puis ils dansent, chantant ceci :
« Dans sa douleur la plus profonde,
Malheur à qui blasphémera!...
Ce corps vient de mourir au monde...
Dieu sait où l'âme s'en ira! »

BOLESLAS Ier
SURNOMMÉ CHROBRY-LE-GRAND [1]
(né en 971, mort en 1025)
Chant patriotique imité de Niemcewicz

> « *Boleslas fut le bienfaiteur des
> Polonais, et le fléau de leurs voisins.* »
> M. de Sacy.

Celui qui le premier vers la foi dirigea
Les âmes de son peuple à l'erreur destinées,
Miéczylas le Vieux, plein de gloire et d'années,
Dans la tombe des Piast était couché déjà.

Instruit par des guerriers de haute renommée,
Terrible aux étrangers, aux siens bon et loyal,
Boleslas réunit à son titre royal
Le surnom de *Vaillant* que lui donna l'armée.

A peine régnait-il, qu'au milieu de l'hiver,
Sur les terres de Lech le Bohémien s'élance ;
Il surprend et détruit les villes sans défense,
Et des champs cultivés fait un vaste désert.

Comme un lion sanglant étreint son adversaire,
Et dévore le corps quand il l'a mis bas,
De même Boleslas, vainqueur dans les combats,.
Asservit encor Prague et la Bohême entière.

De sa conquête ainsi quand il s'est assuré,
Le héros polonais envahit la Servie,
La Lusace, et bientôt la belle Moravie
Car l'amour de la gloire en son cœur est entré.

Cependant Swientopelk, par Iaroslaf, son frère,
Exilé de Kiiow, sans soldats, sans abri,
Vient se jeter aux pieds de Boleslas Chrobry,
L'implore pour sa cause et l'excite à la guerre.

A sa voix, Boleslas, aussi brave qu'humain,
Réunit dans un camp et range son armée ;
Et déjà l'aigle blanche, à vaincre accoutumée,
S'agite sur les rangs et montre le chemin.

Boleslas, dont l'audace en approchant augmente,
Voit derrière le Boug les Russes déployés,
Et, le premier des siens à leurs yeux effrayés,
Il traverse à cheval la rivière écumante.

Le sabre polonais tant de fois éprouvé
Frappa bien des Russiens de ses coups redoutables ;

Le fleuve déborda sous des corps innombrables,
Et le sang du rivage en fut au loin lavé.

La ville est assiégée ; et par la brèche ouverte
Chrobry lance la mort sur ce peuple païen,
Et temples et palais bientôt ne sont plus rien
Que des débris sanglants dans la cité déserte.

Boleslas des remparts alors s'est approché,
Sur les fossés comblés par la garnison morte ;
Et marchant d'un pied sûr vers la plus grande porte,
En frappe les battants de son glaive ébréché.

Ayant vaincu Russiens, Allemands et Bohèmes,
Au bord de la Desna, du Sâla, du Dnieper,
Le héros fit dresser des colonnes de fer
Où de tous ses exploits on grava les emblèmes.

Ce fut un puissant roi, qui fit si fermement
Rendre justice à tous et respecter ses ordres
Que, dans ce temps rempli de guerres et de désordres,
Le pauvre cultivait son champ paisiblement.

Et quand la mort mit fin à son règne prospère,
Comme il avait tout fait pour la gloire et l'honneur,
Et répandu sur tous abondance et bonheur,
Le peuple polonais le pleura comme un père.

MÉLODIE [1]
(Imitée de Thomas Moore)

Quand le plaisir brille en tes yeux
Pleins de douceur et d'espérance,
Quand le charme de l'existence
Embellit tes traits gracieux, —

Bien souvent alors je soupire
En songeant que l'amer chagrin,
Aujourd'hui loin de toi, peut t'atteindre demain,
Et de ta bouche aimable effacer le sourire ;
Car le Temps, tu le sais, entraîne sur ses pas
    Les illusions dissipées,
Et les yeux refroidis, et les amis ingrats,
    Et les espérances trompées !

Mais crois-moi, mon amour ! tous ces charmes
                                        naissants
    Que je contemple avec ivresse,
S'ils s'évanouissaient sous mes bras caressants,
    Tu conserverais ma tendresse !
    Si tes attraits étaient flétris,
    Si tu perdais ton doux sourire,
    La grâce de tes traits chéris
    Et tout ce qu'en toi l'on admire,
    Va, mon cœur n'est pas incertain :
De sa sincérité tu pourrais tout attendre.
Et mon amour, vainqueur du Temps et du Destin,
S'enlacerait à toi, plus ardent et plus tendre !

Oui, si tous tes attraits te quittaient aujourd'hui,
J'en gémirais pour toi ; mais en ce cœur fidèle
Je trouverais peut-être une douceur nouvelle,
Et, lorsque loin de toi les amants auraient fui,
Chassant la jalousie en tourments si féconde,
Une plus vive ardeur me viendrait animer.
« Elle est donc à moi seul, dirais-je, puisqu'au monde
Il ne reste que moi qui puisse encor l'aimer ! »

Mais qu'osé-je prévoir ? tandis que la jeunesse
T'entoure d'un éclat, hélas ! bien passager,
Tu ne peux te fier à toute la tendresse
D'un cœur en qui le temps ne pourra rien changer.

Tu le connaîtras mieux : s'accroissant d'âge en âge,
L'amour constant ressemble à la fleur du soleil,
Qui rend à son déclin, le soir, le même hommage
Dont elle a, le matin, salué son réveil !

STANCES ÉLÉGIAQUES [1]

Ce ruisseau, dont l'onde tremblante
Réfléchit la clarté des cieux,
Paraît dans sa course brillante
Étinceler de mille feux ;
Tandis qu'au fond du lit paisible,
Où, par une pente insensible,
Lentement s'écoulent ses flots,
Il entraîne une fange impure
Qui d'amertume et de souillure
Partout empoisonne ses eaux.

De même un passager délire,
Un éclair rapide et joyeux
Entr'ouvre ma bouche au sourire,
Et la gaîté brille en mes yeux ;
Cependant mon âme est de glace,
Et rien n'effacera la trace
Des malheurs qui m'ont terrassé.
En vain passera ma jeunesse,
Toujours l'importune tristesse
Gonflera mon cœur oppressé.

Car il est un nuage sombre,
Un souvenir mouillé de pleurs,
Qui m'accable et répand son ombre
Sur mes plaisirs et mes douleurs.
Dans ma profonde indifférence,
De la joie ou de la souffrance

L'aiguillon ne peut m'émouvoir;
Les biens que le vulgaire envie
Peut-être embelliront ma vie,
Mais rien ne me rendra l'espoir.

Du tronc à demi détachée
Par le souffle des noirs autans,
Lorsque la branche desséchée
Revoit les beaux jours du printemps,
Si parfois un rayon mobile,
Errant sur sa tête stérile,
Vient brillanter ses rameaux nus,
Elle sourit à la lumière;
Mais la verdure printanière
Sur son front ne renaîtra plus.

MÉLODIE IRLANDAISE [1]
(Imitée de Thomas Moore)

Le soleil du matin commençait sa carrière,
Je vis près du rivage une barque légère
Se bercer mollement sur les flots argentés.
Je revins quand la nuit descendait sur la rive :
La nacelle était là, mais l'onde fugitive
Ne baignait plus ses flancs dans le sable arrêtés.

Et voilà notre sort! au matin de la vie
Par des rêves d'espoir notre âme poursuivie
Se balance un moment sur les flots du bonheur;
Mais, sitôt que le soir étend son voile sombre,
L'onde qui nous portait se retire, et dans l'ombre
Bientôt nous restons seuls en proie à la douleur.

Au déclin de nos jours on dit que notre tête
Doit trouver le repos sous un ciel sans tempête;

Mais qu'importe à mes vœux le calme de la nuit!
Rendez-moi le matin, la fraîcheur et les charmes;
Car je préfère encor ses brouillards et ses larmes
Aux plus douces lueurs du soleil qui s'enfuit.

Oh! qui n'a désiré voir tout à coup renaître
Cet instant dont le charme éveilla dans son être
Et des sens inconnus et de nouveaux transports!
Où son âme, semblable à l'écorce embaumée,
Qui disperse en brûlant sa vapeur parfumée,
Dans les feux de l'amour exhala ses trésors!

LAISSE-MOI! [1]

Non, laisse-moi, je t'en supplie;
En vain, si jeune et si jolie,
Tu voudrais ranimer mon cœur :
Ne vois-tu pas, à ma tristesse,
Que mon front pâle et sans jeunesse
Ne doit plus sourire au bonheur?

Quand l'hiver aux froides haleines
Des fleurs qui brillent dans nos plaines
Glace le sein épanoui,
Qui peut rendre à la feuille morte
Ses parfums que la brise emporte
Et son éclat évanoui!

Oh! si je t'avais rencontrée
Alors que mon âme enivrée
Palpitait de vie et d'amours,
Avec quel transport, quel délire
J'aurais accueilli ton sourire
Dont le charme eût nourri mes jours.

Mais à présent, ô jeune fille !
Ton regard, c'est l'astre qui brille
Aux yeux troublés des matelots,
Dont la barque en proie au naufrage,
A l'instant où cesse l'orage
Se brise et s'enfuit sous les flots.

Non, laisse-moi, je t'en supplie ;
En vain, si jeune et si jolie,
Tu voudrais ranimer mon cœur :
Sur ce front pâle et sans jeunesse
Ne vois-tu pas que la tristesse
A banni l'espoir du bonheur ?

ROMANCE [1]

Air : *Le Noble Éclat du Diadème.*

Ah ! sous une feinte allégresse
Ne nous cache pas ta douleur !
Tu plais autant par ta tristesse
Que par ton sourire enchanteur :
A travers la vapeur légère
L'Aurore ainsi charme les yeux ;
Et, belle en sa pâle lumière,
La nuit, Phœbé charme les cieux.

Qui te voit, muette et pensive,
Seule rêver le long du jour,
Te prend pour la vierge naïve
Qui soupire un premier amour ;
Oubliant l'auguste couronne
Qui ceint tes superbes cheveux,
A ses transports il s'abandonne,
Et sent d'amour les premiers feux !

RÉSIGNATION [1]

Quand les feux du soleil inondent la nature,
Quand tout brille à mes yeux et de vie et d'amour,
Si je vois une fleur qui s'ouvre, fraîche et pure,
     Aux rayons d'un beau jour;

Si des troupeaux joyeux bondissent dans la plaine,
Si l'oiseau chante au bois où je vais m'égarer,
Je suis triste et de deuil me sens l'âme si pleine
     Que je voudrais pleurer.

Mais quand je vois sécher l'herbe de la prairie,
Quand la feuille des bois tombe jaune à mes pieds,
Quand je vois un ciel pâle, une rose flétrie,
     En rêvant je m'assieds.

Et je me sens moins triste et ma main les ramasse,
Ces feuilles, ces débris de verdure et de fleurs.
J'aime à les regarder, ma bouche les embrasse...
     Je leur dis : O mes sœurs!

N'est-elle pas ma sœur cette feuille qui tombe,
Par un souffle cruel brisée avant le temps?
Ne vais-je pas aussi descendre dans la tombe,
     Aux jours de mon printemps?

Peut-être, ainsi que moi, cette fleur expirante,
Aux ardeurs du soleil s'ouvrant avec transport,
Enferma dans son sein la flamme dévorante
     Qui lui donna la mort.

Il le faut, ici-bas tout se flétrit, tout passe.
Pourquoi craindre un destin que chacun doit subir?
La mort n'est qu'un sommeil. Puisque mon âme est
                 lasse,
   Laissons-la s'endormir.

Ma mère!... Oh! par pitié, puisqu'il faut que je meure,
Amis, épargnez-lui des chagrins superflus,
Bientôt elle viendra vers ma triste demeure,
  Mais je n'y serai plus.

Et toi, rêve adoré de mon cœur solitaire,
Belle et rieuse enfant que j'aimais sans espoir,
Ton souvenir en vain me rattache à la terre;
  Je ne dois plus te voir.

Mais si pendant longtemps, comme une image vaine,
Mon ombre t'apparaît... oh! reste sans effroi :
Car mon ombre longtemps doit te suivre, incertaine
  Entre le ciel et toi.

        Juin 1839

DE RAMSGATE A ANVERS [1]

  A cette côte anglaise
  J'ai donc fait mes adieux,
  Et sa blanche falaise
  S'efface au bord des cieux!

  Que la mer me sourie!
  Plaise aux dieux que je sois
  Bientôt dans ta patrie,
  O grand maître anversois!

  Rubens! à toi je songe,
  Seul peut-être et pensif
  Sur cette mer où plonge
  Notre fumeux esquif.

Histoire et poésie,
Tout me vient à travers
Ma mémoire saisie
Des merveilles d'Anvers.

Cette mer qui sommeille
Est belle comme aux jours,
Où, riante et vermeille,
Tu la peuplais d'Amours.

Ainsi ton seul génie,
Froid aux réalités,
De la mer d'Ionie
Lui prêtait les clartés,

Lorsque la nef dorée
Amenait autrefois
Cette reine adorée
Qui s'unit aux Valois,

Fleur de la Renaissance,
Honneur de ses palais, —
Qu'attendait hors de France,
Le coupe-tête anglais!

Mais alors sa fortune
Bravait tous les complots,
Et la cour de Neptune
La suivait sur les flots.

Tes grasses Néréides
Et tes Tritons pansus
S'accoudaient tout humides
Sur les dauphins bossus.

L'Océan qui moutonne
Roulait dans ses flots verts

La gigantesque tonne
Du Silène d'Anvers,

Pour ta Flandre honorée
Son nourrisson divin
A sa boisson ambrée
Donna l'ardeur du vin! —

Des cieux tu fis descendre
Vers ce peuple enivré,
Comme aux fêtes de Flandre,
L'Olympe en char doré,

Joie, amour et délire,
Hélas! trop expiés!
Les rois sur le navire
Et les dieux à leurs pieds! —

Adieu, splendeur finie
D'un siècle solennel!
Mais toi seul, ô génie!
Tu restes éternel.

RÊVERIE DE CHARLES VI [1]
Fragment

... On ne sait pas toujours où va porter la hache,
Et bien des souverains, maladroits ouvriers,
En laissent retomber le coupant sur leurs pieds!
. . . .
Que d'ennuis dans un front la main de Dieu rassemble,
Et donne pour racine aux fleurons du bandeau!
Pourquoi mit-il encor ce pénible fardeau
Sur ma tête aux pensers tristes abandonnée,
Et souffrante, et déjà de soi-même inclinée?

Moi qui n'aurois aimé, si j'avois pu choisir,
Qu'une existence calme, obscure et sans désir,
Une pauvre maison dans quelque bois perdue,
De mousse, de jasmins, et de vigne tendue ;
Des fleurs à cultiver, la barque d'un pêcheur,
Et de la nuit sur l'eau respirer la fraîcheur,
Prier Dieu sur les monts, suivre mes rêveries
Par les bois ombragés et les grandes prairies,
Des collines le soir descendre le penchant,
Le visage baigné des lueurs du couchant,
Quand un vent parfumé nous apporte en sa plainte
Quelques sons affaiblis d'une ancienne complainte...
Oh ! ces feux du couchant vermeils, capricieux,
Montent comme un chemin splendide, vers les cieux !
Il semble que Dieu dise à mon âme souffrante :
Quitte le monde impur, la foule indifférente,
Suis d'un pas *assuré* cette route qui luit,
Et — viens à moy, mon fils... et — n'attends pas
LA NUIT!!!

A VICTOR HUGO
qui m'avait donné son livre du Rhin [1]

De votre amitié, maître, emportant cette preuve
Je tiens donc sous mon bras *le Rhin.* — J'ai l'air d'un
fleuve
Et je me sens grandir par la comparaison.

Mais le Fleuve sait-il lui pauvre Dieu sauvage
Ce qui lui donne un nom, une source, un rivage,
Et s'il coule pour tous quelle en est la raison.

Assis au mamelon de l'immense nature,
Peut-être ignore-t-il comme la créature
D'où lui vient ce bienfait qu'il doit aux Immortels :

Moi je sais que de vous, douce et sainte habitude,
Me vient l'Enthousiasme et l'Amour et l'Étude,
Et que mon peu de feu s'allume à vos autels.

L'ABBAYE SAINT-GERMAIN-DES-PRÉS [1]

A Gigoux.

C'est là que Casimir s'abrita! pâle Roi!
Là qu'il vécut en moine avec un saint effroi;
Vous devez quelques fois entendre sur vos dalles
Comme un écho perdu le bruit de ses sandales...

Qu'il entre librement sous vos larges arceaux
Car il ramasserait au besoin vos pinceaux!
Le génie a ses droits — et délaissant le glaive
Casimir aujourd'hui se ferait votre élève!

Janvier 1847

UNE FEMME EST L'AMOUR [2]

Une femme est l'amour, la gloire et l'espérance;
Aux enfants qu'elle guide, à l'homme consolé.
Elle élève le cœur et calme la souffrance,
Comme un esprit des cieux sur la terre exilé.

Courbé par le travail ou par la destinée,
L'homme à sa voix s'élève et son front s'éclaircit;
Toujours impatient dans sa course bornée,
Un sourire le dompte et son cœur s'adoucit.

Dans ce siècle de fer la gloire est incertaine :
Bien longtemps à l'attendre il faut se résigner.
Mais qui n'aimerait pas, dans sa grâce sereine,
La beauté qui la donne ou qui la fait gagner?

A M. ALEXANDRE DUMAS
à Francfort [1]

En partant de Baden, j'avais d'abord songé
Que par monsieur Éloi, que par monsieur Elgé,
Je pourrais, attendant des fortunes meilleures,
Aller prendre ma place au bateau de six heures;
Ce qui m'avait conduit, plein d'un espoir si beau,
De l'hôtel du Soleil à l'hôtel du Corbeau;
Mais, à Strasbourg, le sort ne me fut point prospère :
Éloi fils avait trop compté sur Éloi père...
Et je repars, pleurant mon destin nonpareil,
De l'hôtel du Corbeau pour l'hôtel du Soleil!

A MADAME HENRI HEINE [2]

Vous avez des yeux noirs, et vous êtes si belle,
Que le poète en vous voit luire l'étincelle
Dont s'anime la force et que nous envions :
Le génie à son tour embrase toute chose;
Il vous rend sa lumière, et vous êtes la rose
Qui s'embellit sous ses rayons.

L'IMAGIER DE HARLEM

LE BALLET DES HEURES [1]

[Le Dieu Pan parle :]

Les heures sont des fleurs l'une après l'autre écloses
Dans l'éternel hymen de la nuit et du jour ;
Il faut donc les cueillir comme on cueille les roses
    Et ne les donner qu'à l'amour.

Ainsi que de l'éclair, rien ne reste de l'heure,
Qu'au néant destructeur le temps vient de donner ;
Dans son rapide vol embrassez la meilleure,
    Toujours celle qui va sonner.

Et retenez-la bien au gré de votre envie,
Comme le seul instant que votre âme rêva ;
Comme si le bonheur de la plus longue vie
    Était dans l'heure qui s'en va.

Vous trouverez toujours, depuis l'heure première
Jusqu'à l'heure de nuit qui parle douze fois,
Les vignes, sur les monts, inondés de lumière,
    Les myrtes à l'ombre des bois.

Aimez, buvez, le reste est plein de choses vaines ;
Le vin, ce sang nouveau, sur la lèvre versé,
Rajeunit l'autre sang qui vieillit dans vos veines
    Et donne l'oubli du passé.

Que l'heure de l'amour d'une autre soit suivie,
Savourez le regard qui vient de la beauté ;
Être seul, c'est la mort ! Être deux, c'est la vie !
    L'amour c'est l'immortalité !

CHRISTOPHE COLOMB [1]

... suivi d'un peuple de marins,
Crée un peuple nouveau sous des cieux plus sereins
Et reviens accomplir d'illustres destinées.
Ces deux mondes auront de puissants hyménées,
Et par-dessus la mer liant un entretien,
Le nôtre revivra sous la flamme du tien.
Va donc! suis le soleil! ce monde de merveilles
Existe. Ce n'est point une erreur de tes veilles!
Et s'il n'existait pas, pour honorer ta foi,
Dieu le ferait sortir du sein des eaux pour toi!

Car il est un accord d'éternelle harmonie
Entre la Providence et l'homme de génie;
Pacte signé là-haut depuis les anciens jours
Et ce que l'un promet, l'autre le tient toujours [2].

MADAME ET SOUVERAINE [3]

« Madame et souveraine,
Que mon cœur a de peine... »
Ainsi disait un enfant chérubin :
« Madame et souveraine,
Que mon cœur a de peine... »

. . . .
Cette nuit, je ne sais trop pourquoi, ce refrain
A trotté dans ma tête et m'a laissé tout triste...
J'ai des torts envers vous... mais de ces torts d'artiste
Que l'on peut pardonner de la main à la main.
Je suis un fainéant, bohème journaliste,
Qui dîne d'un bon mot étalé sur son pain.
Vieux avant l'âge et plein de rancunes amères,

Méfiant comme un rat, trompé par trop de gens,
Ne croyant nullement aux amitiés sincères,
J'ai mis exprès à bout les nobles sentiments
Qui vous poussaient, madame, à calmer les tourments
D'une âme abandonnée au pays des misères.
Daignez me pardonner cet essai maladroit...
Vos lettres m'ont prouvé que dans cette bagarre
Vous possédiez l'esprit qui marche ferme et droit,
Vous voulez votre *dû*, mot grotesque et barbare,
Que l'on n'accepterait jamais au *Tintamarre*...
Mais il paraît qu'il faut payer ce que l'on doit.
Vous aurez donc, madame, et manuscrits et lettres,
Doucement ficelés dans un calicot vert,
Car ma plume est gelée aux jours noirs de l'hiver.
Sans feu dans mon taudis, sans carreaux aux fenêtres,
Je vais trouver le *joint* du ciel ou de l'enfer,
Et j'ai pour l'autre monde enfin bouclé mes guêtres.
J'ai fait mon épitaphe et prends la liberté
De vous la dédier dans un sonnet stupide
Qui s'élance à l'instant du fond d'un cerveau vide...
Mouvement de coucou par le froid arrêté :
La misère a rendu ma pensée invalide !

ÉPITAPHE [1]

Il a vécu tantôt gai comme un sansonnet,
Tour à tour amoureux insoucieux et tendre,
Tantôt sombre et rêveur comme un triste Clitandre,
Un jour il entendit qu'à sa porte on sonnait.

C'était la Mort ! Alors il la pria d'attendre
Qu'il eût posé le point à son dernier sonnet ;
Et puis sans s'émouvoir, il s'en alla s'étendre
Au fond du coffre froid où son corps frissonnait.

Il était paresseux, à ce que dit l'histoire,
Il laissait trop sécher l'encre dans l'écritoire.
Il voulait tout savoir mais il n'a rien connu.

Et quand vint le moment où, las de cette vie,
Un soir d'hiver, enfin l'âme lui fut ravie,
Il s'en alla disant : « Pourquoi suis-je venu? »

Mémoires d'un Parisien [1]

LA VIEILLE BOHÈME

LE CABARET
DE LA MÈRE SAGUET [1]

Jamais les gens de lettres ne furent plus graves qu'en ce temps-ci : soit qu'ils aient compris dans leur état une plus haute vocation que celle de plaire et de faire rire, soit qu'ils veuillent que leur conduite ne démente pas leurs écrits, soit qu'ils cachent mieux qu'autrefois leur vie privée, toujours est-il que l'on n'entend plus parler de ces joyeux repas, de ces délicieuses orgies que les auteurs célèbres des deux derniers siècles ont immortalisés entre la poire et le fromage : heureux âge, dont les jours de folie occuperont la postérité!... Oh! qui nous revaudra le souper d'Auteuil et la nuit de Piron chez le commissaire, et la vraie chanson de table, et les comédies au gros sel, et le Théâtre de la Foire! Nous avons la grande élégie du XIXe siècle, nous avons le drame, nous avons la comédie du Gymnase : d'un côté, la mélancolie rêveuse de l'homme qui ne s'enivre jamais; de l'autre, la froide plaisanterie de bon ton de l'homme des cafés et des restaurants... Vivent les cabarets, mordieu!... vous verrez qu'on y reviendra!

Allez donc, avec des amis, passer votre soirée au café Procope : oh! l'ennuyeuse et sotte chose! Les uns se jettent sur les journaux, les autres organisent une poule au billard; pas de conversation gaie et bruyante, pas de ces bons éclats de rire qui vous fen-

dent la bouche jusqu'aux oreilles; autrement, le
garçon viendrait poliment vous prier de faire moins
de bruit; cela interrompt les lecteurs de journaux,
cela distrait les habitués qui font leur partie...
Tarare! je veux, moi, être de bonne humeur!

Or, savez-vous où tend ce préambule?... à vous
parler d'une tentative que font, en ce moment, quelques jeunes gens de rétablir l'usage antique et solennel des cabarets, et ceci, ne riez pas, ceci vaut au
moins les *barbes à la Henri III* et tant d'autres
inventions imitées de l'ancien régime.

Si, quelque soir, il vous prend fantaisie de faire une
promenade hors barrière, et qu'en revenant tard vous
entendiez des rieurs et des chanteurs mener grand
bruit dans l'intérieur de quelque cabaret borgne de
la chaussée du Mont-Parnasse, vous monterez au
plus haut du pavé, fixant les yeux aux fenêtres et
vous dressant, pour voir, sur la pointe des pieds : *ce
sont*, direz-vous, *des ouvriers en goguette!* et vous
poursuivrez votre route... Non, arrêtez-vous,- entrez
au *grand* salon, et vous y trouverez, autour de la
table du milieu, chargée de pots, de cigares et de quelques coins de fromage, à la lueur de trois chandelles
bien espacées, vous trouverez une vingtaine de
messieurs bien mis, au front haut et à l'œil pétillant,
tous buvant et s'enivrant d'aussi bonne grâce que
Chapelle et Panard, quoique avec moins d'habitude,
il est vrai.

Écoutez-les un peu; faites comme les hôtes ordinaires du lieu, assis alentour, aux petites tables, et
tout émerveillés de ne rien comprendre à ce beau
parler; écoutez, dis-je, et, au travers de ce tumulte
trivial et délirant, vous saisirez par éclairs une
conversation qui est quelque chose de plus que spirituelle, des pensées hardies et profondes, des vues
d'art développées avec génie... C'est que ces hommes
sont vraiment des artistes célèbres, des écrivains

dont la France s'honore et qui sont venus au cabaret
comme Hoffmann; qui sait?... peut-être pour voir
aussi l'idéal et le fantastique de leur art se dessiner
dans les nuages de fumée de tabac, ou apparaître
parmi les vapeurs de l'ivresse... Ils se sont mis tous
en rapport, comme par le magnétisme, afin d'avoir
des rêves de l'avenir, choquant ensemble leurs rêves
et leurs pensées, pour en faire jaillir la lumière... ou
encore... Eh bien! oui, riez, gens du monde, riez, car
vous ne comprenez pas... Vous serez allés, ce soir-là
même, rendre visite à quelques-uns de ces hommes
illustres, vous vous serez présentés chez une puissance littéraire du siècle, osant à peine poser le pied
à terre, et le corps humblement plié en deux... et la
dame de la maison vous aura répondu : « *Monsieur...
est au cabaret.* »

Entendez-vous, bonnes gens? au cabaret!

JUILLET 1830 [1]

Après quelques coups de feu le poste de la place Saint-Michel se rendit à nous. J'arrivai en remontant la rue Saint-Michel [2] à la maison du bibliophile Jacob [3] que j'étonnai de mes récits de victoire. A l'imprimerie de Béthune [4], on construisait une barricade. Je crus devoir rendre une visite au vénérable Laurentie qui demeurait alors rue du Pot-de-Fer [5]. Il me demanda avec intérêt des nouvelles de son ami Jules Janin, qui m'avait présenté à lui et me parut fort au courant de la révolution qui se préparait. Ses amis Martignac et Lamennais n'y [6] étaient pas étrangers. Je le quittai pour repasser la Seine et j'allai déjeuner avec deux amis qui eux-mêmes se préparaient au combat.

Le pont des Arts était désert et je le passai pour la première fois gratis. On se battait sur le Pont-Neuf. En longeant les arcades du vieux palais des Médicis, je parvins à gagner la porte méridionale du Louvre et je vis rangés sur la place plusieurs carrés d'artillerie. Les lanciers étaient postés derrière l'hôtel de Nantes [7]. Sur la place du Palais-Royal je fus arrêté et conduit à un officier, qui me dit : « Je ne vous conseille pas d'aller plus loin : dans la rue Montesquieu vous rencontrerez les Suisses. »

Je souris des craintes de ce brave homme et je gagnai la rue du Bouloy[1] en heurtant du pied des morts et des mourants. J'atteignis enfin la maison de mon grand-père, chez lequel je fis un léger repas. Il voyait avec douleur se renouveler les scènes de la première révolution. Je fixai mes regards sur les gravures de sa salle à manger dont l'une représentait le triomphe de Voltaire et l'autre la mort de Turnus avec cette inscription : *Te hoc vulnere Pallas immolat* [2]. Le reste était décoré de gravures de l'*Émile* et des *Mois* de Roucher. Dans la chambre haute on admirait une bonne gravure des Bacchantes endormies et une autre plus moderne qui représentait Ovide lisant *l'Art d'aimer.*

SAINTE-PÉLAGIE EN 1832 [1]

Ces souvenirs ne réussiront jamais à faire de moi un Silvio Pellico, pas même un Magalon [2]... Peut-être encore ai-je moins pourri dans les cachots que bien des gardes nationaux littéraires de mes amis; cependant j'ai eu le privilège d'émotions plus variées; j'ai secoué plus de chaînes, j'ai vu filtrer le jour à travers plus de grilles; j'ai été un prisonnier plus sérieux, plus considérable; en un mot, si, à cause de *mes prisons*, je ne me suis point posé sur un piédestal héroïque, je puis dire que ce fut pure modestie de ma part.

L'aventure remonte à quelques années; les *Mémoires de M. Gisquet* [3] viennent de préciser l'époque dans mon souvenir; cela se rattache d'ailleurs à des circonstances fort connues; c'était dans un certain hiver où quelques artistes et poètes s'étaient mis à parodier les soupers et les nuits de la Régence. On avait la prétention de s'enivrer au cabaret; on était raffiné, truand et talon rouge tout à la fois. Et ce qu'il y avait de plus réel dans cette réaction vers les vieilles mœurs de la jeunesse française, c'était, non le talon rouge, mais le cabaret et l'orgie; c'était le vin de la barrière bu dans des crânes en chantant la ronde de *Lucrèce Borgia*; au total, peu de filles enlevées, moins encore de bourgeois battus; et, quant

au guet, formé par des gardes municipaux et des
sergents de ville, loin de se laisser *charger* de coups
de bâtons et d'épées, il comprenait assez mal la
couleur d'une époque illustre pour mettre parfois
les soupeurs *au violon*, en qualité de simples tapageurs nocturnes.

C'est ce qui arriva à quelques amis et à moi, un
certain soir où la ville était en rumeur par des motifs
politiques que nous ignorions profondément ; nous
traversions l'émeute en chantant et en raillant,
comme les épicuriens d'Alexandrie (du moins nous
nous en flattions). Un instant après, les rues voisines
étaient cernées, et, du sein d'une foule immense,
composée, comme toujours, en majorité de simples
curieux, on extrayait les plus barbus et les plus
chevelus, d'après un renseignement fallacieux qui,
à cette époque, amenait souvent de pareilles erreurs.

Je ne peindrai pas les douleurs d'une nuit passée
au violon ; à l'âge que j'avais alors, on dort parfaitement sur la planche inclinée de ces sortes de
lieux ; le réveil est plus pénible. On nous avait divisés ; nous étions trois sous la même clef au corps
de garde de la place du Palais-Royal. Le *violon* de ce
poste est un véritable cachot, et je ne conseille à
personne de se faire arrêter de ce côté. Après avoir
probablement dormi plusieurs heures, nous nous
réveillâmes au bruit qui se faisait dans le corps de
garde ; du reste, nous ne savions s'il était jour ou
nuit.

Nous commençâmes par appeler ; on nous enjoi-
gnit de nous tenir tranquilles. Nous demandions
d'abord à sortir, puis à déjeuner, puis à fumer quelques cigares : refus sur tous ces points ; ensuite, personne ne songea plus à nous ; alors nous agitons la
porte, nous frappons sur les planches, nous faisons
rendre au *violon* toute l'harmonie qui lui est propre ;
ce fut de quoi nous fatiguer une heure ; le jour ne

venait pas encore; enfin, quelques heures après,
vers midi probablement, l'ombre à peine perceptible
d'une certaine lueur se projeta sur le plafond et s'y
promena dès lors comme une aiguille de pendule.
Nous regrettâmes le sort des prisonniers célèbres,
qui avaient pu du moins élever une fleur ou apprivoiser une araignée; le donjon de Fouquet, les
plombs de Casanova, nous revinrent longuement
en mémoire; puis, comme nous étions privés de
toute nourriture, il fallut nous arrêter au supplice
d'Ugolin... Vers quatre heures nous entendîmes un
bruit actif de verres et de fourchettes : c'étaient les
municipaux qui dînaient.

Je regretterais de prolonger ce journal d'impressions fort vulgaires partagées par tant d'ivrognes,
de tapageurs ou de cochers en contravention; après
dix-huit heures de violon, nous sommes conduits
devant un commissaire, qui nous envoie à la Préfecture, toujours sous le poids des mêmes préventions.
Dès lors notre position prenait du moins de l'intérêt.
Nous pouvions écrire aux journaux, faire appel à
l'opinion, nous plaindre amèrement. d'être traités
en criminels; mais nous préférâmes prendre bien
les choses et profiter gaiement de cette occasion
d'étudier des détails nouveaux pour nous. Malheureusement nous eûmes la faiblesse de nous faire
mettre à la *pistole*, au lieu de partager la salle commune, ce qui ôte beaucoup à la valeur de nos observations.

La *pistole* se compose de petites chambres fort
propres à un ou deux lits, où le concierge fournit tout
ce qu'on demande, comme à la prison de la garde
nationale; le plancher est en dalles, les murs sont
couverts de dessins et d'inscriptions; on boit, on
lit et on fume; la situation est donc fort supportable.

Vers midi, le concierge nous demanda si nous vou-
lions *passer avec la société*, pendant qu'on ferait le

service. Cette proposition n'était que dans le but de
nous distraire, car nous pouvions simplement attendre dans une autre chambre. La *société*, c'étaient
les voleurs.

Nous entrâmes dans une vaste salle garnie de bancs
et de tables; cela ressemblait simplement à un cabaret de bas étage. On nous fit voir près du poêle un
homme en redingote verte qu'on nous dit être le
célèbre Fossard [1], arrêté pour le vol des médailles
de la Bibliothèque.

C'était une figure assez farouche et renfrognée, des
cheveux grisonnants, un œil hypocrite. Un de mes
compagnons se mit à causer avec lui. Il crut pouvoir le plaindre d'être une *haute intelligence*, mal
dirigée peut-être; il émit une foule d'idées sociales
et de paradoxes de l'époque, lui trouva un front de
génie et lui demanda la permission de lui tâter la
tête, pour en examiner les bosses phrénologiques.

Là-dessus M. Fossard se fâcha très vertement,
s'écriant qu'il n'était nullement un homme d'intelligence, mais un bijoutier fort honorable et fort connu
dans son quartier, arrêté par erreur; qu'il n'y avait
que des mouchards qui pussent l'interroger comme
on le faisait.

« Apprenez, monsieur, dit un voisin à notre cama-
rade, qu'il ne se trouve que d'honnêtes gens ici. »

Nous nous hâtâmes d'excuser et d'expliquer la
sollicitude d'artiste de notre ami, qui, pour dissiper
la malveillance naissante, se mit à dessiner un superbe
Napoléon sur le mur; on le reconnut aussitôt pour un
peintre fort distingué.

En rentrant dans nos cellules, nous apprîmes du
concierge que le Fossard auquel nous avions parlé
n'était pas le forçat célébré par Vidocq, mais son
frère, arrêté en même temps que lui.

Quelques heures après, nous comparûmes devant
un juge d'instruction, qui envoya deux d'entre nous

à Sainte-Pélagie, *sous la prévention* de complot
contre l'État. Il s'agissait alors, autant que je puis
m'en souvenir, du célèbre complot de la rue des
Prouvaires, auquel on avait rattaché notre pauvre
souper par je ne sais quels fils très embrouillés.

A cette époque, Sainte-Pélagie offrait trois grandes
divisions complètement séparées. Les détenus politiques occupaient la plus belle partie de la prison.
Une cour très vaste, entourée de grilles et de galeries
couvertes, servait toute la journée à la promenade
et à la circulation. Il y avait le quartier des carlistes
et le quartier des républicains. Beaucoup d'illustra-
tions des deux partis se trouvaient alors sous les
verrous. Les gérants de journaux, destinés à rester
longtemps prisonniers, avaient tous obtenu de fort
jolies chambres. Ceux du *National*, de *la Tribune*
et de *la Révolution* étaient les mieux logés dans le
pavillon de droite. *La Gazette* et *la Quotidienne* habitaient le pavillon de gauche, au-dessus du *chauffoir*
public.

Je viens de citer l'aristocratie de la prison; les
détenus non journalistes, mais payant la pistole,
étaient répartis en plusieurs chambrées de sept à
huit personnes; on avait égard dans ces divisions
non seulement aux opinions prononcées, mais même
aux nuances. Il y avait plusieurs chambrées de
républicains, parmi lesquels on distinguait rigoureu-
sement les unitaires, les fédéralistes, et même les
socialistes, peu nombreux encore. Les bonapar-
tistes, qui avaient pour journal *la Révolution de 1830*,
éteinte depuis, étaient aussi représentés; les combattants carlistes de la Vendée et les conspirateurs
de la rue des Prouvaires ne le cédaient guère en
nombre aux républicains; de plus, il y avait tout un
vaste dortoir rempli de malheureux Suisses arrêtés
en Vendée et constituant la *plèbe* du parti légitimiste. Celle des divers partis populaires, le résidu

de tant d'émeutes et de tant de complots d'alors,
composait encore la partie la plus nombreuse et la
plus turbulente de la prison; mais toutefois il était
merveilleux de voir l'ordre parfait et même l'union
qui régnaient entre tous ces prisonniers de diverses
origines; jamais une dispute, jamais une parole
hostile ou railleuse; les légitimistes chantaient *O
Richard* ou *Vive Henri IV* d'un côté, les républicains
répondaient avec *la Marseillaise* ou *le Chant du
Départ*; mais cela sans trouble, sans affectation,
sans inimitié, et comme les apôtres de deux religions opprimées qui protestent chacune devant leur
autel.

J'étais arrivé fort tard à Sainte-Pélagie, et l'on ne
pouvait me donner place à la pistole que le lendemain. Il me fallut donc coucher dans l'un des dortoirs
communs. C'était une vaste galerie qui contenait
une quarantaine de lits. J'étais fatigué, ennuyé
du bruit qui se faisait dans le chauffoir, où l'on
m'avait introduit d'abord, et où j'avais le droit de
rester jusqu'à l'heure du couvre-feu; je préférai
gagner le lit de sangle qu'on m'avait assigné, et où
je m'endormis profondément.

L'arrivée de mes camarades de chambrée ne tarda
pas à me réveiller. Ces messieurs montaient l'escalier en chantant *la Marseillaise* à gorge déployée;
on appelait cela la *prière du soir*. Après *la Marseillaise* arrivait naturellement *le Chant du Départ*,
puis le *Ça ira*, à la suite duquel j'espérais pouvoir
me rendormir en paix; mais j'étais bien loin de
compte. Ces braves gens eurent l'idée de compléter
la cérémonie par une représentation de la Révolution de juillet. C'était une sorte de pièce de leur
composition, une *charade* à grand spectacle, qu'ils
exécutaient fort souvent, à ce qu'on m'apprit. On
commençait par réunir deux ou trois tables; quelques-uns se dévouaient à représenter Charles X

et ses ministres tenant conseil sur cette scène impro-
visée; on peut penser avec quel déguisement et quel
dialogue. Ensuite venait la prise de l'Hôtel de Ville;
puis *une soirée de la cour* à Saint-Cloud, le gouvernement provisoire, La Fayette, Laffitte, etc.; chacun avait son rôle et parlait en conséquence. Le
bouquet de la représentation était un vaste combat
des barricades, pour lequel on avait dû renverser
lits et matelas; les traversins de crin, durs comme
des bûches, servaient de projectiles. Pour moi, qui
m'étais obstiné à garder mon lit, je ne veux point
cacher que je reçus quelques éclaboussures de la
bataille. Enfin, quand le triomphe fut regardé
comme suffisamment décidé, vainqueurs et vaincus
se réunirent pour chanter de nouveau *la Marseillaise*,
ce qui dura jusqu'à une heure du matin.

En me réveillant, le lendemain, d'un sommeil si
interrompu, j'entendis une voix partir du lit de
sangle situé à ma gauche. Cette voix s'adressait à
l'habitant du lit de sangle situé à ma droite; personne encore n'était levé:

« Pierre?

— Qu'est-ce que c'est?

— C'est-il toi qui es de corvée ce matin?

— Non, ce n'est pas moi; j'ai fait la chambre hier.

— Eh bien, qui donc?

— C'est le nouveau; c'est un qui est là, qui dort. »

Il devenait clair que le nouveau c'était moi-même;
je feignis de continuer à dormir; mais déjà ce n'était
plus possible; tout le monde se levait aux coups d'une
cloche, et je fus forcé d'en faire autant.

Je songeais tristement à la *corvée* et à l'ennui de
travailler pour les représentants du peuple libre; les
inconvénients de l'égalité m'apparaissaient cette fois
bien positivement; mais je ne tardai pas à apprendre
que là aussi l'argent était une aristocratie. Mon voisin
de droite vint me dire à l'oreille: « Monsieur, si vous

voulez, je ferai votre corvée; cela coûte cinq sous. »

On comprend avec quel plaisir je me rachetai de la charge que m'imposait l'égalité républicaine, et je me disais, en y songeant, qu'il eût été peut-être moins pénible, en fait de corvée, de faire la chambre d'un roi que celle d'un peuple. Les gens qui ont fait la Jacquerie n'avaient peut-être pas prévu ma position.

Une demi-heure après, un second coup de cloche nous avertit que toute la prison était rendue à sa liberté intérieure; c'était en même temps le signal de la distribution des vivres. Chacun prit une sébile de terre et une cruche, ce qui nous faisait un peu ressembler à l'armée de Gédéon. Dans une galerie inférieure, la distribution était déjà commencée; elle se faisait à tous les prisonniers sans exception, et se composait d'un pain de munition et d'une cruche d'eau; après quoi on remplissait les sébiles d'une sorte de bouillon sur lequel flottait un très léger morceau de bœuf; au fond de ce bouillon limpide on trouvait encore des gros pois ou des haricots que les prisonniers appelaient des *vestiges*, en raison, sans doute, de leur rareté.

Du reste, la cantine était ouverte au fond de la cour et desservait les trois divisions de Sainte-Pélagie. Seulement, les prisonniers politiques avaient seuls l'avantage de pouvoir y entrer et s'y mettre à table. Deux petites lucarnes suffisaient au service des prisonniers de la dette (qui n'étaient pas encore à Clichy) et des voleurs, situés dans une aile différente. La communication n'était même pas tout à fait interdite entre ces prisonniers si divers. Quelques lucarnes percées dans le mur servaient à faire passer, d'une prison à l'autre, de l'eau-de-vie, du vin ou des livres. Ainsi, les voleurs manquaient d'eau-de-vie, mais l'un d'eux tenait une sorte de cabinet de lecture; on échangeait, à l'aide de ficelles, des bouteilles et des romans; les dettiers envoyaient des journaux; on leur rendait leurs politesses en provisions de bouche, dont la section politique était mieux fournie que toute autre.

En effet, le parti légitimiste nourrissait libéralement ses défenseurs. Tous les matins, des montagnes de pâtés, de volailles et de bouteilles s'amoncelaient au parloir de la prison. Les Suisses-Vendéens étaient surtout l'objet de ces attentions et tenaient table ouverte. Je fus invité à prendre part à l'un de ces repas, ou plutôt à ce repas, qui dura tout le temps de mon séjour; car la plupart des convives restaient à table toute la journée, et sous la table toute la nuit, et l'on pouvait appliquer là ce vers de Victor Hugo :

Toujours, par quelque bout, le festin recommence [1].

D'ailleurs, les liaisons étaient rapides, et toutes les opinions prenaient part à cette hospitalité, chacun apportant, en outre, ce qu'il pouvait, en comestibles et en vins; il n'y avait qu'un fort petit nombre de républicains farouches qui se tinssent à part de ces réunions; encore cherchaient-ils à n'y point mettre d'affectation. Vers le milieu du jour, la grande cour, le *promenoir*, présentait un spectacle fort animé; quelques bonnets phrygiens indiquaient seuls la nuance la plus prononcée; du reste, il y avait parfaite liberté de costumes, de paroles et de chants. Cette prison était l'idéal de l'indépendance absolue rêvée par un grand nombre de ces messieurs, et, hormis la faculté de franchir la porte extérieure, ils s'applaudissaient d'y jouir de toutes les libertés et de tous les droits de l'homme et du citoyen.

Cependant, si la liberté régnait avec évidence dans ce petit coin du monde, il n'en était pas de même de l'égalité. Ainsi que je l'ai remarqué déjà, la question d'argent mettait une grande différence dans les positions, comme celle de costume et d'éducation dans les relations et dans les amitiés. Mes anciens camarades de dortoir y étaient si accoutumés, qu'à partir du moment où je fus logé à la pistole, aucun d'entre eux n'osa plus m'adresser la parole; de même, on ne voyait presque jamais un républicain en redingote se promener ou causer familièrement avec un républicain en veste. J'eus lieu souvent de remarquer que ces derniers s'en apercevaient fort bien, et l'on s'en convaincra par une aventure assez amusante qui arriva pendant mon séjour. L'un des garçons de l'établissement portait un poulet à l'un des gros bonnets du parti, logé dans le pavillon de droite. Il avait en même temps à remettre une bouteille de vin à des ouvriers qui jouaient aux cartes dans le chauffoir. Il entre là, tenant d'une main la bouteille et de l'autre le plat dans une serviette :

« A qui portes-tu cela? lui dit un gamin de Juillet familier.

— C'est un poulet pour M. M***.

— Tiens! tiens! mais cela doit être bon...

— C'est meilleur que ton bouilli et tes *vestiges*, observe un autre.

— Il n'y a pas une patte pour moi? dit l'enfant de Paris... Et il tire un peu une patte qui sortait de la serviette. Par malheur, la patte se détache. On comprend dès lors ce qui dut arriver. Le poulet disparut en un clin d'œil. Le garçon de la cantine se désolait, ne sachant à qui s'en prendre.

— Porte-lui cela », dit un plaisant de la chambrée.

Il réunit tous les os dans l'assiette et écrivit sur un morceau de papier : « Les républicains ne doivent pas manger de poulet. »

De temps en temps une grande voiture, dite *panier à salade*, venait chercher quelques-uns des prison-

niers qui n'étaient que *prévenus*, et les transportait
au Palais de Justice, devant le juge d'instruction. Je
dus moi-même y comparaître deux fois. C'était alors
une journée entière perdue; car, arrivé à la Préfecture, il fallait attendre son tour dans une grande
salle remplie de monde, qu'on appelait, je crois, la
souricière. Je ne puis m'empêcher de protester ici
contre la confusion qui se faisait alors des diverses
sortes de détenus. Je pense que cela ne provenait
d'ailleurs que d'un encombrement momentané.

Après ma dernière entrevue avec le juge, ma liberté
ne dépendait plus que d'une décision de la chambre
du conseil. Il fut déclaré qu'il n'y avait lieu à suivre,
et dès lors je n'avais plus même à défendre mon innocence. Je dînais fort gaiement avec plusieurs de mes
nouveaux amis, lorsque j'entendis crier mon nom
du bas de l'escalier, avec ces mots : *Armes et bagages !*
qui signifient : en liberté. La prison m'était devenue
si agréable, que je demandai à rester jusqu'au lendemain. Mais il fallait partir. Je voulus du moins finir
de dîner; cela ne se pouvait pas. Je faillis donner le
spectacle d'un prisonnier mis de force à la porte
de la prison. Il était cinq heures. L'un des convives
me reconduisit jusqu'à la porte, et m'embrassa, me
promettant de venir me voir en sortant de prison.
Il avait, lui, deux ou trois mois à faire encore.
C'était le malheureux Galois [1], que je ne revis plus,
car il fut tué en duel le lendemain de sa mise en
liberté.

Les Nuits d'octobre [1]
PARIS-PANTIN-MEAUX

LE RÉALISME

Avec le temps, la passion des grands voyages s'éteint, à moins qu'on n'ait voyagé assez longtemps pour devenir étranger à sa patrie. Le cercle se rétrécit de plus en plus, se rapprochant peu à peu du foyer. — Ne pouvant m'éloigner beaucoup cet automne, j'avais formé le projet d'un simple voyage à Meaux.

Il faut dire que j'ai déjà vu Pontoise.

J'aime assez ces petites villes qui s'écartent d'une dizaine de lieues du centre rayonnant de Paris, planètes modestes. Dix lieues, c'est assez loin pour qu'on ne soit pas tenté de revenir le soir, — pour qu'on soit sûr que la même sonnette ne vous réveillera pas le lendemain, pour qu'on trouve entre deux jours affairés une matinée de calme.

Je plains ceux qui, cherchant le silence et la solitude, se réveillent candidement à Asnières.

Lorsque cette idée m'arriva, il était déjà plus de midi. J'ignorais qu'au 1er du mois on avait changé l'heure des départs au chemin de Strasbourg. — Il fallait attendre jusqu'à trois heures et demie.

Je redescends la rue Hauteville. Je rencontre un flâneur que je n'aurais pas reconnu si je n'eusse été désœuvré, et qui, après les premiers mots sur la pluie et le beau temps, se met à ouvrir une discussion touchant un point de philosophie. Au milieu de mes

arguments en réplique, je manque l'omnibus de
trois heures. C'était sur le boulevard Montmartre
que cela se passait. Le plus simple était d'aller
prendre un verre d'absinthe au café Vachette et de
dîner ensuite tranquillement chez Désiré et Baurain.

La politique des journaux fut bientôt lue, et je me
mis à effeuiller négligemment la *Revue britannique*.
L'intérêt de quelques pages, traduites de Charles
Dickens, me porta à lire tout l'article intitulé : *La
Clef de la rue* [1].

Qu'ils sont heureux, les Anglais, de pouvoir écrire
et lire des chapitres d'observation dénués de tout
alliage d'invention romanesque! A Paris, on nous
demanderait que cela fût semé d'anecdotes et d'histoires sentimentales, — se terminant soit par une
mort, soit par un mariage. L'intelligence réaliste
de nos voisins se contente du vrai absolu.

En effet, le roman rendra-t-il jamais l'effet des
combinaisons bizarres de la vie? Vous inventez
l'homme, ne sachant pas l'observer. Quels sont les
romans préférables aux histoires comiques, ou
tragiques d'un journal de tribunaux?

Cicéron critiquait un orateur prolixe qui, ayant à
dire que son client s'était embarqué, s'exprimait
ainsi : « Il se lève, — il s'habille, — il ouvre sa porte,
— il met le pied hors du seuil, — il suit à droite la
voie Flaminia, — pour gagner la place des Thermes »,
etc., etc.

On se demande si ce voyageur arrivera jamais au
port, mais déjà il vous intéresse, et, loin de trouver
l'avocat prolixe, j'aurais exigé le portrait du client,
la description de sa maison et la physionomie des
rues; j'aurais voulu connaître même l'heure du jour
et le temps qu'il faisait. Mais Cicéron était l'orateur
de convention, et l'autre n'était pas assez l'orateur
vrai.

II
MON AMI [1]

« Et puis, qu'est-ce que cela prouve? » — comme disait Denis Diderot.

Cela prouve que l'ami dont j'ai fait la rencontre est un de ces *badauds* enracinés que Dickens appellerait *cockneys*, produits assez communs de notre civilisation et de la capitale. Vous l'aurez aperçu vingt fois, vous êtes son ami, et il ne vous reconnaît pas. Il marche dans un rêve comme les dieux de l'*Iliade* marchaient parfois dans un nuage, seulement, c'est le contraire : vous le voyez, et il ne vous voit pas.

Il s'arrêtera une heure à la porte d'un marchand d'oiseaux, cherchant à comprendre leur langage d'après le dictionnaire phonétique laissé par Dupont de Nemours, qui a déterminé quinze cents mots dans la langue seule du rossignol.

Pas un cercle entourant quelque chanteur ou quelque marchand de cirage, pas une rixe, pas une bataille de chiens, où il n'arrête sa contemplation distraite. L'escamoteur lui emprunte toujours son mouchoir, qu'il a quelquefois, ou la pièce de cent sols, qu'il n'a pas toujours.

L'abordez-vous? le voilà charmé d'obtenir un auditeur à son bavardage, à ses systèmes, à ses interminables dissertations, à ses récits de l'autre monde. Il vous parlera *de omni re scibili et quibusdam aliis*, pendant quatre heures, avec des poumons qui prennent de la force en s'échauffant, et ne s'arrêtera qu'en s'apercevant que les passants font cercle, ou que les garçons du café font leurs lits. Il attend encore qu'ils éteignent le gaz. Alors, il faut bien partir; laissez-le s'enivrer du triomphe qu'il vient

d'obtenir, car il a toutes les ressources de la dialec-
tique et, avec lui, vous n'aurez jamais le dernier mot
sur quoi que ce soit. A minuit, tout le monde pense
avec terreur à son portier. Quant à lui-même, il a
déjà fait son deuil du sien, et il ira se promener à
quelques lieues, ou, seulement [1] à Montmartre.

Quelle bonne promenade, en effet, que celle des
buttes Montmartre, à minuit, quand les étoiles
scintillent et que l'on peut les observer régulièrement au méridien de Louis XIII, près du Moulin
de Beurre! Un tel homme ne craint pas les voleurs.
Ils le connaissent; non qu'il soit pauvre toujours,
quelquefois il est riche; mais ils savent qu'au besoin
il saurait jouer du couteau, ou faire le *moulinet à
quatre faces*, en s'aidant du premier bâton venu.
Pour le chausson, c'est l'élève de Lozès. Il n'ignore
que l'escrime, parce qu'il n'aime pas les pointes, et
n'a jamais appris sérieusement le pistolet, parce
qu'il croit que les balles ont leurs numéros.

III

LA NUIT DE MONTMARTRE

Ce n'est pas qu'il songe à coucher dans les carrières
de Montmartre, mais il aura de longues conversations avec les chaufourniers. Il demandera aux
carriers des renseignements sur les animaux anté-
diluviens, s'enquérant des anciens carriers qui furent
les compagnons de Cuvier dans ses recherches
géologiques. Il s'en trouve encore. Ces hommes
abrupts, mais intelligents, écouteront pendant des
heures, aux lueurs des fagots qui flambent, l'histoire
des monstres dont ils retrouvent encore des débris,
et le tableau des révolutions primitives du globe.

Parfois, un vagabond se réveille et demande du silence, mais on le fait taire aussitôt.

Malheureusement, les grandes carrières sont fermées aujourd'hui. Il y en avait une du côté du Château-Rouge, qui semblait un temple druidique, avec ses hauts piliers soutenant des voûtes carrées. L'œil plongeait dans des profondeurs d'où l'on tremblait de voir sortir Ésus, ou Thot, ou Cérunnos [1], les dieux redoutables de nos pères.

Il n'existe plus aujourd'hui que deux carrières habitables du côté de Clignancourt. Mais tout cela est rempli de travailleurs dont la moitié dort pour pouvoir plus tard relayer l'autre. C'est ainsi que la couleur se perd! Un voleur sait toujours où coucher : on n'arrêtait en général dans les carrières que d'honnêtes vagabonds qui n'osaient pas demander asile au poste, ou des ivrognes descendus des buttes, qui ne pouvaient se traîner plus loin.

Il y a quelquefois, du côté de Clichy, d'énormes tuyaux de gaz préparés pour servir plus tard, et qu'on laisse en dehors parce qu'ils défient toute tentative d'enlèvement. Ce fut le dernier refuge des vagabonds, après la fermeture des grandes carrières. On finit par les déloger; ils sortaient des tuyaux par séries de cinq ou six. Il suffisait d'attaquer l'un des bouts avec la crosse d'un fusil.

Un commissaire demandait paternellement à l'un d'eux depuis combien de temps il habitait ce gîte.

« Depuis un terme.

— Et cela ne vous paraissait pas trop dur?

— Pas trop... Et même, vous ne croiriez pas, monsieur le commissaire, le matin, j'étais paresseux au lit. »

J'emprunte à mon ami ces détails sur les nuits de Montmartre. Mais il est bon de songer que, ne pouvant partir, je trouve inutile de rentrer chez moi en costume de voyage. Je serais obligé d'expliquer

pourquoi j'ai manqué deux fois les omnibus. Le
premier départ du chemin de fer de Strasbourg n'est
qu'à sept heures du matin; — que faire jusque-là?

IV

CAUSERIE

« Puisque nous sommes *anuités*, dit mon ami, si tu
n'as pas sommeil, nous irons souper quelque part. —
La *Maison-d'Or*, c'est bien mal composé : des lorettes,
des quarts d'agent de change, et les débris de la
jeunesse dorée. Aujourd'hui, tout le monde a quarante ans, — ils en ont soixante. Cherchons la jeunesse
encore non dorée. Rien ne me blesse comme les
mœurs d'un jeune homme dans un homme âgé, à
moins qu'il ne soit Brancas ou Saint-Cricq. Tu n'as
jamais connu Saint-Cricq?

— Au contraire.

— C'est lui qui se faisait de si belles salades au
café Anglais, entremêlées de tasses de chocolat.
Quelquefois, par distraction, il mêlait le chocolat
avec la salade, cela n'offensait personne. Eh bien!
les viveurs sérieux, les gens ruinés qui voulaient se
refaire avec des places, les diplomates en herbe,
les sous-préfets en expectative, les directeurs de
théâtre ou de n'importe quoi — futurs — avaient
mis ce pauvre Saint-Cricq en interdit. Mis au ban,
comme nous disions jadis, Saint-Cricq s'en vengea
d'une manière bien spirituelle. On lui avait refusé
la porte du café Anglais; visage de bois partout. Il
délibéra en lui-même pour savoir s'il n'attaquerait
pas la porte avec des rossignols, ou à grands coups
de pavé. Une réflexion l'arrêta : « Pas d'effraction,
pas de dégradation; il vaut mieux aller trouver mon
ami le préfet de police. »

Il prend un fiacre, deux fiacres; il aurait pris quarante fiacres s'il les eût trouvés sur la place.

A une heure du matin, il faisait grand bruit rue de Jérusalem.

« Je suis Saint-Cricq, je viens demander justice d'un tas de... polissons; hommes charmants, mais qui ne comprennent pas..., enfin, qui ne comprennent pas! Où est Gisquet?

— Monsieur le préfet est couché.

— Qu'on le réveille. J'ai des révélations importantes à lui faire. »

On réveille le préfet, croyant qu'il s'agissait d'un complot politique. Saint-Cricq avait eu le temps de se calmer. Il redevient posé, précis, parfait gentilhomme, traite avec aménité le haut fonctionnaire, lui parle de ses parents, de ses entours, lui raconte des scènes du grand monde, et s'étonne un peu de ne pouvoir, lui Saint-Cricq, aller souper paisiblement dans un café où il a ses habitudes.

Le préfet, fatigué, lui donne quelqu'un pour l'accompagner. Il retourne au café Anglais, dont l'agent fait ouvrir la porte; Saint-Cricq triomphant demande ses salades et ses chocolats ordinaires, et adresse à ses ennemis cette objurgation :

« Je suis ici par la volonté de mon père et de monsieur le préfet, etc., et je n'en sortirai », etc.

— Ton histoire est jolie, dis-je à mon ami, mais je la connaissais, et je ne l'ai écoutée que pour l'entendre raconter par toi. Nous savons toutes les facéties [1] de ce bonhomme, ses grandeurs et sa décadence, — ses quarante fiacres, son amitié pour Harel [2] et ses procès avec la Comédie-Française, en raison de ce qu'il admirait trop hautement Molière [3]. Il traitait les ministres d'alors de *polichinelles*. Il osa s'adresser plus haut... Le monde ne pouvait supporter de telles excentricités. — Soyons gais, mais convenables. Ceci est la parole du sage. »

V

LES NUITS DE LONDRES [1]

« Eh bien, si nous ne soupons pas *dans la haute*, dit
mon ami, je ne sais guère [2] où nous irions à cette
heure-ci. Pour la Halle, il est trop tôt encore. J'aime
que cela soit peuplé autour de moi. Nous avions
récemment au boulevard du Temple, dans un café
près de l'Épi-Scié [3], une combinaison de soupers à
un franc, où se réunissaient principalement des
modèles, hommes et femmes, employés quelquefois
dans les tableaux vivants ou dans les drames et
vaudevilles à poses. Des festins de Trimalcion
comme ceux du vieux Tibère à Caprée. On a encore
fermé cela.

— Pourquoi?

— Je le demande. Es-tu allé à Londres?

— Trois fois.

— Eh bien, tu sais la splendeur de ses nuits,
auxquelles manque trop souvent le soleil d'Italie?
Quand on sort de *Majesty-Theater*, ou de *Drury-Lane*,
ou de *Covent-Garden*, ou seulement de la charmante
bonbonnière du *Strand*, dirigée par Mme Céleste,
l'âme excitée par une musique bruyante ou délicieu-
sement énervante (oh! les Italiens!), par les facéties
de je ne sais quel clown, par des scènes de boxe
que l'on voit dans des box *..., l'âme, dis-je, sent
le besoin, dans cette heureuse ville où le portier
manque, — où l'on a négligé de l'inventer, — de se
remettre d'une telle tension. La foule alors se préci-
pite dans les *bœuf-maisons*, dans les *huître-maisons*,
dans les cercles, dans les clubs et dans les *saloons!*

— Que m'apprends-tu là! Les nuits de Londres
sont délicieuses; c'est une série de paradis ou une

* Loges.

série d'*enfers*, selon les moyens qu'on possède. Les
gin-palaces (palais de genièvre) resplendissants de
gaz, de glaces et de dorures, où l'on s'enivre entre
un pair d'Angleterre et un chiffonnier... Les petites
filles maigrelettes qui vous offrent des fleurs. Les
dames des wauxhalls et des amphithéâtres, qui,
rentrant à pied, vous coudoient à l'anglaise, et vous
laissent éblouis d'une désinvolture de pairesse!
Des velours, des hermines, des diamants, comme au
théâtre de la Reine!... De sorte que l'on ne sait si ce
sont les grandes dames qui sont des...

— Tais-toi [1]! »

VI

DEUX SAGES

Nous nous entendons si bien, mon ami et moi,
qu'en vérité, sans le désir d'agiter notre langue et de
nous animer un peu, il serait inutile que nous eussions
ensemble la moindre conversation. Nous ressem-
blerions, au besoin, à ces deux philosophes marseillais
qui avaient longtemps abîmé leurs organes à discuter
sur le *grand Peut-être*. A force de dissertations, ils
avaient fini par s'apercevoir qu'ils étaient du même
avis, — que leurs pensées se trouvaient *adéquates*,
et que les angles sortants du raisonnement de l'un
s'appliquaient exactement aux angles rentrants du
raisonnement de l'autre.

Alors, pour ménager leurs poumons, ils se bornaient, sur toute question philosophique, politique,
ou religieuse, à un certain *Hum* ou *Heuh*, diversement
accentué, qui suffisait pour amener la résolution du
problème.

L'un, par exemple, montrait à l'autre, pendant qu'ils
prenaient le café ensemble, un article sur la *fusion*.

— *Hum!* disait l'un.

— *Heuh!* disait l'autre.

La question des classiques et des scolastiques, soulevée par un journal bien connu, était pour eux comme celle des réalistes et des nominaux du temps d'Abeilard.

— *Heuh!* disait l'un.

— *Hum!* disait l'autre.

Il en était de même pour ce qui concerne la femme ou l'homme, le chat ou le chien. Rien de ce qui est dans la nature, ou qui s'en éloigne, n'avait la vertu de les étonner autrement.

Cela finissait toujours par une partie de dominos, jeu spécialement silencieux et méditatif.

« Mais pourquoi, dis-je à mon ami, n'est-ce pas ici comme à Londres? Une grande capitale ne devrait jamais dormir.

— Parce qu'il y a ici des portiers, et qu'à Londres chacun, ayant un passe-partout de la porte extérieure, rentre à l'heure qu'il veut.

— Cependant, moyennant cinquante centimes, on peut ici rentrer partout après minuit.

— Et l'on est regardé comme un homme qui n'a pas de conduite.

— Si j'étais préfet de police, au lieu de faire fermer les boutiques, les théâtres, les cafés et les restaurants à minuit, je payerais une prime à ceux qui resteraient ouverts jusqu'au matin. Car, enfin, je ne crois pas que la police ait jamais favorisé les voleurs; mais il semble, d'après ces dispositions, qu'elle leur livre la ville sans défense, une ville surtout où un grand nombre d'habitants, imprimeurs, acteurs, critiques, machinistes, allumeurs, etc., ont des occupations qui les retiennent jusqu'après minuit. — Et les étrangers, que de fois je les ai entendus rire... en voyant que l'on couche les Parisiens si tôt!

— La routine! dit mon ami. »

VII
LE CAFÉ DES AVEUGLES

« Mais, reprit-il, si nous ne craignons [pas les *tire-laine*, nous pouvons encore jouir des agréments de la soirée; ensuite, nous reviendrons souper, soit à la *Pâtisserie* du boulevard Montmartre, soit à la *Boulangerie*, que d'autres appellent la *Boulange*, rue Richelieu. Ces établissements ont la permission de deux heures. Mais on n'y soupe guère *à fond*. Ce sont des pâtés, des *sandwich*, une volaille peut-être, ou quelques assiettes assorties de gâteaux, que l'on arrose invariablement de madère. Souper de figurante, ou de pensionnaire... lyrique. Allons plutôt chez le rôtisseur de la rue Saint-Honoré. »

Il n'était pas encore tard, en effet. Notre désœuvrement nous faisait paraître les heures longues... En passant au perron pour traverser le Palais-National, un grand bruit de tambour nous avertit que le Sauvage continuait ses exercices au café des Aveugles.

L'orchestre *homérique* * exécutait avec zèle les accompagnements. La foule était composée d'un parterre inouï, garnissant les tables, et qui, comme aux Funambules, vient fidèlement jouir tous les soirs du même spectacle et du même acteur. Les dilettantes trouvaient que M. Blondet (le sauvage) semblait fatigué et n'avait pas, dans son jeu, toutes les nuances de la veille. Je ne pus apprécier cette critique; mais je l'ai trouvé fort beau. Je crains seulement que ce ne soit aussi un aveugle et qu'il n'ait des yeux d'émail.

Pourquoi des aveugles, direz-vous, dans ce seul café, qui est un caveau? C'est que, vers la fondation,

_____
* Ὁ μὴ ὁρῶν, aveugle.

qui remonte à l'époque révolutionnaire, il se passait
là des choses qui eussent révolté la pudeur d'un
orchestre. Aujourd'hui, tout est calme et décent. Et
même la galerie sombre du caveau est placée sous
l'œil vigilant d'un sergent de ville.

Le spectacle éternel de *l'Homme à la poupée* nous
fit fuir, parce que nous le connaissions déjà. Du reste,
cet homme imite parfaitement le français-belge.

Et maintenant, plongeons-nous plus profondément
encore dans les cercles inextricables de l'enfer parisien. Mon ami m'a promis de me faire passer la nuit
à *Pantin*.

VIII

PANTIN

Pantin, c'est le Paris obscur, quelques-uns diraient
le Paris canaille; mais ce dernier s'appelle, en argot,
Pantruche. N'allons pas si loin.

En tournant la rue de Valois, nous avons rencontré
une façade lumineuse d'une douzaine de fenêtres;
c'est l'ancien *Athénée*, inauguré par les doctes leçons
de Laharpe. Aujourd'hui c'est le splendide estaminet
des *Nations*, contenant douze billards. Plus d'esthétique, plus de poésie; on y rencontre des gens assez
forts pour faire circuler des billes autour des trois
chapeaux espacés sur le tapis vert, aux places où
sont les mouches. Les *blocs* n'existent plus; le
progrès a dépassé ces vaines prouesses de nos pères.
Le carambolage seul est encore admis; mais il n'est
pas convenable d'en manquer un seul (de carambolage).

J'ai peur de ne plus parler français, c'est pourquoi
je viens de me permettre cette dernière parenthèse.
Le français de M. Scribe, celui de la Montansier,

celui des estaminets, celui des lorettes, des concierges, des réunions bourgeoises, des salons, commence à s'éloigner des traditions du grand siècle. La langue de Corneille et de Bossuet devient peu à peu du *sanscrit* (langue savante). Le règne du *prâcrit* (langue vulgaire) commence pour nous, je m'en suis convaincu en prenant mon billet et celui de mon ami, au bal situé rue *Honoré*, que les envieux désignent sous le nom de *Bal des Chiens*. Un habitué nous a dit :

« Vous *roulez* (vous entrez) dans le bal (on prononce b-a-l), c'est assez *rigollot* ce soir. »

Rigollot signifie amusant.

En effet, c'était *rigollot*.

La maison intérieure, à laquelle on arrive par une longue allée, peut se comparer aux gymnases antiques. La jeunesse y rencontre tous les exercices qui peuvent développer sa force et son intelligence. Au rez-de-chaussée, le café-billard ; au premier, la salle de danse ; au second, la salle d'escrime et de boxe ; au troisième, le daguerréotype, instrument de patience qui s'adresse aux esprits fatigués, et qui, détruisant les illusions, oppose à chaque figure le miroir de la vérité.

Mais, la nuit, il n'est question ni de boxe ni de portraits ; un orchestre étourdissant de cuivres, dirigé par M. Hesse, dit *Décati*, vous attire invinciblement à la salle de danse, où vous commencez à vous débattre contre les marchandes de biscuits et de gâteaux. On arrive dans la première pièce, où sont les tables, et où l'on a le droit d'échanger son billet de 25 centimes contre la même somme *en consommation*. Vous apercevez des colonnes entre lesquelles s'agitent des quadrilles joyeux. Un sergent de ville vous avertit paternellement que l'on ne peut fumer que dans la salle d'entrée, le prodrome.

Nous jetons nos bouts de cigare, immédiatement ramassés par des jeunes gens moins fortunés que nous. Mais, vraiment, le bal est très bien; on se croirait dans le monde, si l'on ne s'arrêtait à quelques imperfections de costume. C'est, au fond, ce qu'on appelle à Vienne un *bal négligé*.

Ne faites pas le fier. Les femmes qui sont là en valent bien d'autres, et l'on peut dire des hommes, en parodiant certains vers d'Alfred de Musset sur les derviches turcs :

> *Ne les dérange pas, ils t'appelleraient chien...*
> *Ne les insulte pas, car ils te valent bien !*

Tâchez de trouver dans le monde une pareille animation. La salle est assez grande et peinte en jaune. Les gens respectables s'adossent aux colonnes, avec défense de fumer, et n'exposent que leurs poitrines aux coups de coude, et leurs pieds aux trépignements éperdus du galop et de la valse. Quand la danse s'arrête, les tables se garnissent. Vers onze heures, les ouvrières sortent et font place à des personnes qui sortent des théâtres, des cafés-concerts et de plusieurs établissements publics. L'orchestre se ranime pour cette population nouvelle, et ne s'arrête que vers minuit.

IX
LA GOGUETTE [1]

Nous n'attendîmes pas cette heure. Une affiche bizarre attira notre attention. Le règlement d'une goguette était affiché dans la salle :

SOCIÉTÉ LYRIQUE DES TROUBADOURS

Bury, président. Beauvais, maître de chant, etc.
Art. 1er. Toutes chansons politiques ou atteignant

la religion ou les mœurs sont formellement interdites.

2° Les *échos* ne seront accordés que lorsque le président le jugera convenable.

3° Toute personne se présentant en état de troubler l'ordre de la soirée, l'entrée lui en sera refusée.

4° Toute personne qui aurait troublé l'ordre, qui, après *deux avertissements* dans la soirée, n'en tiendrait pas compte, sera priée de sortir immédiatement.

Approuvé, etc.

Nous trouvons ces dispositions fort sages; mais la Société lyrique des Troubadours, si bien placée en face de l'ancien Athénée, ne se réunit pas ce soir-là. Une autre goguette existait dans une autre cour du quartier. Quatre lanternes mauresques annonçaient la porte, surmontée d'une équerre dorée.

Un contrôleur vous prie de déposer le montant d'une chopine (six sous), et l'on arrive au premier, où, derrière la porte, se rencontre le *chef d'ordre*.

« Êtes-vous du bâtiment? nous dit-il.

— Oui, nous sommes du bâtiment », répondit mon ami.

Ils se firent les attouchements obligés, et nous pûmes entrer dans la salle.

Je me rappelai aussitôt la vieille chanson exprimant l'étonnement d'un *louveteau* * nouveau-né qui rencontre une société fort agréable et se croit obligé de la célébrer : « Mes yeux sont éblouis, dit-il. Que vois-je dans cette enceinte?

> *Des menuisiers! des ébénisses!*
> *Des entrepreneurs de bâtisses!...*
> *Qu'on dirait un bouquet de fleurs,*
> *Paré de ses mille couleurs* [1] *! »*

---

* Fils de maître, selon les termes de compagnonnage.

Enfin, nous étions *du bâtiment* — et le mot se dit
aussi au moral, attendu que le *bâtiment* n'exclut pas
les poètes; — Amphyon [1], qui élevait des murs aux
sons de sa lyre, était du bâtiment. Il en est de même
des artistes peintres et statuaires, qui en sont les
enfants gâtés.

Comme le *louveteau*, je fus ébloui de la splendeur
du coup d'œil. Le *chef d'ordre* nous fit asseoir à une
table, d'où nous pûmes admirer les trophées ajustés
entre chaque panneau. Je fus étonné de ne pas y
rencontrer les anciennes légendes obligées : « Respect
aux dames! Honneur aux Polonais! » Comme les
traditions se perdent!

En revanche, le bureau, drapé de rouge, était
occupé par trois commissaires fort majestueux.
Chacun avait devant soi sa sonnette, et le président
frappa trois coups avec le marteau consacré. La
mère des compagnons était assise au pied du bureau.
On ne la voyait que de profil, mais le profil était
plein de grâce et de dignité.

« Mes petits amis, dit le président, notre ami va
chanter une nouvelle composition, intitulée *la Feuille
de saule.* »

La chanson n'était pas plus mauvaise que bien
d'autres. Elle imitait faiblement le genre de Pierre
Dupont. Celui qui la chantait était un beau jeune
homme aux longs cheveux noirs, si abondants qu'il
avait dû s'entourer la tête d'un cordon, afin de les
maintenir; il avait une voix douce parfaitement
timbrée, et les applaudissements furent doubles,
pour l'*auteur* et pour le *chanteur*.

Le président réclama l'indulgence pour une demoiselle dont le premier essai allait se produire devant
les amis. Ayant frappé les trois coups, il se recueillit,
et, au milieu du plus complet silence, on entendit
une voix jeune, encore imprégnée des rudesses du
premier âge, mais qui, *se dépouillant* peu à peu (selon

l'expression d'un de nos voisins), arrivait aux *traits*
et aux fioritures les plus hardis. L'éducation classique
n'avait pas gâté cette fraîcheur d'intonation, cette
pureté d'organe, cette parole émue et vibrante, qui
n'appartiennent qu'aux talents vierges encore des
leçons du Conservatoire.

x

LE ROTISSEUR

O jeune fille à la voix perlée! tu ne sais pas *phraser*
comme au Conservatoire; tu ne *sais pas chanter*, ainsi
que dirait un critique musical... Et pourtant, ce
timbre jeune, ces désinences tremblées à la façon des
chants naïfs de nos aïeules, me remplissent d'un
certain charme! Tu as composé des paroles qui ne
riment pas et une mélodie qui n'est pas *carrée;* et
c'est dans ce petit cercle seulement que tu es comprise
et rudement applaudie. On va conseiller à ta mère
de t'envoyer chez un maître de chant, et dès lors
te voilà perdue... perdue pour nous! Tu chantes au
bord des abîmes, comme les cygnes de l'Edda.
Puissé-je conserver le souvenir de ta voix si pure et
si ignorante, et ne t'entendre plus, soit dans un
théâtre lyrique, soit dans un concert, ou seulement
dans un café chantant!

Adieu, adieu, et pour jamais adieu!... Tu ressembles
au séraphin doré du Dante, qui répand un dernier
éclair de poésie sur les cercles ténébreux dont la
spirale immense se rétrécit toujours, pour aboutir
à ce puits sombre où Lucifer est enchaîné jusqu'au
jour du dernier jugement.

Et maintenant, passez autour de nous, couples
souriants ou plaintifs... « spectres où saigne encore
la place de l'amour »! Les tourbillons que vous formez

s'effacent peu à peu dans la brume... La *Pia*[1], la *Francesca*[2] passent peut-être à nos côtés... L'adultère, le crime et la faiblesse se coudoient, sans se reconnaître, à travers ces ombres trompeuses.

Derrière l'ancien cloître Saint-Honoré[3], dont les derniers débris subsistent encore, cachés par les façades des maisons modernes, est la boutique d'un rôtisseur ouverte jusqu'à deux heures du matin. Avant d'entrer dans l'établissement, mon ami murmura cette chanson colorée :

> *A la* Grand'Pinte, *quand le vent*
> *Fait grincer l'enseigne en fer-blanc,*
> *Alors qu'il gèle,*
> *Dans la cuisine, on voit briller*
> *Toujours un tronc d'arbre au foyer ;*
> *Flamme éternelle,*
>
> *Où rôtissent en chapelets,*
> *Oisons, canards, dindons, poulets,*
> *Au tournebroche !*
> *Et puis le soleil jaune d'or,*
> *Sur les casseroles encor,*
> *Darde et s'accroche* [4] *!*

Mais ne parlons pas du soleil, il est minuit passé.

Les tables du rôtisseur sont peu nombreuses ; elles étaient toutes occupées.

« Allons ailleurs, dis-je.

— Mais auparavant, répondit mon ami, consommons un petit bouillon de poulet. Cela ne peut suffire à nous ôter l'appétit, et chez Véry cela coûterait un franc ; ici c'est dix centimes. Tu conçois qu'un rôtisseur qui débite par jour cinq cents poulets en doit conserver les abatis, les cœurs et les foies, qu'il lui suffit d'entasser dans une marmite pour faire d'excellents consommés. »

Les deux bols nous furent servis sur le comptoir, et le bouillon était parfait. Ensuite on suce quelques écrevisses de Strasbourg, grosses comme de petits

homards. Les moules, la friture et les volailles
découpées jusque dans les prix les plus modestes
composent le souper ordinaire des habitués.

Aucune table ne se dégarnissait. Une femme d'un
aspect majestueux, type habillé des néréides de
Rubens ou des bacchantes de Jordaëns, donnait,
près de nous, des conseils à un jeune homme.

Ce dernier, élégamment vêtu, mince de taille,
dont la pâleur était relevée par de longs cheveux
noirs et de petites moustaches soigneusement tordues
et cirées aux pointes, écoutait avec déférence les avis
de l'imposante matrone. On ne pouvait guère lui
reprocher qu'une chemise prétentieuse à jabot de
dentelle et à manchettes plissées, une cravate bleue
et un gilet d'un rouge ardent croisé de lignes vertes.
Sa chaîne de montre pouvait être en chrysocale, son
épingle en strass du Rhin; mais l'effet en était assez
riche aux lumières.

« Vois-tu, *muffelon*, disait la dame, tu n'es pas fait
pour ce métier-là de vivre la nuit. Tu t'obstines, tu ne
pourras pas! Le bouillon de poulet te soutient, c'est
vrai; mais la liqueur t'abîme. Tu as des palpitations,
et les pommettes rouges le matin. Tu as l'air fort,
parce que tu es nerveux... Tu ferais mieux de dormir
à cette heure-ci.

— De quoi? — observa le jeune homme avec cet
accent des voyous parisiens qui semble un râle, et que
crée l'usage précoce de l'eau-de-vie et de la pipe :
est-ce qu'il ne faut pas que je fasse mon état? Ce
sont les chagrins qui me font boire : pourquoi est-ce
que Gustine m'a trahi!

— Elle t'a trahi sans te trahir... C'est une bala-
deuse, voilà tout.

— Je te parle comme à ma mère : si elle revient,
c'est fini, je me range. Je prends un fonds de bimbe-
loterie. Je l'épouse.

— Encore une bêtise!

— Puisqu'elle m'a dit que je n'avais pas d'établissement !

— Ah ! jeune homme ! cette femme-là, ça sera ta mort.

— Elle ne sait pas encore la roulée qu'elle va recevoir !...

— Tais-toi donc ! dit la femme-Rubens en souriant, ce n'est pas toi qui es capable de corriger une femme ! »

Je n'en voulus pas entendre davantage. Jean-Jacques avait bien raison de s'en prendre aux mœurs des villes d'un principe de corruption qui s'étend plus tard jusqu'aux campagnes. A travers tout cela, cependant, n'est-il pas triste d'entendre retentir l'accent de l'amour, la voix pénétrée d'émotion, la voix mourante du vice, à travers la phraséologie de la crapule ?

Si je n'étais sûr d'accomplir une des missions douloureuses de l'écrivain, je m'arrêterais ici ; mais mon ami me dit comme Virgile à Dante :

« *Or sie forte e ardito !* — *Omai si scende per Si fatte scale...* * »

A quoi je répondis sur un air de Mozart :

« *Andiam' ! andiam' ! andiamo bene !*

— Tu te trompes ! reprit-il, ce n'est pas là l'enfer : c'est tout au plus le purgatoire. Allons plus loin. »

XI

LA HALLE

« Quelle belle nuit ! » dis-je en voyant scintiller les étoiles au-dessus du vaste emplacement où se dessinent, à gauche, la coupole de la Halle aux blés avec la

---

* Sois fort et hardi ; on ne descend ici que par de tels escaliers [1].

colonne cabalistique qui faisait partie de l'hôtel de
Soissons, et qu'on appelait l'Observatoire de Catherine de Médicis, puis le marché à la volaille; à droite,
le marché au beurre, et plus loin la construction
inachevée du marché à la viande. La silhouette gri-
sâtre de Saint-Eustache ferme le tableau. Cet admirable édifice, où le style fleuri du Moyen Age s'allie
si bien aux dessins corrects de la Renaissance, s'éclaire
encore magnifiquement aux rayons de la lune, avec
son armature gothique, ses arcs-boutants multipliés
comme les côtes d'un cétacé prodigieux, et les
cintres romains de ses portes et de ses fenêtres, dont
les ornements semblent appartenir à la coupe ogivale.
Quel malheur qu'un si rare vaisseau soit déshonoré,
à droite par une porte de sacristie à colonnes d'ordre
ionique, et à gauche par un portail dans le goût
de Vignole!

Le petit carreau des halles commençait à s'animer.
Les charrettes des maraîchers, des mareyeurs, des
beurriers, des verduriers se croisaient sans interruption. Les charretiers arrivés au port se rafraîchis-
saient dans les cafés et dans les cabarets, ouverts
sur cette place pour toute la nuit. Dans la rue Mau-
conseil, ces établissements s'étendent jusqu'à la
halle aux huîtres; dans la rue Montmartre, de la
pointe Saint-Eustache à la rue du Jour.

On trouve là, à droite, des marchands de sangsues;
l'autre côté est occupé par les pharmacies Raspail et
les débitants de cidre, chez lesquels on peut se régaler
d'huîtres et de tripes à la mode de Caen. Les pharmacies ne sont pas inutiles, à cause des accidents;
mais, pour des gens sains qui se promènent, il est
bon de boire un verre de cidre ou de poiré. C'est
rafraîchissant.

Nous demandâmes du cidre nouveau, car il n'y a
que des Normands ou des Bretons qui puissent se
plaire au cidre *dur*. On nous répondit que les cidres

nouveaux n'arriveraient que dans huit jours, et qu'encore la récolte était mauvaise. Quant aux poirés, ajouta-t-on, ils sont arrivés depuis hier; ils avaient manqué l'année passée.

La ville de Domfront (ville de malheur) est cette fois très heureuse. Cette liqueur blanche et écumante comme le champagne rappelle beaucoup la blanquette de Limoux. Conservée en bouteille, elle grise très bien son homme. Il existe de plus une certaine eau-de-vie de cidre de la même localité, dont le prix varie selon la grandeur des petits verres. Voici ce que nous lûmes sur une pancarte attachée au flacon :

Le monsieur .... 4 sous
La demoiselle................... 2 sous
Le misérable .... 1 sou

Cette eau-de-vie, dont les diverses mesures sont ainsi qualifiées, n'est point mauvaise et peut servir d'absinthe.

Elle est inconnue sur les grandes tables.

XII
LE MARCHÉ DES INNOCENTS [1]

En passant à gauche du marché aux poissons, où l'animation ne commence que de cinq à six heures, moment de la vente à la criée, nous avons remarqué une foule d'hommes en blouse, en chapeau rond et en manteau blanc rayé de noir, couchés sur des sacs de haricots... Quelques-uns se chauffaient autour de feux comme ceux que font les soldats qui campent, d'autres s'allumaient des *foyers* intérieurs dans les cabarets voisins. D'autres encore, debout près des sacs, se livraient à des adjudications de haricots...

Là, on parlait prime, différence, couverture, reports, hausse et baisse ; enfin, comme à la bourse.

« Ces gens en blouse sont plus riches que nous, dit mon compagnon. Ce sont de faux paysans. Sous leur roulière ou leur bourgeron, ils sont parfaitement vêtus et laisseront demain leur blouse chez le marchand de vin, pour retourner chez eux en tilbury. Le spéculateur adroit revêt la blouse comme l'avocat revêt la robe. Ceux de ces gens-là qui dorment sont les *moutons*, ou les simples voituriers.

— 44-46 l'haricot de Soissons ! dit près de nous une voix grave.

— 48, fin courant, ajouta un autre.

— Les suisses blancs sont hors de prix.

— Les nains 28.

— La vesce à 33-34... Les *flageolets* sont mous, etc. »

Nous laissons ces braves gens à leurs combinaisons.

Que d'argent il se gagne et se perd ainsi !... Et l'on a supprimé les jeux !

XIII

LES CHARNIERS

Sous les colonnes du marché aux pommes de terre, des femmes matinales, ou bien tardives, épluchaient leurs denrées à la lueur des lanternes. Il y en avait de jolies qui travaillaient sous l'œil des mères, en chantant de vieilles chansons. Ces dames sont souvent plus riches qu'il ne semble, et la fortune même n'interrompt pas leur rude labeur. Mon compagnon prit plaisir à s'entretenir très longtemps avec une jolie blonde, lui parlant du dernier bal de la Halle, dont elle avait dû faire l'un des plus beaux ornements... Elle répondait fort élégamment et comme une personne du monde, quand je ne sais par quelle fantaisie il s'adressa à la mère en lui disant :

« Mais votre demoiselle est charmante... *A-t-elle le sac?* »

Cela veut dire en langage des halles : « A-t-elle de l'argent? »

« Non, mon fy, dit la mère, c'est moi qui l'ai, le sac!

— Eh mais, Madame, si vous étiez veuve, on pourrait... Nous recauserons de cela!

— Va-t'en donc, vieux *mufle!* » cria la jeune fille avec un accent entièrement local qui tranchait sur ses phrases précédentes.

Elle me fit l'effet de la blonde sorcière de *Faust*, qui, causant tendrement avec son valseur, laisse échapper de sa bouche une souris rouge.

Nous tournâmes les talons, poursuivis d'imprécations railleuses, qui rappelaient d'une façon assez classique les colloques de Vadé.

« Il s'agit décidément de souper, dit mon compagnon. Voici Bordier, mais la salle est étroite. C'est le rendez-vous des fruitiers-orangers et des orangères. Il y a un autre Bordier qui fait le coin de la rue aux Ours, et qui est passable ; puis le restaurant des Halles, fraîchement sculpté et doré, près de la rue de la Reynie... Mais autant vaudrait la Maison-d'Or.

— En voilà d'autres, dis-je en tournant les yeux vers cette longue ligne de maisons régulières qui bordent la partie du marché consacrée aux choux.

— Y penses-tu? Ce sont les *charniers*. C'est là que des poètes en habit de soie, épée et manchettes, venaient souper, au siècle dernier, les jours où leur manquaient les invitations du grand monde. Puis, après avoir consommé l'ordinaire de six sous, ils lisaient leurs vers par habitude aux rouliers, aux maraîchers et aux forts : « Jamais je n'ai eu tant de succès, disait Robbé, qu'auprès de ce public formé aux arts par les mains de la nature! »

Les hôtes poétiques de ces caves voûtées s'étendaient, après souper, sur les bancs ou sur les tables, et il fallait, le lendemain matin, qu'ils se fissent poudrer à deux sols par quelque *merlan* en plein air, et repriser par les ravaudeuses, pour aller ensuite briller aux petits levers de madame de Luxembourg, de mademoiselle Hus ou de la comtesse de Beauharnais.

XIV

BARATTE

Ces temps sont passés. — Les caves des charniers sont aujourd'hui restaurées, éclairées au gaz; la consommation y est propre, et il est défendu d'y dormir, soit sur les tables, soit dessous; mais que de choux dans cette rue!... La rue parallèle de la Ferronnerie en est également remplie, et le cloître voisin de Sainte-Opportune en présente de véritables montagnes. La carotte et le navet appartiennent au même département :

« Voulez-vous des *frisés*, des *milans*, des *cabus*, mes petits amours? » nous crie une marchande.

En traversant la place, nous admirons des potirons monstrueux. On nous offre des saucisses et des boudins, du café à un sou la tasse, — et, au pied même de la fontaine de Pierre Lescot et de Jean Goujon sont installés, en plein vent, d'autres soupeurs plus modestes encore que ceux des charniers.

Nous fermons l'oreille aux provocations, et nous nous dirigeons vers Baratte, en fendant la presse des marchandes de fruits et de fleurs. — L'une crie :

« Mes petits choux! fleurissez vos dames! »

Et, comme on ne vend à cette heure-là qu'en gros, il faudrait avoir beaucoup de dames à *fleurir* pour

acheter de telles bottes de bouquets. Une autre
chante la chanson de son état :

« Pommes de reinette et pommes d'api ! — Calville,
calville, calville rouge ! — Calville rouge et calville gris !

« Étant en crique, — dans ma boutique, — j'vis
des inconnus qui m'dirent : « Mon p'tit cœur ! —
venez me voir, vous aurez grand débit !

« — Nenni, messieurs ! — je n'puis, d'ailleurs, —
car il n'm'reste — qu'un artichaut — et trois petits
choux-fleurs ! »

Insensibles aux voix de ces sirènes, nous entrons
enfin chez Baratte. Un individu en blouse, qui semblait avoir *son petit jeune homme* (être gris), roulait
au même instant sur les bottes de fleurs, expulsé
avec force, parce qu'il avait fait du bruit. Il s'apprête
à dormir sur un amas de roses rouges, imaginant sans
doute être le vieux Silène, et que les Bacchantes lui
ont préparé ce lit odorant. Les fleuristes se jettent
sur lui, et le voilà bien plutôt exposé au sort d'Orphée...
Un sergent de ville s'entremet et le conduit au poste
de la halle aux cuirs, signalé de loin par un campanile
et un cadran éclairé.

La grande salle est un peu tumultueuse chez
Baratte ; mais il y a des salles particulières et des
cabinets. Il ne faut pas se dissimuler que c'est là le
restaurant des aristos. L'usage est d'y demander des
huîtres d'Ostende avec un petit ragoût d'échalotes
découpées dans du vinaigre et poivrées, dont on
arrose légèrement lesdites huîtres. Ensuite, c'est la
soupe à l'oignon, qui s'exécute admirablement à la
Halle, et dans laquelle les raffinés sèment du parme-
san râpé. Ajoutez à cela un perdreau ou quelque
poisson qu'on obtient naturellement de première
main, du bordeaux, un dessert de fruits premier
choix, et vous conviendrez qu'on soupe fort bien à
la Halle. C'est une affaire de sept francs par personne
environ.

On ne comprend guère que tous ces hommes en blouse, mélangés du plus beau sexe de la banlieue en cornettes et en marmottes, se nourrissent si convenablement; mais, je l'ai dit, ce sont de faux paysans et des millionnaires méconnaissables. Les facteurs de la Halle, les gros marchands de légumes, de viande, de beurre et de marée sont des gens qui savent se traiter commè il faut, et les forts eux-mêmes ressemblent un peu à ces braves portefaix de Marseille qui soutiennent de leurs capitaux les maisons qui les font travailler.

XV

PAUL NIQUET [1]

Le souper fait, nous allâmes prendre le café et le pousse-café à l'établissement célèbre de Paul Niquet. — Il y a là évidemment moins de millionnaires que chez Baratte... Les murs, très élevés et surmontés d'un vitrage, sont entièrement nus. Les pieds posent sur des dalles humides. Un comptoir immense partage en deux la salle, et sept ou huit chiffonnières, habi- tuées de l'endroit, font tapisserie sur un banc opposé au comptoir. Le fond est occupé par une foule assez mêlée, où les disputes ne sont pas rares. Comme on ne peut pas à tout moment aller chercher la garde, le vieux Niquet, si célèbre sous l'Empire par ses cerises à l'eau-de-vie, avait fait établir des conduits d'eau très utiles dans le cas d'une rixe violente.

On les lâche de plusieurs points de la salle sur les combattants, et, si cela ne les calme pas, on lève un certain appareil qui bouche hermétiquement l'issue. Alors l'eau monte, et les plus furieux demandent grâce; c'est du moins ce qui se passait autrefois.

Mon compagnon m'avertit qu'il fallait payer une

tournée aux chiffonnières pour se faire un parti dans
l'établissement en cas de dispute. C'est, du reste,
l'usage pour les gens mis en bourgeois. Ensuite, vous
pouvez vous livrer sans crainte aux charmes de la
société. Vous avez conquis la faveur des dames.

Une des chiffonnières demanda de l'eau-de-vie.

« Tu sais bien que ça t'est défendu! répondit le
garçon limonadier.

— Eh bien, alors, un petit *verjus*, mon amour de
Polyte! Tu es si gentil avec tes beaux yeux noirs...
Ah! si j'étais encore... ce que j'ai été! »

Sa main tremblante laissa échapper le petit verre
plein de grains de verjus à l'eau-de-vie, que l'on
ramassa aussitôt; les petits verres chez Paul Niquet
sont épais comme des bouchons de carafe : ils rebon-
dissent, et la liqueur seule est perdue.

« Un autre verjus! dit mon ami.

— Toi, t'es bien zentil aussi, mon p'tit fy, lui dit
la chiffonnière; tu me *happelles* le p'tit *Ba'as* (Barras)
qu'était si zentil, si zentil, avec ses cadenettes et son
zabot d'Angueleterre... Ah! c'était z'un homme *aux
oizeaux*, mon p'tit fy, aux oizeaux!... vrai! z'un bel
homme comme toi! [1] »

Après le second verjus, elle nous dit :

« Vous ne savez pas, mes enfants, que j'ai été une
des *merveilleuses* de ce temps-là... J'ai eu des bagues à
mes doigts de pied... Il y a des *mirliflores* et des généraux qui se sont battus pour moi!

— Tout ça, c'est la punition du bon Dieu! dit un
voisin. Où est-ce qu'il est à présent, ton *phaéton*?

— Le *bon Dieu!* dit la chiffonnière exaspérée, le
bon Dieu, c'est le diable! »

Un homme maigre, en habit noir râpé, qui dormait
sur un banc, se leva en trébuchant :

« Si le bon Dieu, c'est le diable, alors c'est le diable
qui est le bon Dieu, cela revient toujours au même.
Cette brave femme fait un affreux paralogisme, dit-il

en se tournant vers nous... Comme ce peuple est ignorant! Ah! l'éducation, je m'y suis livré bien longtemps.
Ma philosophie me console de tout ce que j'ai perdu

— Et un petit verre! dit mon compagnon.

— J'accepte! si vous me permettez de définir la
loi divine et la loi humaine... »

La tête commençait à me tourner, au milieu de ce
public étrange; mon ami, cependant, prenait plaisir
à la conversation du philosophe, et redoublait les
petits verres pour l'entendre raisonner et déraisonner
plus longtemps.

Si tous ces détails n'étaient exacts, et si je ne cher-
chais ici à daguerréotyper la vérité, que de ressources
romanesques me fourniraient ces deux types du
malheur et de l'abrutissement! Les hommes riches
manquent trop du courage qui consiste à pénétrer
dans de semblables lieux, dans ce vestibule du purgatoire d'où il serait peut-être facile de sauver quelques âmes... Un simple écrivain ne peut que mettre
le doigt sur ces plaies, sans prétendre à les fermer.

Les prêtres eux-mêmes qui songent à sauver des
âmes chinoises, indiennes ou thibétaines, n'accompli-
raient-ils pas dans de pareils lieux de dangereuses
et sublimes missions? Pourquoi le Seigneur vivait-il
avec les païens et les publicains?

Le soleil commence à percer le vitrage supérieur de
la salle, la porte s'éclaire. Je m'élance de cet enfer
au moment d'une arrestation, et je respire avec
bonheur le parfum des fleurs entassées sur le trottoir
de la rue aux Fers.

La grande enceinte du marché présente deux longues
rangées de femmes dont l'aube éclaire les visages
pâles. Ce sont les revendeuses des divers marchés,
auxquelles on a distribué des numéros, et qui attendent leur tour pour recevoir leurs denrées d'après
la mercuriale fixée.

Je crois qu'il est temps de me diriger vers l'embar-

cadère de Strasbourg, emportant dans ma pensée le
vain fantôme de cette nuit.

XVI

MEAUX [1]

Voilà, voilà, celui qui vient de l'enfer [2] !

Je m'appliquais ce vers en roulant le matin sur les
rails du chemin de Strasbourg, et je me flattais... car
je n'avais pas encore pénétré jusqu'aux plus profondes *souricières ;* je n'avais guère, au fond, rencontré que d'honnêtes travailleurs, des pauvres
diables avinés, des malheureux sans asile... Là n'est
pas encore le dernier abîme.

L'air frais du matin, l'aspect des vertes campagnes,
les bords riants de la Marne, Pantin à droite, d'abord,
le vrai Pantin, Chelles à gauche, et plus tard Lagny,
les longs rideaux de peupliers, les premiers coteaux
abrités qui se dirigent vers la Champagne, tout cela
me charmait et faisait rentrer le calme dans mes
pensées.

Malheureusement, un gros nuage noir se dessinait
au fond de l'horizon, et, quand je descendis à Meaux,
il pleuvait à verse. Je me réfugiai dans un café, où
je fus frappé par l'aspect d'une énorme affiche rouge
conçue en ces termes :

« PAR PERMISSION DE M. LE MAIRE (de Meaux)
MERVEILLE SURPRENANTE
tout ce que la nature offre de plus bizarre :
UNE TRÈS JOLIE FEMME
ayant pour chevelure une belle
TOISON DE MÉRINOS
couleur marron.

« M. Montaldo, de passage en cette ville, a l'honneur d'exposer au public une rareté, un phénomène
tellement extraordinaire, que Messieurs de la Faculté
de médecine de Paris et de Montpellier n'ont pu
encore le définir.

CE PHÉNOMÈNE

consiste en une jeune femme de dix-huit ans, native
de Venise, qui, au lieu de chevelure, porte une magnifique toison en laine mérinos de Barbarie, couleur
marron, d'une longueur d'environ cinquante-deux
centimètres. Elle pousse comme les plantes, et on
lui voit sur la tête des tiges qui supportent quatorze
ou quinze branches.

« Deux de ces tiges s'élèvent sur son front et forment des cornes.

« Dans le cours de l'année, il tombe de sa toison,
comme de celle des moutons qui se sont pas tondus à
temps, des fragments de laine.

« Cette personne est très avenante, ses yeux sont
expressifs, elle a la peau très blanche; elle a excité
dans les grandes villes l'admiration de ceux qui l'ont
vue, et, dans son séjour à Londres, en 1846, S. M. la
reine, à qui elle a été présentée, a témoigné sa surprise
en disant que jamais la nature ne s'était montrée si
bizarre.

« Les spectateurs pourront s'assurer de la vérité
au tact de la laine, comme à l'élasticité, à l'odorat,
etc., etc.

« Visible tous les jours jusqu'à dimanche 5 courant [1].

« Plusieurs morceaux d'opéra seront exécutés par
un artiste distingué.

« Des danses de caractère, espagnoles et italiennes,
par des artistes pensionnés.

« Prix d'entrée : 25 centimes. — Enfants et militaires : 10 centimes *. »

A défaut d'autre spectacle, je voulus vérifier par moi-même les merveilles de cette affiche, et je ne sortis de la représentation qu'après minuit.

J'ose à peine analyser maintenant les sensations étranges du sommeil qui succéda à cette soirée. Mon esprit, surexcité sans doute par les souvenirs de la nuit précédente, et un peu par l'aspect du pont des Arches, qu'il fallut traverser pour me rendre à l'hôtel, imagina le rêve suivant, dont le souvenir m'est fidèlement resté :

XVII

CAPHARNAÜM [1]

Des corridors. — des corridors sans fin! Des escaliers, — des escaliers où l'on monte, où l'on descend, où l'on remonte, et dont le bas trempe toujours dans une eau noire agitée par des roues, sous d'immenses arches de pont... à travers des charpentes inextricables! Monter, descendre, ou parcourir les corridors, — et cela pendant plusieurs éternités... Serait-ce la peine à laquelle je serais condamné pour mes fautes?

J'aimerais mieux vivre!!!

Au contraire, — voilà qu'on me brise la tête à grands coups de marteau : qu'est-ce que cela veut dire?

« Je rêvais à des queues de billard... à des petits verres *de verjus...* »

« Monsieur et mame le maire est-il content? »

---

* Tout, dans ces récits, étant véritable, l'auteur a déposé l'affiche aux bureaux de *L'Illustration,* où elle est visible.

Bon! je confonds à présent Bilboquet avec Macaire. Mais ce n'est pas une raison pour qu'on me casse la tête avec des foulons.

« Brûler n'est pas répondre! »

Serait-ce pour avoir embrassé la femme à cornes, — ou pour avoir promené mes doigts dans sa chevelure de mérinos?

« Qu'est-ce que c'est donc que ce cynisme! » dirait Macaire.

Mais Desbarreaux le cartésien répondrait à la Providence : « Voilà bien du tapage pour...

bien peu de chose. »

XVIII
CHŒUR DES GNOMES

Les petits gnomes chantent ainsi :

« Profitons de son sommeil! — Il a eu bien tort de régaler le saltimbanque, et d'absorber tant de bière de Mars en octobre, — à ce même café — de Mars, avec accompagnement de cigares, de cigarettes, de clarinette et de basson.

» Travaillons, frères, jusqu'au point du jour, jusqu'au chant du coq. jusqu'à l'heure où part la voiture de Dammartin, et qu'il puisse entendre la sonnerie de la vieille cathédrale où repose L'AIGLE DE MEAUX.

» Décidément, la femme mérinos lui travaille l'esprit, non moins que la bière de Mars et les foulons du pont des Arches; cependant les cornes de cette femme ne sont pas telles que l'avait dit le saltim-

---

Ceci est un chapitre dans le goût allemand. Les *gnomes* sont de petits êtres appartenant à la classe des esprits de la terre, qui sont attachés au service de l'homme, ou du moins que leur sympathie conduit parfois à lui être utile. (Voir les légendes recueillies par Simrock.)

banque : notre Parisien est encore jeune... Il ne s'est
pas assez méfié du *boniment*.

» Travaillons, frères, travaillons pendant qu'il
dort. Commençons par lui dévisser la tête, puis, à
petits coups de marteaux, — oui, de marteaux, —
nous descellerons les parois de ce crâne philosophique
et biscornu!

» Pourvu qu'il n'aille pas se loger dans une des
cases de son cerveau — l'idée d'épouser la femme à la
chevelure de mérinos! Nettoyons d'abord le sinciput
et l'occiput; que le sang circule plus clair à travers
les centres nerveux qui s'épanouissent au-dessus des
vertèbres.

» Le *moi* et le *non-moi* de Fichte se livrent un
terrible combat dans cet esprit plein d'objectivité. Si
seulement il n'avait pas arrosé la bière de Mars de
quelques tournées de punch offert à ces dames!...
L'Espagnole était presque aussi séduisante que la
Vénitienne; mais elle avait de faux mollets, et sa
cachucha paraissait due aux leçons de Mabille.

» Travaillons, frères, travaillons; la boîte osseuse
se nettoie. Le compartiment de la mémoire embrasse
déjà une certaine série de faits. La causalité, — oui,
la causalité, — le ramènera au sentiment de sa
subjectivité. Prenons garde seulement qu'il ne
s'éveille avant que notre tâche soit finie.

» Le malheureux se réveillerait pour mourir d'un
coup de sang, que la Faculté qualifierait d'épanche-
ment au cerveau, et c'est nous qu'on accuserait
là-haut. Dieux immortels! il fait un mouvement; il
respire avec peine. Raffermissons la boîte osseuse
avec un dernier coup de foulon, — oui, de foulon.
Le coq chante, l'heure sonne... Il en est quitte pour
un mal de tête... *Il le fallait !* »

XIX

JE M'ÉVEILLE

Décidément, ce rêve est trop extravagant... même pour moi! Il vaut mieux se réveiller tout-à-fait. Ces petits drôles! qui me démontaient la tête, et qui se permettaient après de rajuster les morceaux du crâne avec de grands coups de leurs petits marteaux! Tiens, un coq qui chante!... Je suis donc à la campagne! C'est peut-être le coq de Lucien : ἀλεκτρυών. — Oh! souvenirs classiques, que vous êtes loin de moi!

Cinq heures sonnent, — où suis-je? Ce n'est pas là ma chambre... Ah! je m'en souviens, je me suis endormi hier à la *Syrène*, tenue par le Vallois, *dans la bonne ville de Meaux* (Meaux-en-Brie, Seine-et-Marne).

Et j'ai négligé d'aller présenter mes hommages à monsieur et à mame le maire! — C'est la faute de Bilboquet. *(Faisant sa toilette :)*

Air des Prétendus [1].

Allons présenter — hum! — présenter notre hommage
      A la fille de la maison !... (Bis)
      Oui, j'en conviens, elle a raison,
      Oui, oui, la friponne a raison !
Allons présenter, etc.

Tiens, le mal de tête s'en va... oui, mais la voiture est partie. Restons, et tirons-nous de cet affreux mélange de comédie, de rêve et de réalité.

Pascal a dit :

« Les hommes sont fous, si nécessairement fous, que ce serait être fou par une autre sorte que de n'être pas fou. »

La Rochefoucauld a ajouté :

« C'est une grande folie de vouloir être sage tout
seul. »

Ces maximes sont consolantes.

XX

RÉFLEXIONS

Recomposons nos souvenirs.

Je suis majeur et vacciné; mes qualités physiques
importent peu pour le moment. Ma position sociale
est supérieure à celle du saltimbanque d'hier au soir;
et décidément, sa Vénitienne n'aura pas ma main.

Un sentiment de soif me travaille.

Retourner au café de Mars à cette heure, ce serait
vouloir marcher sur les fusées d'un feu d'artifice
éteint.

D'ailleurs, personne n'y peut être levé encore.
Allons errer sur les bords de la Marne et le long de
ces terribles moulins à eau dont le souvenir a troublé
mon sommeil.

Ces moulins, écaillés d'ardoises, si sombres et si
bruyants au clair de lune, doivent être pleins de
charmes aux rayons du soleil levant.

Je viens de réveiller les garçons du *Café du Commerce*. Une légion de chats s'échappe de la grande
salle de billard et va se jouer sur la terrasse, parmi les
thuyas, les orangers et les balsamines roses et blanches. Les voilà qui grimpent comme des singes le
long des berceaux de treillage revêtus de lierre.

O nature, je te salue!

Et, quoique ami des chats, je caresse aussi ce chien
à longs poils gris qui s'étire péniblement. Il n'est pas
muselé. — N'importe; la chasse est ouverte.

Qu'il est doux, pour un cœur sensible, *de voir lever
l'aurore* sur la Marne, à quarante kilomètres de Paris!

Là-bas, sur le même bord, au-delà des moulins, est un autre café non moins pittoresque, qui s'intitule *Café de l'Hôtel-de-Ville* (sous-préfecture). Le maire de Meaux, qui habite tout près, doit, en se levant, y reposer ses yeux sur les allées d'ormeaux et sur les berceaux d'un vert glauque qui garnissent la terrasse. On admire là une statue en terre cuite de la Camargo, grandeur naturelle, dont il faut regretter les bras cassés. Ses jambes sont effilées comme celles de l'Espagnole d'hier et des Espagnoles de l'Opéra.

Elle préside à un jeu de boules.

J'ai demandé de l'encre au garçon. Quant au café, il n'est pas encore fait. Les tables sont couvertes de tabourets; j'en dérange deux; et je me recueille en prenant possession d'un petit chat blanc qui a les yeux verts.

On commence à passer sur le pont; j'y compte huit arches. La Marne est *marneuse* naturellement; mais elle revêt maintenant des teintes plombées que rident parfois les courants qui sortent des moulins, ou, plus loin, les jeux folâtres des hirondelles.

Est-ce qu'il pleuvra ce soir?

Quelquefois un poisson fait un soubresaut qui ressemble, ma foi, à la cachucha éperdue de cette demoiselle bronzée que je n'oserais qualifier de dame sans plus d'informations.

Il y a en face de moi, sur l'autre bord, des sorbiers à grains de corail du plus bel effet : « sorbier des oiseaux, — *aviaria.* » — J'ai appris cela quand je me destinais à la position de bachelier dans l'Université de Paris.

XXI

LA FEMME MÉRINOS

... Je m'arrête. — Le métier de *réaliste* est trop dur à faire.

La lecture d'un article de Charles Dickens est pourtant la source de ces divagations!... Une voix grave me rappelle à moi-même.

Je viens de tirer de dessous plusieurs journaux parisiens et *marnois* un certain feuilleton d'où l'anathème s'exhale avec raison sur les imaginations bizarres qui constituent aujourd'hui l'*école du vrai*.

Le même mouvement a existé après 1830, après 1794, après 1716 et après bien d'autres dates antérieures. Les esprits, fatigués des conventions politiques ou romanesques, voulaient du *vrai* à tout prix.

Or, le vrai, c'est le faux, du moins en art et en poésie. Quoi de plus faux que l'*Iliade*, que l'*Énéide*, que la *Jérusalem délivrée*, que *la Henriade?* que les tragédies, que les romans?...

— Eh bien, moi, dit le critique, j'aime ce faux : est-ce que cela m'amuse que vous me racontiez votre vie pas à pas, que vous analysiez vos rêves, vos impressions, vos sensations?... Que m'importe que vous ayez couché à la *Syrène*, chez le Vallois? Je présume que cela n'est pas vrai, ou bien que cela est arrangé : vous me direz d'aller y voir... Je n'ai pas besoin de me rendre à Meaux! Du reste, les mêmes choses m'arriveraient, que je n'aurais pas l'aplomb d'en entretenir le public. Et d'abord, est-ce que l'on croit à cette femme aux cheveux de mérinos?

— Je suis forcé d'y croire, et plus sûrement encore que par les promesses de l'affiche. L'affiche *existe*, mais la femme pourrait ne pas exister... Eh bien, le saltimbanque n'avait rien écrit que de véritable :

La représentation a commencé à l'heure dite. Un homme assez replet, mais encore vert, est entré en costume de Figaro. Les tables étaient garnies en partie par le peuple de Meaux, en partie par les cuirassiers du 6ᵉ.

M. Montaldo, car c'était lui, a dit avec modestie : « Signori, ze vais vi faire entendre il grand aria di *Figaro.* »

Il commence :

— *Tra de ra la, de ra la, de ra la, ah !...*

Sa voix, un peu usée, mais encore agréable, était accompagnée d'un basson.

Quand il arriva au vers : *Largo al fattotum della cittá !* — je crus devoir me permettre une observation. Il prononçait *cittá*. Je dis tout haut : *tchitá !* ce qui étonna un peu les cuirassiers et le peuple de Meaux. Le chanteur me fit un signe d'assentiment, et, quand il arriva à cet autre vers : « Figaro-*ci*, Figaro-là... » il eut soin de prononcer *tchi*. — J'étais flatté de cette attention.

Mais, en faisant sa quête, il vint à moi et me dit (je ne donne pas ici la phrase patoisée) :

— On est heureux de rencontrer des amateurs instruits,... ma ze souis de Tourino et, à Tourino, nous prononçons *ci*. Vous aurez entendu le *tchi* à Rome ou à Naples?

— Effectivement !... Et votre Vénitienne?

— Elle va paraître à neuf heures. En attendant, je vais danser une cachucha avec cette jeune personne que j'ai l'honneur de vous présenter.

La cachucha n'était pas mal, mais exécutée dans un goût un peu classique... Enfin, la femme aux cheveux de mérinos parut dans toute sa splendeur. C'étaient effectivement des cheveux de mérinos. Deux touffes, placées sur le front, se dressaient en cornes. — Elle aurait pu se faire faire un châle de cette abondante chevelure. Que de maris seraient heureux de trouver dans les cheveux de leurs femmes cette *matière première* qui réduirait le prix de leurs vêtements à la simple main-d'œuvre !

La figure était pâle et régulière. Elle rappelait le type des vierges de Carlo Dolci. Je dis à la jeune femme :

« *Sete voi Veneziana?*

Elle me répondit :

— *Signor sì.* »

Si elle avait dit : *Si signor*, je l'aurais soupçonnée piémontaise ou savoyarde ; mais, évidemment, c'est une Vénitienne des montagnes qui confinent au Tyrol. Les doigts sont effilés, les pieds petits, les attaches fines ; elle a les yeux presque rouges et la douceur d'un mouton, sa voix même semble un bêlement accentué. Les cheveux, si l'on peut appeler cela des cheveux, résisteraient à tous les efforts du peigne. C'est un amas de cordelettes comme celles que se font les Nubiennes en les imprégnant de beurre. Toutefois, sa peau étant d'un blanc mat irrécusable et sa chevelure d'un *marron* assez clair (voir l'affiche), je pense qu'il y a eu croisement ; un nègre, Othello peut-être, — se sera allié au type vénitien, et, après plusieurs générations, ce produit local se sera révélé.

Quant à l'Espagnole, elle est évidemment originaire de Savoie ou d'Auvergne, ainsi que M. Montaldo.

Mon récit est terminé. « Le vrai est ce qu'il peut », comme disait M. de Fongeray [1]. J'aurais pu raconter l'histoire de la Vénitienne, de M. Montaldo, de l'Espagnole et même du basson. Je pourrais supposer que je me suis épris de l'une ou de l'autre de ces deux femmes, et que la rivalité du saltimbanque ou du basson m'a conduit aux aventures les plus extraordinaires. Mais la vérité, c'est qu'il n'en est rien. L'Espagnole avait, comme je l'ai dit, les jambes maigres, la femme mérinos ne m'intéressait qu'à travers une atmosphère de fumée de tabac et une consommation de bière qui me rappelait l'Allemagne. Laissons ce phénomène à ses habitudes et à ses attachements probables.

Je soupçonne le basson, jeune homme assez fluet, noir de chevelure, de ne pas lui être indifférent.

XXII

ITINÉRAIRE

Je n'ai pas encore expliqué au lecteur le motif véritable de mon voyage à Meaux... Il convient d'avouer que je n'ai rien à faire dans ce pays ; mais, comme le public français veut toujours savoir les raisons de tout, il est temps d'indiquer ce point. Un de mes amis, un limonadier de Creil, ancien *Hercule* retiré et se livrant à la chasse dans ses moments perdus, m'avait invité, ces jours derniers, à une chasse à la loutre sur les bords de l'Oise.

Il était très simple de me rendre à Creil par le Nord ; mais le chemin du Nord est un chemin tortu, bossu, qui fait un coude considérable avant de parvenir à Creil, où se trouve le confluent du railway de Lille et de celui de Saint-Quentin. De sorte que je m'étais dit : en prenant par Meaux, je rencontrerai l'omnibus de Dammartin ; je traverserai à pied les bois d'Ermenonville, et, suivant les bords de la Nonette, je parviendrai, après trois heures de marche, à Senlis, où je rencontrerai l'omnibus de Creil. De là, j'aurai le plaisir de revenir à Paris par *le plus long*, c'est-à-dire par le chemin de fer du Nord.

En conséquence, ayant manqué la voiture de Dammartin, il s'agissait de trouver une autre correspondance. Le système des chemins de fer a dérangé toutes les voitures des pays intermédiaires. Le pâté immense

des contrées situées au nord de Paris se trouve privé
de communications directes; il faut faire dix lieues à
droite ou dix-huit lieues à gauche, en chemin de fer,
pour y parvenir, au moyen des correspondances,
qui mettent encore deux ou trois heures à vous
transporter dans des pays où l'on arrivait autrefois
en quatre heures.

La spirale célèbre que traça en l'air le bâton du
caporal Trim n'était pas plus capricieuse que le
chemin qu'il faut faire, soit d'un côté, soit de l'autre [1].

On m'a dit à Meaux :

« La voiture de Nanteuil-le-Haudoin vous mettra à
une lieue d'Ermenonville, et dès lors vous n'avez
plus qu'à marcher. »

A mesure que je m'éloignais de Meaux, le souvenir
de la femme mérinos et de l'Espagnole s'évanouis-
sait dans les brumes de l'horizon. Enlever l'une au
basson, ou l'autre au ténor chorégraphe, eût été un
procédé plein de petitesse, en cas de réussite, attendu
qu'ils avaient été polis et charmants; une tentative
vaine m'aurait couvert de confusion. N'y pensons
plus. Nous arrivons à Nanteuil par un temps abomi-
nable; il devient impossible de traverser les bois.
Quant à prendre des voiture à volonté, je connais
trop les chemins vicinaux du pays pour m'y risquer.

Nanteuil est un bourg montueux qui n'a jamais eu
de remarquable que son château désormais disparu. Je
m'informe à l'hôtel des moyens de sortir d'un pareil
lieu, et l'on me répond :

« Prenez la voiture de Crespy-en-Valois, qui passe
à deux heures; cela vous fera faire un détour, mais
vous trouverez ce soir une autre voiture qui vous
conduira sur les bords de l'Oise. »

Dix lieues encore, pour voir une pêche à la loutre.
Il était si simple de rester à Meaux, dans l'aimable
compagnie du saltimbanque, de la Vénitienne et de
l'Espagnole!...

XXIII

CRESPY-EN-VALOIS

Trois heures plus tard, nous arrivons à Crespy. Les portes de la ville sont monumentales et surmontées de trophées dans le goût du dix-septième siècle. Le clocher de la cathédrale est élancé, taillé à six pans et découpé à jour comme celui de la vieille église de Soissons.

Il s'agissait d'attendre jusqu'à huit heures la voiture de correspondance. L'après-dîner, le temps s'est éclairci. J'ai admiré les environs assez pittoresques de la vieille cité valoise et la vaste place du marché que l'on y crée en ce moment. Les constructions sont dans le goût de celles de Meaux. Ce n'est plus parisien, et ce n'est pas encore flamand. On construisait une église dans un quartier signalé par un assez grand nombre de maisons bourgeoises. Un dernier rayon de soleil, qui teignait de rose la face de l'ancienne cathédrale, m'a fait revenir dans le quartier opposé. Il ne reste malheureusement que le chevet. La tour et les ornements du portail m'ont paru remonter au xive siècle. J'ai demandé à des voisins pourquoi l'on s'occupait de construire une église moderne, au lieu de restaurer un si beau monument.

« C'est, m'a-t-on dit, parce que les bourgeois ont principalement leurs maisons dans l'autre quartier, et cela les dérangerait trop de venir à l'ancienne église... Au contraire, l'autre sera sous leur main.

— C'est en effet, dis-je, bien plus commode d'avoir une église à sa porte ; mais les vieux chrétiens n'auraient pas regardé à deux cents pas de plus pour se rendre à une vieille et splendide basilique. Aujourd'hui, tout est changé, c'est le bon Dieu qui est obligé de se rapprocher des paroissiens !... »

XXIV

EN PRISON

Certes, je n'avais rien dit d'inconvenant ni de monstrueux. Aussi, la nuit arrivant, je crus bon de me diriger vers le bureau des voitures. Il fallait encore attendre une demi-heure. J'ai demandé à souper pour passer
le temps.

Je finissais une excellente soupe, et je me tournais
pour demander autre chose, lorsque j'aperçus un
gendarme qui me dit :

— Vos papiers?

J'interroge ma poche avec dignité... Le passe-port
était resté à Meaux, où on me l'avait demandé à
l'hôtel pour m'inscrire; et j'avais oublié de le repren-
dre le lendemain matin. La jolie servante à laquelle
j'avais payé mon compte n'y avait pas pensé plus
que moi.

« Eh bien, dit le gendarme, vous allez me suivre
chez M. le maire. »

Le maire! Encore si c'était le maire de Meaux!
Mais c'est le maire de Crespy! — L'autre eût certainement été plus indulgent.

« D'où venez-vous?

— De Meaux.

— Où allez-vous?

— A Creil.

— Dans quel but?

— Dans le but de faire une chasse à la loutre.

— Et pas de papiers, à ce que dit le gendarme?

— Je les ai oubliés à Meaux. »

Je sentais moi-même que ces réponses n'avaient
rien de satisfaisant; aussi le maire me dit-il paternellement :

« Eh bien, vous êtes en état d'arrestation!

— Et où coucherai-je?

— A la prison.

— Diable! mais je crains de ne pas être bien couché.

— C'est votre affaire.

— Et si je payais un ou deux gendarmes pour me garder à l'hôtel?...

— Ce n'est pas l'usage.

— Cela se faisait au XVIIIe siècle.

— Plus aujourd'hui. »

Je suivis le gendarme assez mélancoliquement.

La prison de Crespy est ancienne. Je pense même que le caveau dans lequel on m'a introduit date du temps des croisades, il a été soigneusement recrépi avec du béton romain.

J'ai été fâché de ce luxe; j'aurais aimé à élever des rats ou à apprivoiser des araignées.

« Est-ce que c'est humide? dis-je au geôlier.

— Très sec, au contraire. Aucun de ces *messieurs* ne s'en est plaint depuis les restaurations. Ma femme va vous faire un lit.

— Pardon, je suis parisien : je le voudrais très doux.

— On vous mettra deux lits de plume.

— Est-ce que je ne pourrais pas finir de souper? Le gendarme m'a interrompu après le potage.

— Nous n'avons rien. Mais, demain, j'irai vous chercher ce que vous voudrez; maintenant, tout le monde est couché à Crespy.

— A huit heures et demie!

— Il en est neuf. »

La femme du geôlier avait établi un lit de sangle dans le caveau, comprenant sans doute que je payerais bien la pistole. Outre les lits de plume, il y avait un édredon. J'étais dans les plumes de tous côtés.

XXV

AUTRE RÊVE

J'eus à peine deux heures d'un sommeil tourmenté ; je ne revis pas les petits gnomes bienfaisants ; ces êtres panthéistes, éclos sur le sol germain, m'avaient totalement abandonné. En revanche, je comparaissais devant un tribunal, qui se dessinait au fond d'une ombre épaisse, imprégnée au bas d'une poussière scolastique.

Le président avait un faux air de M. Nisard ; les deux assesseurs ressemblaient à M. Cousin et à M. Guizot, mes anciens maîtres. Je ne passais plus, comme autrefois, devant eux mon examen en Sorbonne. J'allais subir une condamnation capitale.

Sur une table étaient étendus plusieurs numéros de *Magazines* anglais et américains, et une foule de livraisons illustrées à *four* et à *six pence*, où apparaissaient vaguement les noms d'Edgar Poe, de Dickens, d'Ainsworth, etc., et trois figures pâles et maigres se dressaient à droite du tribunal, drapées de thèses en latin imprimées sur satin, où je crus distinguer ces noms : *Sapientia, Ethica, Grammatica.* Les trois spectres accusateurs me jetaient ces mots méprisants :

« *Fantaisiste ! réaliste ! ! essayiste ! ! !* »

Je saisis quelques phrases de l'accusation, formulée à l'aide d'un organe qui semblait être celui de M. Patin :

« Du *réalisme* au crime il n'y a qu'un pas ; car le crime est essentiellement réaliste. Le *fantaisisme* conduit tout droit à l'adoration des monstres. L'*essayisme* amène ce faux esprit à pourrir sur la paille humide des cachots. On commence par visiter Paul Niquet, on en vient à adorer une femme à cornes et à chevelure de mérinos, on finit par se faire arrêter à Crespy pour cause de vagabondage et de troubadourisme exagéré!... »

J'essayai de répondre : j'invoquai Lucien, Rabelais, Érasme et autres fantaisistes classiques. Je sentis alors que je devenais prétentieux.

Alors, je m'écriai en pleurant :

« *Confiteor ! plangor ! juro !*... — Je jure de renoncer à ces œuvres maudites par la Sorbonne et par l'Institut : je n'écrirai plus que de l'histoire, de la philosophie, de la philologie et de la statistique... On semble en douter... eh bien, je ferai des romans vertueux et champêtres, je viserai aux prix de poésie, de morale, je ferai des livres contre l'esclavage et pour les enfants, des poèmes didactiques... des tragédies! Des tragédies!... Je vais même en réciter une que j'ai écrite en Seconde, et dont le souvenir me revient... »

Les fantômes disparurent en jetant des cris plaintifs.

XXVI

MORALITÉ

Nuit profonde! où suis-je? Au cachot.

Imprudent! voilà pourtant où t'a conduit la lecture de l'article anglais intitulé *la Clef de la rue*... Tâche maintenant de découvrir la clef des champs!

La serrure a grincé, les barres ont résonné. Le geôlier m'a demandé si j'avais bien dormi :

— Très bien! très bien!

Il faut être poli.

« Comment sort-on d'ici?

— On écrira à Paris, et, si les renseignements sont favorables, au bout de trois ou quatre jours...

- Est-ce que je pourrais causer avec un gendarme?

— Le vôtre viendra tout à l'heure.

Le gendarme, quand il entra, me parut un dieu. Il me dit :

— Vous avez de la chance.

— En quoi?

— C'est aujourd'hui jour de *correspondance* avec Senlis, vous pourrez paraître devant le substitut. Allons, levez-vous.

— Et comment va-t-on à Senlis?

— A pied; cinq lieues, ce n'est rien.

— Oui, mais s'il pleut... entre deux gendarmes, sur des routes détrempées...

— Vous pouvez prendre une voiture. »

Il m'a bien fallu prendre une voiture. Une petite affaire de onze francs; deux francs à la pistole; en tout treize. O fatalité!

Du reste, les deux gendarmes étaient très aimables, et je me suis mis fort bien avec eux sur la route en leur racontant les combats qui avaient eu lieu dans ce pays du temps de la Ligue. En arrivant en vue de la tour de Montépilloy, mon récit devint pathétique, je peignis la bataille, j'énumérai les escadrons de gens d'armes qui reposaient sous les sillons; ils s'arrêtèrent cinq minutes à contempler la tour, et je leur expliquai ce que c'était qu'un château fort de ce temps-là.

Histoire! archéologie! philosophie! Vous êtes donc bonnes à quelque chose.

Il fallut monter à pied au village de Montépilloy, situé dans un bouquet de bois. Là, mes deux braves gendarmes de Crespy m'ont remis aux mains de ceux de Senlis, et leur ont dit :

« Il a pour *deux jours de pain* dans le coffre de la voiture.

— Si vous voulez déjeuner? m'a-t-on dit avec bienveillance.

— Pardon, je suis comme les Anglais, je mange très peu de pain.

— Oh! l'on s'y fait. »

Les nouveaux gendarmes semblaient moins aimables que les autres. L'un d'eux me dit :

« Nous avons encore une petite formalité à remplir.

Il m'attacha des chaînes comme à un héros de l'Ambigu, et ferma les fers avec deux cadenas.

— Tiens, dis-je, pourquoi ne m'a-t-on mis des fers qu'ici?

— Parce que. les gendarmes étaient avec vous dans la voiture, et que nous, nous sommes à cheval. »

Arrivés à Senlis, nous allâmes chez le substitut, et, étant connu dans la ville, je fus relâché tout de suite. L'un des gendarmes m'a dit :

« Cela vous apprrendra à oublier votrre passe-porrt une autrre fois quand vous sorrtirrez de votrre déparrtement. »

Avis au lecteur. J'étais dans mon tort... Le substitut a été fort poli, ainsi que tout le monde. Je ne trouve de trop que le cachot et les fers. Ceci n'est pas une critique de ce qui se passe aujourd'hui. Cela s'est toujours fait ainsi. Je ne raconte cette aventure que pour demander que, comme pour d'autres choses, on tente un progrès sur ce point. Si je n'avais pas parcouru la moitié du monde, et vécu avec les Arabes, les Grecs, les Persans, dans les khans des caravansérails et sous les tentes, j'aurais eu peut-être un sommeil plus troublé encore, et un réveil plus triste, pendant ce simple épisode d'un voyage de Meaux à Creil.

Il est inutile de dire que je suis arrivé trop tard pour la chasse à la loutre. Mon ami le limonadier, après sa chasse, était parti pour Clermont, afin d'assister à un enterrement. Sa femme m'a montré la loutre empaillée, et complétant une collection de bêtes et d'oiseaux du Valois, qu'il espère vendre à quelque Anglais.

Voilà l'histoire fidèle de trois nuits d'octobre, qui m'ont corrigé des excès d'un réalisme trop absolu; j'ai du moins tout lieu de l'espérer

Promenades et Souvenirs [1]

I

LA BUTTE MONTMARTRE

Il est véritablement difficile de trouver à se loger
dans Paris. — Je n'en ai jamais été si convaincu que
depuis deux mois. Arrivé d'Allemagne, après un court
séjour dans une villa de banlieue, je me suis cherché
un domicile plus assuré que les précédents, dont l'un
se trouvait sur la place du Louvre et l'autre dans la
rue du Mail [1]. — Je ne remonte qu'à six années. —
Évincé du premier avec vingt francs de dédommagement, que j'ai négligé, je ne sais pourquoi, d'aller
toucher à la Ville, j'avais trouvé dans le second ce
qu'on ne trouve plus guère au centre de Paris :
— une vue sur deux ou trois arbres occupant un
certain espace, qui permet à la fois de respirer et de
se délasser l'esprit en regardant autre chose qu'un
échiquier de fenêtres noires, où de jolies figures
n'apparaissent que par exception. — Je respecte la
vie intime de mes voisins, et ne suis pas de ceux qui
examinent avec des longues-vues le galbe d'une femme
qui se couche, ou surprennent à l'œil nu les silhouettes
particulières aux incidents et accidents de la vie
conjugale. — J'aime mieux tel horizon « à souhait
pour le plaisir des yeux », comme dirait Fénelon, où
l'on peut jouir, soit d'un lever, soit d'un coucher de
soleil, mais plus particulièrement du lever. Le coucher
ne m'embarrasse guère : je suis sûr de le rencontrer

partout ailleurs que chez moi. Pour le lever, c'est
différent : j'aime à voir le soleil découper des angles
sur les murs, à entendre au-dehors des gazouillements
d'oiseaux, fût-ce de simples moineaux francs... Gré-
try offrait un louis pour entendre une chanterelle [1],
je donnerais vingt francs pour un merle ; — les vingt
francs que la ville de Paris me doit encore !

J'ai longtemps habité Montmartre [2] ; on y jouit d'un
air très pur, de perspectives variées, et l'on y découvre
des horizons magnifiques, soit « qu'ayant été vertueux, l'on aime à voir lever l'aurore », qui est très
belle du côté de Paris, soit qu'avec des goûts moins
simples, on préfère ces teintes pourprées du couchant,
où les nuages déchiquetés et flottants peignent des
tableaux de bataille et de transfiguration au-dessus
du grand cimetière, entre l'arc de l'Étoile et les
coteaux bleuâtres qui vont d'Argenteuil à Pontoise.
— Les maisons nouvelles s'avancent toujours, comme
la mer diluvienne qui a baigné les flancs de l'antique
montagne, gagnant peu à peu les retraites où s'étaient
réfugiés les monstres informes reconstruits depuis
par Cuvier. — Attaqué d'un côté par la rue de l'Empereur, de l'autre par le quartier de la mairie, qui sape les
âpres montées et abaisse les hauteurs du versant de
Paris, le vieux mont de Mars aura bientôt le sort de
la butte des Moulins, qui au siècle dernier ne montrait guère un front moins superbe. — Cependant,
il nous reste encore un certain nombre de coteaux
ceints d'épaisses haies vertes, que l'épine-vinette
décore tour à tour de ses fleurs violettes et de ses
baies pourprées. Il y a là des moulins, des cabarets
et des tonnelles, des élysées champêtres et des ruelles
silencieuses [3], bordées de chaumières, de granges
et de jardins touffus, des plaines vertes coupées [4] de
précipices, où les sources filtrent dans la glaise, déta-
chant peu à peu certains îlots de verdure où s'ébat-
tent des chèvres, qui broutent l'acanthe suspendue

aux rochers. Des petites filles à l'œil fier, au pied
montagnard, les surveillent en jouant entre elles.
On rencontre même une vigne, la dernière du cru
célèbre de Montmartre, qui luttait, du temps des
Romains, avec Argenteuil et Suresnes. Chaque année,
cet humble coteau perd une rangée de ses ceps rabou-
gris, qui tombent dans une carrière. — Il y a dix ans,
j'aurais pu [1] l'acquérir au prix de trois mille francs...
On en demande aujourd'hui trente mille. C'est le
plus beau point de vue des environs de Paris.

Ce qui me séduisait dans ce petit espace abrité par
les grands arbres du Château des Brouillards, c'était
d'abord ce reste de vignoble lié au souvenir de saint
Denis, qui, au point de vue des philosophes, était peut-
être le second Bacchus, Διονύσιος [2], et qui a eu
trois corps, dont l'un a été enterré à Montmartre, le
second à Ratisbonne et le troisième à Corinthe. —
C'était ensuite le voisinage de l'abreuvoir, qui le soir
s'anime du spectacle de chevaux et de chiens que
l'on y baigne, et d'une fontaine construite dans le
goût antique, où les laveuses causent et chantent
comme dans un des premiers chapitres de *Werther*.
Avec un bas-relief consacré à Diane et peut-être
deux figures de naïades [3] sculptées en demi-bosse,
on obtiendrait, à l'ombre des vieux tilleuls qui se
penchent sur le monument, un admirable lieu de
retraite, silencieux à ses heures, et qui rappellerait
certains points d'étude de la campagne romaine.
Au-dessus se dessine et serpente la rue des Brouillards,
qui descend vers le chemin des Bœufs [4], puis le
jardin du restaurant Gaucher, avec ses kiosques, ses
lanternes et ses statues peintes. — La plaine Saint-
Denis a des lignes admirables, bornées par les coteaux
de Saint-Ouen et de Montmorency, avec des reflets
de soleil ou de nuages qui varient à chaque heure du
jour. A droite est une rangée [5] de maisons, la plupart
fermées pour cause de craquements dans les murs.

C'est ce qui assure la solitude relative de ce site : car les chevaux et les bœufs qui passent, et même les laveuses, ne troublent pas les méditations d'un sage, et même s'y associent. — La vie bourgeoise, ses intérêts et ses relations vulgaires, lui donnent seuls l'idée de s'éloigner [1] le plus possible des grands centres d'activité.

Il y a à gauche de vastes terrains, recouvrant l'emplacement d'une carrière éboulée, que la commune a concédés à des hommes industrieux qui en ont transformé l'aspect. Ils ont planté des arbres, créé des champs où verdissent la pomme de terre et la betterave, où l'asperge montée étalait naguère ses panaches verts décorés [2] de perles rouges.

On descend le chemin et l'on tourne à gauche. Là sont encore deux ou trois collines vertes, entaillées par une route qui plus loin comble des ravins profonds, et qui tend [3] à rejoindre un jour la rue de l'Empereur entre les buttes et le cimetière. On rencontre là un hameau qui sent fortement la campagne, et qui a renoncé depuis trois ans aux travaux malsains d'un atelier de *poudrette*. — Aujourd'hui, l'on y travaille les résidus des fabriques de bougies stéariques [4]. — Que d'artistes repoussés du prix de Rome sont venus [5] sur ce point étudier la campagne romaine et l'aspect des marais Pontins! Il y reste [6] même un marais animé par des canards, des oisons et des poules.

Il n'est pas rare aussi d'y trouver des haillons pittoresques sur les épaules des travailleurs. Les collines, fendues çà et là, accusent le tassement du terrain sur d'anciennes carrières; mais rien n'est plus beau que l'aspect de la grande butte, quand le soleil éclaire ses terrains d'ocre rouge veinés de plâtre et de glaise, ses roches dénudées et quelques bouquets d'arbres encore assez touffus, où serpentent des ravins [7] et des sentiers. La plupart des terrains et des maisons éparses de cette petite vallée appartiennent à de vieux propriétaires, qui ont calculé sur l'embarras des Parisiens à se créer de nouvelles demeures, et sur la tendance qu'ont les maisons du quartier Montmartre à envahir, dans un temps donné, la plaine Saint-Denis. C'est une écluse qui arrête le torrent ; quand elle s'ouvrira, le terrain vaudra cher. — Je regrette d'autant plus d'avoir hésité, il y a dix ans, à donner trois mille francs du dernier vignoble de Montmartre.

Il n'y faut plus penser. Je ne serai jamais propriétaire ; et pourtant que de fois, au 8 ou au 15 de chaque trimestre (près de Paris, du moins), j'ai chanté le refrain de M. Vautour [1] :

> *Quand on n'a pas de quoi payer son terme*
> *Il faut avoir une maison à soi !*

J'aurais fait faire dans cette vigne une construction si légère !... Une petite villa dans le goût de Pompéi avec un impluvium et une cella, quelque chose comme la maison du poète tragique. Le pauvre Laviron, mort depuis sur les murs de Rome, m'en avait dessiné le plan. — A dire le vrai pourtant, il n'y a pas de propriétaires aux buttes Montmartre. On ne peut asseoir légalement une propriété sur des terrains minés par des cavités peuplées dans leurs parois de mammouths et de mastodontes. La commune concède un droit de possession qui s'éteint au bout de cent ans... On est campé comme les Turcs ; et les doctrines les plus avancées auraient peine à contester un droit si fugitif où l'hérédité ne peut longuement s'établir *.

---

* Certains propriétaires nient ce détail, qui m'a été affirmé par d'autres. N'y aurait-il pas eu, là aussi, des usurpations pareilles à celles qui ont rendu les fiefs héréditaires sous Hugues Capet ?

II

LE CHATEAU DE SAINT-GERMAIN

J'ai parcouru les quartiers de Paris qui correspondent à mes relations, et n'ai rien trouvé qu'à des
prix impossibles, augmentés par les conditions que
formulent les concierges. Ayant rencontré un seul
logement au-dessous de trois cents francs, on m'a
demandé si j'avais un état pour lequel il fallût du
jour. — J'ai répondu, je crois, qu'il m'en fallait
pour l'état de ma santé. — C'est, m'a dit le concierge,
que la fenêtre de la chambre s'ouvre sur un corridor
qui n'est pas bien clair. Je n'ai pas voulu en savoir
davantage, et j'ai même négligé de visiter une
cave à louer, me souvenant d'avoir vu à Londres
cette même inscription, suivie de ces mots : « Pour
un gentleman seul. »

Je me suis dit : Pourquoi ne pas aller demeurer à
Versailles ou à Saint-Germain? La banlieue est encore
plus chère que Paris; mais, en prenant un abon-
nement du chemin de fer, on peut sans doute trouver
des logements dans la plus déserte ou dans la plus
abandonnée de ces deux villes. En réalité, qu'est-ce
qu'une demi-heure de chemin de fer, le matin et le
soir? On a là les ressources d'une cité, et l'on est
presque à la campagne. Vous vous trouvez logé par
le fait rue Saint-Lazare, n° 130. Le trajet n'offre
que de l'agrément, et n'équivaut jamais, comme
ennui ou comme fatigue, à une course d'omnibus. —
Je me suis trouvé très heureux de cette idée, et j'ai
choisi Saint-Germain, qui est pour moi une ville de
souvenirs. Quel voyage charmant! Asnières, Chatou,
Nanterre et Le Pecq; la Seine trois fois repliée, des
points de vue d'îles vertes, de plaines, de bois, de
chalets et de villas; à droite, les coteaux de Colombes,

d'Argenteuil et de Carrières; à gauche, le mont
Valérien, Bougival, Lucienne et Marly; puis la plus
belle perspective du monde : la terrasse et les vieilles
galeries du château de Henri IV, couronnées par le
profil sévère du château de François Ier. J'ai toujours
aimé ce château bizarre, qui sur le plan a la forme
d'un D gothique, en l'honneur, dit-on, du nom de la
belle Diane [1]. — Je regrette seulement de n'y pas
voir ces grands toits écaillés d'ardoises, ces clochetons
à jour où se déroulaient des escaliers en spirale, ces
hautes fenêtres sculptées s'élançant d'un fouillis de
toits anguleux qui caractérisent l'architecture valoise.
Des maçons ont défiguré, sous Louis XVIII, la face
qui regarde le parterre. Depuis, l'on a transformé ce
monument en pénitencier, et l'on a déshonoré
l'aspect des fossés et des ponts antiques par une
enceinte de murailles couvertes d'affiches. Les
hautes fenêtres et les balcons dorés, les terrasses où
ont paru tour à tour les beautés blondes de la cour
des Valois et de la cour des Stuarts, les galants
chevaliers des Médicis et les Écossais fidèles de
Marie Stuart et du roi Jacques, n'ont jamais été
restaurés; il n'en reste rien que le noble dessin des
baies, des tours et des façades, que cet étrange
contraste de la brique et de l'ardoise, s'éclairant
des feux du soir ou des reflets argentés de la nuit,
et cet aspect moitié galant, moitié guerrier, d'un
château fort qui, en dedans, contenait un palais
splendide, dressé sur une montagne, entre une vallée
boisée où serpente un fleuve et un parterre qui se
dessine sur la lisière d'une vaste forêt.

Je revenais là, comme Ravenswood au château de
ses pères [2]; j'avais eu des parents parmi les hôtes de
ce château, — il y a vingt ans déjà; — d'autres,
habitants de la ville; en tout, quatre tombeaux...
Il se mêlait encore à ces impressions des souvenirs
d'amour et de fêtes remontant à l'époque des Bour-

bons; — de sorte que je fus tour à tour heureux et
triste tout un soir!

Un incident vulgaire vint m'arracher à la poésie
de ces rêves de jeunesse. La nuit étant venue, après
avoir parcouru les rues et les places, et salué des
demeures aimées jadis, donné un dernier coup d'œil
aux côtes de l'étang de Mareil et de Chambourcy, je
m'étais enfin reposé dans un café qui donne sur la
place du Marché. On me servit une chope de bière.
Il y avait au fond trois cloportes; — un homme qui
a vécu en Orient est incapable de s'affecter d'un
pareil détail : « — Garçon! dis-je, il est possible
que j'aime les cloportes; mais, une autre fois, si j'en
demande, je désirerais qu'on me les servît à part. »
Le mot n'était pas neuf, s'étant déjà appliqué à des
cheveux servis sur une omelette; — mais il pouvait
encore être goûté à Saint-Germain. Les habitués,
bouchers ou conducteurs de bestiaux, le trouvèrent
agréable.

Le garçon me répondit imperturbablement :
« Monsieur, cela ne doit pas vous étonner : on fait en
ce moment des réparations au château, et ces insectes
se réfugient dans les maisons de la ville. Ils aiment
beaucoup la bière et y trouvent leur tombeau. —
Garçon, lui dis-je, vous êtes plus beau que nature et
votre conversation me séduit... Mais est-il vrai que
l'on fasse des réparations au château? — Monsieur
vient d'en être convaincu. — Convaincu, grâce à
votre raisonnement; mais êtes-vous sûr du fait en
lui-même? — Les journaux en ont parlé. »

Absent de France pendant longtemps, je ne pouvais
contester ce témoignage. Le lendemain, je me
rendis au château pour voir où en était la restauration. Le sergent-concierge me dit, avec un sourire
qui n'appartient qu'à un militaire de ce grade :
« Monsieur, seulement pour raffermir les fondations
du château, il faudrait neuf millions; les apportez-

vous? » Je suis habitué à ne m'étonner de rien : « Je ne les ai pas sur moi, observai-je ; mais cela pourrait encore se trouver ! — Eh bien ! dit-il, quand vous les apporterez, nous vous ferons voir le château. »

J'étais piqué ; ce qui me fit retourner à Saint-Germain deux jours après. J'avais trouvé l'idée : Pourquoi, me disais-je, ne pas faire une souscription ? La France est pauvre ; mais il viendra beaucoup d'Anglais l'année prochaine pour l'exposition des Champs-Élysées. Il est impossible qu'ils ne nous aident pas à sauver de la destruction un château qui a hébergé plusieurs générations de leurs reines et de leurs rois. Toutes les familles jacobites y ont passé, — la ville encore est à moitié pleine d'Anglais ; j'ai chanté tout enfant les chansons du roi Jacques et pleuré Marie Stuart, en déclamant les vers de Ronsard et de du Bellay... La race des *King-Charles* emplit les rues comme une preuve vivante encore des affections de tant de races disparues... Non ! me dis-je, les Anglais ne refuseront pas de s'associer à une souscription doublement nationale. Si nous contribuons par des monacos, ils trouveront bien des couronnes et des guinées !

Fort de cette combinaison, je suis allé la soumettre aux habitués du Café du Marché. Ils l'ont accueillie avec enthousiasme, et quand j'ai demandé une chope de bière *sans cloportes*, le garçon m'a dit : « Oh ! non, monsieur, plus aujourd'hui ! »

Au château je me suis présenté la tête haute. Le sergent m'a introduit au corps de garde, où j'ai développé mon idée avec succès, et le commandant, qu'on a averti, a bien voulu permettre que l'on me fît voir la chapelle et les appartements des Stuarts, fermés aux simples curieux. Ces derniers sont dans un triste état, et, quant aux galeries, aux salles antiques et aux chambres des Médicis, il est impossible de les reconnaître depuis des siècles, grâce aux clôtures, aux maçonneries et aux faux plafonds qui ont approprié ce château aux convenances militaires.

Que la cour est belle, pourtant! ces profils sculptés, ces arceaux, ces galeries chevaleresques, l'irrégularité même du plan, la teinte rouge des façades, tout cela fait rêver aux châteaux d'Écosse et d'Irlande, à Walter Scott et à Byron. On a tant fait pour Versailles et tant pour Fontainebleau... Pourquoi donc ne pas relever ce débris précieux de notre histoire? La malédiction de Catherine de Médicis, jalouse du monument construit en l'honneur de Diane, s'est continuée sous les Bourbons. Louis XIV craignait de voir la flèche de Saint-Denis; ses successeurs ont tout fait pour Saint-Cloud et Versailles. Aujourd'hui Saint-Germain attend encore le résultat d'une promesse que la guerre a peut-être empêché de réaliser.

III

UNE SOCIÉTÉ CHANTANTE

Ce que le concierge m'a fait voir avec le plus d'amour, c'est une série de petites loges qu'on appelle les *cellules*, où couchent quelques militaires du pénitencier. Ce sont de véritables boudoirs ornés de peintures à fresque représentant des paysages. Le lit se compose d'un matelas de crin soutenu par des élastiques; le tout très propre et très coquet, comme une cabine d'officier de vaisseau. Seulement, le jour y manque, comme dans la chambre qu'on m'offrait à Paris, — et l'on ne pourrait pas y demeurer *ayant un état* pour lequel il faudrait du jour. « J'aimerais, dis-je au sergent, une chambre moins bien décorée et plus près des fenêtres. — Quand on se lève avant le jour, c'est bien indifférent! » me répondit-il. Je trouvai cette observation de la plus grande justesse.

En repassant par le corps de garde, je n'eus qu'à remercier le commandant de sa politesse, et le sergent ne voulut accepter aucune *buona mano*. Mon idée de souscription anglaise me trottait dans la tête, et j'étais bien aise d'en essayer l'effet sur des habitants de la ville. De sorte qu'allant dîner au pavillon de Henri IV, d'où l'on jouit de la plus admirable vue qui soit en France, dans un kiosque ouvert sur un panorama de dix lieues, j'en fis part à trois Anglais et à une Anglaise, qui en furent émerveillés, et trouvèrent ce plan très conforme à leurs idées nationales.

— Saint-Germain a cela de particulier, que tout le monde s'y connaît, qu'on y parle haut dans les établissements publics, et que l'on peut même s'y entretenir avec des dames anglaises sans leur être présenté. On s'ennuierait tellement sans cela! Puis c'est une population à part, classée, il est vrai, selon les conditions, mais entièrement locale. Il est très rare qu'un habitant de Saint-Germain vienne à Paris; certains d'entre eux ne font pas ce voyage une fois en dix ans. Les familles étrangères vivent aussi là entre elles avec la familiarité qui existe dans les villes d'eaux. Et ce n'est pas l'eau, c'est l'air pur que l'on vient chercher à Saint-Germain. Il y a des maisons de santé charmantes, habitées par des gens très bien portants, mais fatigués du bourdonnement et du mouvement insensés de la capitale. La garnison, qui était autrefois de gardes du corps, et qui est aujourd'hui de cuirassiers de la garde, n'est pas étrangère peut-être à la résidence de quelques jeunes beautés, filles ou veuves, qu'on rencontre à cheval ou à âne sur la route des Loges ou du château du Val. — Le soir, les boutiques s'éclairent rue de Paris et rue au Pain; on cause d'abord sur la porte, on rit, on chante même. — L'accent des voix est fort distinct de celui de Paris; les jeunes filles ont la voix pure et

bien timbrée, comme dans les pays de montagnes. En
passant dans la rue de l'Église, j'entendis chanter au
fond d'un petit café. J'y voyais entrer beaucoup de
monde, et surtout des femmes. En traversant la
boutique, je me trouvai dans une grande salle toute
pavoisée de drapeaux et de guirlandes avec les
insignes maçonniques et les inscriptions d'usage. —
J'ai fait partie autrefois des *Joyeux* et des *Bergers
de Syracuse;* je n'étais donc pas embarrassé de me
présenter.

Le bureau était majestueusement établi sous un
dais orné de draperies tricolores, et le président me
fit le salut cordial qui se doit à un *visiteur*. — Je me
rappellerai toujours qu'aux *Bergers de Syracuse*, on
ouvrait généralement la séance par ce toast : « Aux
Polonais!... et à ces dames! » Aujourd'hui, les Polonais sont un peu oubliés. — Du reste, j'ai entendu de
fort jolies chansons dans cette réunion, mais surtout
des voix de femmes ravissantes. Le Conservatoire n'a
pas terni l'éclat de ces intonations pures et naturelles,
de ces trilles empruntés au chant du rossignol ou du
merle, ou n'a pas faussé avec les leçons du solfège ces
gosiers si frais et si riches en mélodie. Comment se
fait-il que ces femmes chantent si juste? Et pourtant
tout musicien de profession pourrait dire à chacune
d'elles : « Vous ne savez pas chanter. »

Rien n'est amusant comme les chansons que les
jeunes filles composent elles-mêmes, et qui font, en
général, allusion aux trahisons des amoureux ou aux
caprices de l'autre sexe. Quelquefois il y a des traits
de raillerie locale qui échappent au visiteur étranger.
Souvent un jeune homme et une jeune fille se répon-
dent comme Daphnis et Chloé, comme Myrtil et
Sylvie. En m'attachant à cette pensée, je me suis
trouvé tout ému, tout attendri, comme à un souvenir
de la jeunesse... C'est qu'il y a un âge — âge *critique*,
comme on le dit pour les femmes, — où les souvenirs

renaissent si vivement, où certains dessins oubliés
reparaissent sous la trame froissée de la vie ! On n'est
pas assez vieux pour ne plus songer à l'amour, on
n'est plus assez jeune pour penser toujours à plaire.
— Cette phrase, je l'avoue, est un peu Directoire.
Ce qui l'amène sous ma plume, c'est que j'ai entendu
un ancien jeune homme qui, ayant décroché du mur
une guitare, exécuta admirablement la vieille
romance de Garat :

> *Plaisir d'amour ne dure qu'un instant...*
> *Chagrin d'amour dure toute la vie !*

Il avait les cheveux frisés à l'incroyable, une
cravate blanche, une épingle de diamant sur son
jabot, et des bagues à lacs d'amour. Ses mains
étaient blanches et fines comme celles d'une jolie
femme. Et, si j'avais été femme, je l'aurais aimé,
malgré son âge : car sa voix allait au cœur.

Ce brave homme m'a rappelé mon père, qui, jeune
encore, chantait avec goût des airs italiens, à son
retour de Pologne. Il y avait perdu sa femme, et ne
pouvait s'empêcher de pleurer, en s'accompagnant de
la guitare, aux paroles d'une romance qu'elle avait
aimée, et dont j'ai toujours retenu ce passage :

> *Mamma mia, medicate*
> *Questa piaga, per pietà !*
> *Melicerto fu l'arciero*
> *Perchè pace in cor non ho * !...*

Malheureusement, la guitare est aujourd'hui
vaincue par le piano, ainsi que la harpe ; ce sont là des
galanteries et des grâces d'un autre temps. Il faut
aller à Saint-Germain pour retrouver, dans le petit

---

* « O ma mère ! guérissez-moi cette blessure, par pitié !
Mélicerte fut l'archer par qui j'ai perdu la paix de mon cœur. »

monde paisible encore, les charmes effacés de la
société d'autrefois.

Je suis sorti par un beau clair de lune, m'imaginant vivre en 1827, époque où j'ai quelque temps
habité Saint-Germain. Parmi les jeunes filles présentes
à cette petite fête, j'avais reconnu des yeux accen-
tués, des traits réguliers, et, pour ainsi dire, classiques, des intonations particulières au pays, qui
me faisaient rêver à des cousines, à des amies de cette
époque, comme si dans un autre monde j'avais
retrouvé mes premières amours. Je parcourais au
clair de lune ces rues et ces promenades endormies.
J'admirais les profils majestueux du château, j'allais
respirer l'odeur des arbres presque effeuillés à la
lisière de la forêt; je goûtais mieux à cette heure
l'architecture de l'église, où repose l'épouse de
Jacques II, et qui semble un temple romain *.

Vers minuit, j'allai frapper à la porte d'un hôtel où
je couchais souvent, il y a quelques années. Impossible d'éveiller personne. Des bœufs passaient silen-
cieusement, et leurs conducteurs ne purent me
renseigner sur les moyens de passer la nuit. En
revenant sur la place du Marché, je demandai au
factionnaire s'il connaissait un hôtel où l'on pût
recevoir un Parisien relativement attardé. « Entrez
au poste, on vous dira cela », répondit-il.

Dans le poste, je rencontrai de jeunes militaires
qui me dirent : « C'est bien difficile : on se couche ici à
dix heures; mais chauffez-vous un instant. » On jeta
du bois dans le poêle; je me mis à causer de l'Afrique
et de l'Asie. Cela les intéressait tellement, que l'on
réveillait pour m'écouter ceux qui s'étaient endormis.
Je me vis conduit à chanter des chansons arabes et

---

* L'intérieur est aujourd'hui restauré dans le style byzan-
tin, et l'on commence à y découvrir des fresques remarquables commencées depuis plusieurs années.

grecques : car la société chantante m'avait mis dans
cette disposition. Vers deux heures, un des soldats me
dit : « Vous avez bien couché sous la tente... Si vous
voulez, prenez place sur le lit de camp. » On me fit
un traversin avec un sac de munition, je m'enve-
loppai de mon manteau et je m'apprêtais à dormir
quand le sergent rentra et dit : « Où est-ce qu'ils ont
encore ramassé cet homme-là? — C'est un homme
qui parle assez bien, dit un des fusiliers; il a été en
Afrique. — S'il a été en Afrique, c'est différent, dit
le sergent; mais on admet quelquefois ici des indi-
vidus qu'on ne connaît pas : c'est imprudent... Ils
pourraient enlever quelque chose! — Ce ne serait
pas les matelas, toujours! murmurai-je. — Ne faites
pas attention, me dit l'un des soldats : c'est son
caractère; et puis il vient de recevoir une *politesse*...
ça le rend grognon. »

J'ai dormi fort bien jusqu'au point du jour; et,
remerciant ces braves soldats ainsi que le sergent,
tout à fait radouci, je m'en allai faire un tour vers
les coteaux de Mareil pour admirer les splendeurs du
soleil levant.

Je le disais tout à l'heure : — mes jeunes années me
reviennent, — et l'aspect des lieux aimés rappelle en
moi le sentiment des choses passées. Saint-Germain,
Senlis et Dammartin, sont les trois villes qui, non loin
de Paris, correspondent à mes souvenirs les plus chers.
La mémoire de vieux parents morts se rattache
mélancoliquement à la pensée de plusieurs jeunes
filles dont l'amour m'a fait poète, ou dont les dédains
m'ont fait parfois ironique et songeur. J'ai appris
le style en écrivant des lettres de tendresse ou
d'amitié, et, quand je relis celles qui ont été conservées, j'y retrouve fortement tracée l'empreinte de
mes lectures d'alors, surtout de Diderot, de Rousseau
et de Sénancourt. Ce que je viens de dire expliquera
le sentiment dans lequel ont été écrites les pages

suivantes. Je m'étais repris à aimer Saint-Germain
par ces derniers beaux jours d'automne. Je m'établis
à l'*Ange Gardien*, et, dans les intervalles de mes
promenades, j'ai tracé quelques souvenirs que je
n'ose intituler *Mémoires*, et qui seraient plutôt
conçus selon le plan des promenades solitaires de
Jean-Jacques. Je les terminerai dans le pays même
où j'ai été élevé, et où il est mort.

IV

JUVENILIA

Le hasard a joué un si grand rôle dans ma vie, que
je ne m'étonne pas en songeant à la façon singulière
dont il a présidé à ma naissance. C'est, dira-t-on,
l'histoire de tout le monde. Mais tout le monde n'a
pas occasion de raconter son histoire.

Et, si chacun le faisait, il n'y aurait pas grand mal.
L'expérience de chacun est le trésor de tous.

Un jour, un cheval s'échappa d'une pelouse verte
qui bordait l'Aisne, et disparut bientôt entre les
halliers; il gagna la région sombre des arbres et se
perdit dans la forêt de Compiègne. Cela se passait
vers 1770.

Ce n'est pas un accident rare qu'un cheval échappé
à travers une forêt. Et cependant, je n'ai guère d'autre
titre à l'existence. Cela est probable du moins, si l'on
croit à ce que Hoffmann appelait l'*enchaînement des
choses*.

Mon grand-père était jeune alors. Il avait pris le
cheval dans l'écurie de son père, puis il s'était assis sur
le bord de la rivière, rêvant à je ne sais quoi, pendant
que le soleil se couchait dans les nuages empourprés
du Valois et du Beauvoisis.

L'eau verdissait et chatoyait de reflets sombres, des

bandes violettes striaient les rougeurs du couchant.
Mon grand-père, en se retournant pour partir, ne
trouva plus le cheval qui l'avait amené. En vain il le
chercha, l'appela jusqu'à la nuit. Il lui fallut revenir
à la ferme.

Il était d'un naturel silencieux; il évita les ren-
contres, monta à sa chambre et s'endormit, comptant
sur la Providence et sur l'instinct de l'animal, qui
pouvait bien lui faire retrouver la maison.

C'est ce qui n'arriva pas. Le lendemain matin,
mon grand-père descendit de sa chambre et rencontra
dans la cour son père qui se promenait à grands pas.
Il s'était aperçu déjà qu'il manquait un cheval à
l'écurie. Silencieux comme son fils, il n'avait pas
demandé quel était le coupable; il le reconnut en le
voyant devant lui.

Je ne sais ce qui se passa. Un reproche trop vif fut
cause sans doute de la résolution que prit mon grand-
père. Il monta à sa chambre, fit un paquet de quelques habits, et, à travers la forêt de Compiègne, il
gagna un petit pays situé entre Ermenonville et
Senlis, près des étangs de Châalis, vieille résidence
carlovingienne. Là, vivait un de ses oncles, qui descendait, dit-on, d'un peintre flamand du dix-septième siècle. Il habitait un ancien pavillon de chasse
aujourd'hui ruiné, qui avait fait partie des apanages
de Marguerite de Valois. Le champ voisin, entouré
de halliers qu'on appelle les *bosquets*, était situé sur
l'emplacement d'un ancien camp romain et a conservé
le nom du dixième des Césars. On y récolte du seigle
dans les parties qui ne sont pas couvertes de granits
et de bruyères. Quelquefois, on y a rencontré, en
traçant, des pots étrusques, des médailles, des épées
rouillées ou des images informes de dieux celtiques.

Mon grand-père aida le vieillard à cultiver ce champ
et fut récompensé patriarcalement en épousant sa
cousine. Je ne sais pas au juste l'époque de leur

mariage, mais comme il se maria avec l'épée, comme
aussi ma mère reçut le nom de Marie-Antoinette
avec celui de Laurence, il est probable qu'ils furent
mariés un peu avant la Révolution. Aujourd'hui,
mon grand-père repose avec sa femme et sa plus
jeune fille au milieu de ce champ qu'il cultivait jadis.
Sa fille aînée est ensevelie bien loin de là, dans la
froide Silésie, au cimetière catholique polonais de
Gross-Glogaw. Elle est morte à vingt-cinq ans des
fatigues de la guerre, d'une fièvre qu'elle gagna en
traversant un pont chargé de cadavres, où sa voiture
manqua d'être renversée. Mon père, forcé de rejoindre
l'armée à Moscou, perdit plus tard ses lettres et ses
bijoux dans les flots de la Bérésina.

Je n'ai jamais vu ma mère, ses portraits ont été
perdus ou volés; je sais seulement qu'elle ressemblait à une gravure du temps, d'après Prud'hon ou
Fragonard, qu'on appelait *la Modestie* [1]. La fièvre
dont elle est morte m'a saisi trois fois, à des époques
qui forment dans ma vie, des divisions régulières,
périodiques [2]. Toujours, à ces époques, je me suis
senti l'esprit frappé des images de deuil et de désola-
tion qui ont entouré mon berceau. Les lettres qu'écrivait ma mère des bords de la Baltique, ou des rives
de la Sprée ou du Danube, m'avaient été lues tant
de fois! Le sentiment du merveilleux, le goût des
voyages lointains, ont été sans doute pour moi le
résultat de ces impressions premières, ainsi que du
séjour que j'ai fait longtemps dans une campagne
isolée au milieu des bois. Livré souvent aux soins
des domestiques et des paysans, j'avais nourri mon
esprit de croyances bizarres, de légendes et de vieilles
chansons. Il y avait là de quoi faire un poète, et je
ne suis qu'un rêveur en prose.

J'avais sept ans, et je jouais, insoucieux, sur la
porte de mon oncle, quand trois officiers parurent
devant la maison; l'or noirci de leurs uniformes

brillait à peine sous leurs capotes de soldat. Le premier m'embrassa avec une telle effusion que je
m'écriai : « Mon père!... tu me fais mal! » De ce jour,
mon destin changea.

Tous trois revenaient du siège de Strasbourg. Le
plus âgé, sauvé des flots de la Bérésina glacée, me prit
avec lui pour m'apprendre ce qu'on appelait mes
devoirs. J'étais faible encore, et la gaieté de son plus
jeune frère me charmait pendant mon travail. Un
soldat qui les servait eut l'idée de me consacrer une
partie de ses nuits. Il me réveillait avant l'aube et me
promenait sur les collines voisines de Paris, me faisant déjeuner de pain et de crème dans les fermes ou
dans les laiteries.

V

PREMIÈRES ANNÉES

Une heure fatale sonna pour la France. Son héros,
captif lui-même au sein d'un vaste empire, voulut
réunir dans le champ de Mai l'élite de ses héros
fidèles [1]. Je vis ce spectacle sublime dans la loge des
généraux. On distribuait aux régiments des étendards
ornés d'aigles d'or, confiés désormais à la fidélité de
tous.

Un soir je vis se dérouler sur la plus grande place
de la ville une immense décoration qui représentait
un vaisseau en mer. La nef se mouvait sur une onde
agitée et semblait voguer vers une tour qui marquait
le rivage. Une rafale violente détruisit l'effet de cette
représentation. Sinistre augure, qui prédisait à la
patrie le retour des étrangers.

Nous revîmes les fils du Nord, et les cavales de
l'Ukraine rongèrent encore une fois l'écorce des
arbres de nos jardins. Mes sœurs du hameau revinrent à tire-d'aile, comme des colombes plaintives, et

m'apportèrent dans leurs bras une tourterelle aux
pieds roses, que j'aimais comme une autre sœur.

Un jour, une des belles dames qui visitaient mon
père me demanda un léger service : j'eus le malheur
de lui répondre avec impatience. Quand je retournai
sur la terrasse, la tourterelle s'était envolée.

J'en conçus un tel chagrin, que je faillis mourir
d'une fièvre purpurine qui fit porter à l'épiderme tout
le sang de mon cœur. On crut me consoler en me donnant pour compagnon un jeune sapajou rapporté
d'Amérique par un capitaine, ami de mon père. Cette
jolie bête devint la compagne de mes jeux et de mes
travaux.

J'étudiais à la fois l'italien, le grec et le latin, l'allemand, l'arabe et le persan. Le *Pastor fido*, *Faust*,
Ovide et Anacréon, étaient mes poèmes et mes poètes
favoris. Mon écriture, cultivée avec soin, rivalisait
parfois de grâce et de correction avec les manuscrits
les plus célèbres de l'Iram. Il fallait encore que le
trait de l'amour perçât mon cœur d'une de ses flèches
les plus brûlantes! Celle-là partit de l'arc délié et du
sourcil noir d'une vierge à l'œil d'ébène, qui s'appelait Héloïse. — J'y reviendrai plus tard.

J'étais toujours entouré de jeunes filles; — l'une
d'elles était ma tante; deux femmes de la maison,
Jeannette et Fanchette, me comblaient aussi de leurs
soins. Mon sourire enfantin rappelait celui de ma
mère, et mes cheveux blonds, mollement ondulés,
couvraient avec caprice la grandeur précoce de mon
front. Je devins épris de Fanchette, et je conçus
l'idée singulière de la prendre pour épouse selon les
rites des aïeux. Je célébrai moi-même le mariage, en
figurant la cérémonie au moyen d'une vieille robe
de ma grand-mère que j'avais jetée sur mes épaules.
Un ruban pailleté d'argent ceignait mon front, et
j'avais relevé la pâleur ordinaire de mes joues d'une
légère couche de fard. Je pris à témoin le Dieu de

nos pères et la Vierge sainte, dont je possédais une image, et chacun se prêta avec complaisance à ce jeu naïf d'un enfant.

Cependant j'avais grandi; un sang vermeil colorait mes joues; j'aimais à respirer l'air des forêts profondes. Les ombrages d'Ermenonville, les solitudes de Mortfontaine, n'avaient plus de secrets pour moi. Deux de mes cousines habitaient par là. J'étais fier de les accompagner dans ces vieilles forêts, qui semblaient leur domaine.

Le soir, pour divertir de vieux parents, nous représentions les chefs-d'œuvre des poètes, et un public bienveillant nous comblait d'éloges et de couronnes. Une jeune fille vive et spirituelle, nommée Louise, partageait nos triomphes; on l'aimait dans cette famille, où elle représentait la gloire des arts.

Je m'étais rendu très fort sur la danse. Un mulâtre nommé Major m'enseignait à la fois les premiers éléments de cet art et ceux de la musique, pendant qu'un peintre de portraits, nommé Mignard, me donnait des leçons de dessin. Mademoiselle Nouvelle était l'*étoile* de notre salle de danse. Je rencontrai un rival dans un joli garçon nommé Provost. Ce fut lui qui m'enseigna l'art dramatique : nous représentions ensemble des petites comédies qu'il improvisait avec esprit. Mademoiselle Nouvelle était naturellement notre actrice principale et tenait une balance si exacte entre nous deux, que nous soupirions sans espoir... Le pauvre Provost s'est fait depuis acteur, sous le nom de Raymond; il se souvint de ses premières tentatives, et se mit à composer des féeries, dans lesquelles il eut pour collaborateurs les frères Cogniard [1]. — Il a fini bien tristement en se prenant de querelle avec un régisseur de la Gaîté, auquel il donna un soufflet. Rentré chez lui, il réfléchit amèrement aux suites de son imprudence, et, la nuit suivante, se perça le cœur d'un coup de poignard.

VI

HÉLOÏSE

La pension que j'habitais avait un voisinage de
jeunes brodeuses. L'une d'elles, qu'on appelait la
Créole, fut l'objet de mes premiers vers d'amour ; son
œil sévère, la sereine placidité de son profil grec, me
réconciliaient avec la froide dignité des études ; c'est
pour elle que je composai des traductions versifiées
de l'ode d'Horace *A Tyndaris*[1], et d'une mélodie de
Byron, dont je traduisais ainsi le refrain :

> *Dis-moi, jeune fille d'Athènes,*
> *Pourquoi m'as-tu ravi mon cœur*[2] *?*

Quelquefois, je me levais dès le point du jour et je
prenais la route de ***, courant et déclamant mes
vers au milieu d'une pluie battante. La cruelle se
riait de mes amours errantes et de mes soupirs ! C'est
pour elle que je composai la pièce suivante, imitée
d'une mélodie de Thomas Moore :

> *Quand le plaisir brille en tes yeux*
> *Pleins de douceur et d'espérance*[3]...

J'échappe à ces amours volages pour raconter mes
premières peines. Jamais un mot blessant, un soupir
impur, n'avaient souillé l'hommage que je rendais à
mes cousines. Héloïse, la première, me fit connaître
la douleur. Elle avait pour gouvernante une bonne
vieille Italienne qui fut instruite de mon amour.
Celle-ci s'entendit avec la servante de mon père pour
nous procurer une entrevue. On me fit descendre en
secret dans une chambre où la figure d'Héloïse était
représentée par un vaste tableau. Une épingle

d'argent perçait le nœud touffu de ses cheveux
d'ébène, et son buste étincelait comme celui d'une
reine, pailleté de tresses d'or sur un fond de soie et
de velours. Éperdu, fou d'ivresse, je m'étais jeté à
genoux devant l'image ; une porte s'ouvrit, Héloïse
vint à ma rencontre et me regarda d'un œil souriant.

— « Pardon, reine, m'écriai-je, je me croyais le Tasse
aux pieds d'Éléonore, ou le tendre Ovide aux pieds
de Julie !... »

Elle ne put rien me répondre, et nous restâmes
tous deux muets dans une demi-obscurité. Je n'osai
lui baiser la main, car mon cœur se serait brisé. —
O douleurs et regrets de mes jeunes amours perdues,
que vos souvenirs sont cruels ! « Fièvres éteintes de
l'âme humaine, pourquoi revenez-vous encore échauf-
fer un cœur qui ne bat plus ? » Héloïse est mariée
aujourd'hui ; Fanchette, Sylvie et Adrienne sont à
jamais perdues pour moi : — le monde est désert.
Peuplé de fantômes aux voix plaintives, il murmure
des chants d'amour sur les débris de mon néant !
Revenez pourtant, douces images ! j'ai tant aimé,
j'ai tant souffert ! « Un oiseau qui vole dans l'air a
dit son secret au bocage, qui l'a redit au vent qui
passe, — et les eaux plaintives ont répété le mot
suprême : — Amour ! amour ! »

VII

VOYAGE AU NORD

Que le vent enlève ces pages écrites dans des ins-
tants de fièvre ou de mélancolie, — peu importe : il en
a déjà dispersé quelques-unes, et je n'ai pas le courage
de les récrire [1]. En fait de mémoires, on ne sait jamais
si le public s'en soucie, — et cependant je suis du

nombre des écrivains dont la vie tient intimement
aux ouvrages qui les ont fait connaître. N'est-on pas
aussi, sans le vouloir, le sujet de biographies directes
ou déguisées? Est-il plus modeste de se peindre dans
un roman sous le nom de Lélio, d'Octave ou d'Arthur,
ou de trahir ses plus intimes émotions dans un volume
de poésies? Qu'on nous pardonne ces élans de personnalité, à nous qui vivons sous le regard de tous, et
qui, glorieux ou perdus, ne pouvons plus atteindre
au bénéfice de l'obscurité!

Si je pouvais faire un peu de bien en passant,
j'essayerais d'appeler quelque attention sur ces
pauvres villes délaissées dont les chemins de fer ont
détourné la circulation et la vie. Elles s'asseyent
tristement sur les débris de leur fortune passée, et se
concentrent en elles-mêmes, jetant un regard désen-
chanté sur les merveilles d'une civilisation qui les
condamne ou les oublie. Saint-Germain m'a fait
penser à Senlis, et comme c'était un mardi, j'ai pris
l'omnibus de Pontoise, qui ne circule plus que les
jours de marché. J'aime à contrarier les chemins
de fer, et Alexandre Dumas, que j'accuse d'avoir
un peu brodé dernièrement sur mes folies de jeunesse [1],
a dit avec vérité que j'avais dépensé deux cents
francs et mis huit jours pour l'aller voir à Bruxelles,
par l'ancienne route de Flandre, — et en dépit du
chemin de fer du Nord.

Non, je n'admettrai jamais, quelles que soient les
difficultés des terrains, que l'on fasse huit lieues, ou,
si vous voulez, trente-deux kilomètres, pour aller à
Poissy en évitant Saint-Germain, et trente lieues
pour aller à Compiègne en évitant Senlis. Ce n'est
qu'en France que l'on peut rencontrer des chemins
si contrefaits. Quand le chemin belge perçait douze
montagnes pour arriver à Spa, nous étions en admiration devant ces faciles contours de notre principale artère, qui suivent tour à tour les lits capricieux

de la Seine et de l'Oise, pour éviter une ou deux pentes de l'ancienne route du Nord.

Pontoise est encore une de ces villes situées sur des hauteurs, qui me plaisent par leur aspect patriarcal, leurs promenades, leurs points de vue, et la conservation de certaines mœurs, qu'on ne rencontre plus [1] ailleurs. On y joue encore dans les rues, on cause, on chante le soir sur le devant des portes; les restaurateurs sont des pâtissiers; on trouve chez eux quelque chose de la vie de famille; les rues, en escaliers, sont amusantes à parcourir; la promenade tracée sur les anciennes tours domine la magnifique vallée où coule l'Oise. De jolies femmes et de beaux enfants s'y promènent. On surprend en passant, on envie tout ce petit monde paisible qui vit à part dans ses vieilles maisons, sous ses beaux arbres [2], au milieu de ces beaux aspects et de cet air pur. L'église est belle et d'une conservation parfaite. Un magasin de nouveautés parisiennes s'éclaire auprès, et ses demoiselles sont vives et rieuses comme dans *la Fiancée* de M. Scribe... [3]. Ce qui fait le charme, pour moi, des petites villes un peu abandonnées, c'est que j'y retrouve quelque chose du Paris de ma jeunesse. L'aspect des maisons, la forme des boutiques, certains usages, quelques costumes... A ce point de vue, si Saint-Germain rappelle 1830, Pontoise rappelle 1820; — je vais plus loin encore retrouver mon enfance et le souvenir de mes parents.

Cette fois je bénis le chemin de fer, — une heure au plus me sépare de Saint-Leu : — le cours de l'Oise, si calme et si verte, découpant au clair de lune ses îlots de peupliers, l'horizon festonné de collines et de forêts, les villages aux noms connus qu'on appelle à chaque station, l'accent déjà sensible des paysans qui montent d'une distance à l'autre, les jeunes filles coiffées de madras [4], selon l'usage de cette province, tout cela m'attendrit et me charme :

il me semble que je respire un autre air; et, en mettant le pied sur le sol, j'éprouve un sentiment plus
vif encore que celui qui m'animait naguère en repassant le Rhin : la terre paternelle, c'est deux fois la
patrie [1].

J'aime beaucoup Paris, où le hasard m'a fait
naître, — mais j'aurais pu naître aussi bien sur un
vaisseau, — et Paris, qui porte dans ses armes la
bari ou nef mystique des Égyptiens, n'a pas dans ses
murs cent mille Parisiens véritables. Un homme du
Midi, s'unissant là par hasard à une femme du Nord,
ne peut produire un enfant de nature lutécienne. On
dira à cela : Qu'importe! Mais demandez un peu aux
gens de province s'il importe d'être de tel ou tel pays.

Je ne sais si ces observations ne semblent pas
bizarres, — cherchant à étudier les autres dans moi-
même, je me dis qu'il y a dans l'attachement à la
terre beaucoup de l'amour de la famille. Cette piété
qui s'attache aux lieux est aussi une portion du noble
sentiment qui nous unit à la patrie. En revanche, les
cités et les villages se parent avec fierté des illustra-
tions qui proviennent de leur sol. Il n'y a plus là
division ou jalousie locale, tout se rapporte au centre
national, et Paris est le foyer de toutes ces gloires.
Me direz-vous pourquoi j'aime tout le monde dans
ce pays, où je retrouve des intonations connues
autrefois, où les vieilles ont les traits de celles qui
m'ont bercé, où les jeunes gens et les jeunes filles me
rappellent les compagnons de ma première jeunesse?
Un vieillard passe : il m'a semblé voir mon grand-
père; il parle, c'est presque sa voix; — cette jeune
personne a les traits de ma tante, morte à vingt-
cinq ans; une plus jeune me rappelle une petite
paysanne qui m'a aimé et qui m'appelait son petit
mari, — qui dansait et chantait toujours, et qui,
le dimanche au printemps, se faisait des couronnes
de marguerites. Qu'est-elle devenue, la pauvre

Célénie, avec qui je courais dans la forêt de Chantilly,
et qui avait si peur des gardes-chasse et des loups!

VIII

CHANTILLY

Voici les deux tours de Saint-Leu, le village sur la
hauteur, séparé par le chemin de fer de la partie qui
borde l'Oise. On monte vers Chantilly en côtoyant de
hautes collines de grès d'un aspect solennel, puis
c'est un bout de la forêt; la Nonette brille dans les
prés bordant les dernières maisons de la ville. — La
Nonette! une des chères petites rivières où j'ai pêché
des écrevisses; — de l'autre côté de la forêt coule sa
sœur la Thève, où je me suis presque noyé pour
n'avoir pas voulu paraître poltron devant la petite
Célénie!

Célénie m'apparaît souvent dans mes rêves comme
une nymphe des eaux, tentatrice naïve, follement
enivrée de l'odeur des prés, couronnée d'ache et de
nénuphar, découvrant, dans son rire enfantin, entre
ses joues à fossettes, les dents de perle de la nixe germanique. Et certes, l'ourlet de sa robe était très
souvent mouillé, comme il convient à ses pareilles...
Il fallait lui cueillir des fleurs aux bords marneux des
étangs de Commelle, ou parmi les joncs et les oseraies
qui bordent les métairies de Coye. Elle aimait les
grottes perdues dans les bois, les ruines des vieux
châteaux, les temples écroulés aux colonnes feston-
nées de lierre, le foyer des bûcherons, où elle chantait et racontait les vieilles légendes du pays : —
Mme de Montfort, prisonnière dans sa tour, qui tantôt
s'envolait en cygne, et tantôt frétillait en beau poisson d'or dans les fossés de son château; — la fille
du pâtissier, qui portait des gâteaux au comte d'Ory,

et qui, forcée à passer la nuit chez son seigneur, lui
demanda son poignard pour ouvrir le nœud d'un
lacet et s'en perça le cœur; — les moines rouges, qui
enlevaient les femmes, et les plongeaient dans des
souterrains; — la fille du sire de Pontarmé, éprise
du beau Lautrec, et enfermée sept ans par son père,
après quoi elle meurt; et le chevalier, revenant de la
croisade, fait découdre avec un couteau d'or fin son
linceul de fine toile; elle ressuscite, mais ce n'est plus
qu'une goule affamée de sang... Henri IV et Gabrielle,
Biron et Marie de Loches, et que sais-je encore de
tant de récits dont sa mémoire était peuplée! Saint
Rieul parlant aux grenouilles, saint Nicolas ressusci-
tant les trois petits enfants hachés comme chair à
pâté par un boucher de Clermont-sur-Oise. Saint
Léonard, saint Loup et saint Guy ont laissé dans ces
cantons mille témoignages de leur sainteté et de leurs
miracles. Célénie montait sur les roches ou sur les
dolmens druidiques, et les racontait aux jeunes bergers. Cette petite Velléda du vieux pays des Sylva-
nectes m'a laissé des souvenirs que le temps ravive.
Qu'est-elle devenue? Je m'en informerai du côté de
La Chapelle-en-Serval ou de Charlepont, ou de Mont-
méliant... [1]. Elle avait des tantes partout, des cousines sans nombre : que de morts dans tout cela,
que de malheureux, sans doute, dans un pays [2] si
heureux autrefois!

Au moins Chantilly porte noblement sa misère;
comme ces vieux gentilshommes au linge blanc, à la
tenue irréprochable, il a cette fière attitude qui dissimule le chapeau déteint ou les habits râpés... Tout
est propre, rangé, circonspect; les voix résonnent
harmonieusement dans les salles sonores. On sent
partout l'habitude du respect, et la cérémonie qui
régnait jadis au château règle un peu les rapports
des placides habitants. C'est plein d'anciens domestiques retraités, conduisant des chiens invalides;

— quelques-uns sont devenus des maîtres, et ont pris l'aspect vénérable des vieux seigneurs qu'ils ont servis.

Chantilly est comme une longue rue de Versailles. Il faut voir cela l'été, par un splendide soleil, en pas sant à grand bruit sur ce beau pavé qui résonne. Tout est préparé là pour les splendeurs princières et pour la foule privilégiée des chasses et des courses. Rien n'est étrange comme cette grande porte qui s'ouvre sur la pelouse du château et qui semble un arc de triomphe, comme le monument voisin, qui paraît une basilique et qui n'est qu'une écurie. Il y a là quelque chose encore de la lutte des Condé contre la branche aînée des Bourbons. — C'est la chasse qui triomphe à défaut de la guerre, et où cette famille trouva encore une gloire après que Clio eut déchiré les pages de la jeunesse guerrière du Grand Condé, comme l'exprime le mélancolique tableau qu'il a fait peindre lui-même.

A quoi bon maintenant revoir ce château démeublé qui n'a plus à lui que le cabinet satirique de Watteau et l'ombre tragique du cuisinier Vatel se perçant le cœur dans un fruitier! J'ai mieux aimé entendre les regrets sincères de mon hôtesse touchant ce bon prince de Condé, qui est encore le sujet des conversations locales. Il y a dans ces sortes de villes quelque chose de pareil à ces cercles du purgatoire de Dante immobilisés dans un seul souvenir, et où se refont dans un centre plus étroit les actes de la vie passée. — « Et qu'est devenue votre fille, qui était si blonde et gaie? lui ai-je dit; elle s'est sans doute mariée? — Mon Dieu oui, et depuis elle est morte de la poitrine... » J'ose à peine dire que cela me frappa plus vivement que les souvenirs du prince de Condé. Je l'avais vue toute jeune et certes je l'aurais aimée, si à cette époque je n'avais eu le cœur occupé d'une autre... Et maintenant voilà que je pense à la bal-

lade allemande : *la Fille de l'hôlesse*, et aux trois
compagnons, dont l'un disait : « Oh! si je l'avais
connue, comme je l'aurais aimée! »[1] — et le second :
« Je t'ai connue, et je t'ai tendrement aimée! » — et
le troisième : « Je ne t'ai pas connue... mais je t'aime
et t'aimerai pendant[2] l'éternité! »[3]

Encore une figure blonde qui pâlit, se détache et
tombe glacée à l'horizon de ces bois baignés de
vapeurs grises... J'ai pris la voiture de Senlis qui suit
le cours de la Nonette en passant par Saint-Firmin
et par Courteuil; nous laissons à gauche Saint-Léo-
nard et sa vieille chapelle, et nous apercevons déjà
le haut clocher de la cathédrale. A gauche est le
champ des *Raines*, où saint Rieul, interrompu par
les grenouilles dans une de ses prédications, leur
imposa silence, et, quand il eut fini, permit à une
seule de se faire entendre à l'avenir. Il y a quelque
chose d'oriental dans cette naïve légende et dans cette
bonté du saint, qui permet du moins à une grenouille
d'exprimer les plaintes des autres.

J'ai trouvé un bonheur indicible à parcourir les
rues et les ruelles de la vieille cité romaine, si célèbre
encore depuis par ses sièges et ses combats. « O pauvre
ville! que tu es enviée! » disait Henri IV. — Aujour-
d'hui, personne n'y pense, et ses habitants paraissent peu se soucier du reste de l'univers. Ils vivent
plus à part encore que ceux de Saint-Germain. Cette
colline aux antiques constructions domine fièrement
son horizon de prés verts bordés de quatre forêts :
Halatte, Apremont, Pontarmé, Ermenonville dessinent au loin leurs masses ombreuses où pointent çà
et là les ruines des abbayes et des châteaux.

En passant devant la porte de Reims[4], j'ai
rencontré une de ces énormes voitures de saltimbanques qui promènent de foire en foire toute une
famille artistique, son matériel et son ménage.
Il s'était mis à pleuvoir, et l'on m'offrit cordialement

un abri. Le local était vaste, chauffé par un poêle,
éclairé par huit fenêtres, et six personnes paraissaient y vivre assez commodément. Deux jolies filles
s'occupaient de repriser leurs ajustements pailletés,
une femme encore belle faisait la cuisine et le chef
de la famille donnait des leçons de maintien à un
jeune homme de bonne mine qu'il dressait à jouer
les amoureux. C'est que ces gens ne se bornaient
pas aux exercices d'agilité [1], et jouaient aussi la
comédie. On les invitait souvent dans les châteaux
de la province, et ils me montrèrent plusieurs attes-
tations de leurs talents, signées de noms illustres.
Une des jeunes filles se mit à déclamer des vers d'une
vieille comédie du temps au moins de Montfleury,
car le nouveau répertoire leur est défendu. Ils jouent
aussi des pièces à l'impromptu sur des canevas à
l'italienne, avec une grande facilité d'invention et
de répliques. En regardant les deux jeunes filles,
l'une vive et brune, l'autre blonde et rieuse, je me
mis à penser à Mignon et Philine dans *Wilhelm Meis-
ter*, et voilà un rêve germanique qui me revient entre
la perspective des bois et l'antique profil de Senlis.
Pourquoi ne pas rester dans cette maison errante
à défaut d'un domicile parisien? Mais il n'est plus
temps d'obéir à ces fantaisies de la verte bohème;
et j'ai pris congé de mes hôtes, car la pluie avait cessé.

DOSSIER

CHRONOLOGIE

1808. 22 mai à 20 heures : naissance de Gérard Labrunie, à Paris, 96, rue Saint-Martin.
23 mai : baptême à Saint-Merri.
5 novembre : Marguerite Colon (Jenny Colon) naît à Boulogne-sur-Mer.

1809. Le Dʳ Étienne Labrunie, père de Gérard, médecin militaire, sert à Aukstam, Danzig et Linz. Il est accompagné de sa femme.

1810. 7 avril : les époux Labrunie rejoignent l'armée d'Allemagne, le Dʳ Labrunie prend la direction de l'hôpital de Hanovre.
6 juin : hôpital de Glogau.
29 novembre : Mᵐᵉ Labrunie (née Marie-Antoinette-Marguerite Laurent) meurt à l'âge de vingt-cinq ans. Elle est inhumée au cimetière catholique polonais de Gross-Glogau.
Gérard vit chez son grand-oncle Antoine Boucher, à Mortefontaine.

1812. 10 décembre : É. Labrunie est blessé au pied à Wilna.

1814. Retour d'É. Labrunie, il habite 72, rue Saint-Martin.

1815. 5 mai : Gérard assiste à la cérémonie de remise des Aigles.
20 mai : É. Labrunie demande sa retraite. Il ouvrira un cabinet de gynécologie.

1820. 30 mai : mort d'Antoine Boucher. Gérard entre comme élève externe au lycée Charlemagne à Paris. Il aura pour condisciples Alexandre

Duponchel, Th. Gautier, Noilly. Il habite chez son père.

1826. Les *Élégies nationales, L'Académie ou les membres introuvables.*
26 août : mort à vingt-cinq ans de la tante Eugénie, sœur de la mère de Gérard.

1827. Traduction de la première partie du *Faust* de Goethe.

1828. 8 août : mort à soixante et onze ans de Marguerite-Victoire Laurent, née Boucher, grand-mère de Gérard.
Gérard est présenté à Victor Hugo. Il fréquente Petrus Borel et Célestin Nanteuil.

1829. *Couronne poétique de Béranger.* Gérard tire un mélodrame du roman de V. Hugo *Han d'Islande.*

1830. 25 février : Nerval assiste à la première d'*Hernani.*
Fragments de *Guy le Rouge (Mercure de France au XIXe siècle). Choix des poésies de Ronsard, etc. Poésies allemandes. Klopstock, Goethe, etc...* ces deux recueils chez Méquignon.

1831. Amitié de Gérard avec Papion Du Château. G. Labrunie adopte le pseudonyme de Nerval du nom d'un clos, près de Loisy dans le Valois, appartenant à sa famille maternelle.
Difficultés avec Harel au sujet du *Prince des Sots,* reçu à l'Odéon mais non joué.
11 août : Nerval assiste à la première de *Marion Delorme.*
20 octobre : première représentation à l'Odéon de *Charles VII chez ses grands vassaux* de Dumas, qui dérive de *Lara* et de *La Dame de Carouges,* pièces perdues de Gérard.
Novembre : au retour d'un dîner de *bousingos,* Gérard arrêté pour tapage nocturne (court séjour à Sainte-Pélagie?).

1832. De 1832 à 1834, Gérard suit les cours de l'École de Médecine.
1er ou 2 février : au moment du complot de la rue des Prouvaires, pris dans une rafle de police, passe dix-huit heures au violon du Palais-Royal. Envoyé ensuite à la Préfecture et à Sainte-Pélagie.

Avril 1832 : épidémie de choléra à Paris.
Gérard fait une cinquantaine de visites, seul
ou avec son père.
31 mai : mort du mathématicien Évariste
Gallois, à la suite de son duel avec Pescheux
d'Herbinville. (Gérard avait connu Gallois à
Sainte-Pélagie.)

1833. 31 août-7 septembre : hypothétique voyage
a vitré (?).

1834. 19 janvier : mort du grand-père maternel de
Gérard, Pierre-Charles-Laurent.
L'inventaire de la succession montre que Gérard
hérite d'environ 30 000 F dont 20 000 F réa-
lisables.
voyage dans le midi et en italie :
Avignon, Vaucluse, Aix (23 septembre), Antibes,
Nice (2 octobre), Gênes, Livourne, Florence
(15 octobre), Rome, Civitavecchia où il s'embarque pour Naples (19 au 29 octobre).
Marseille du 4 au 11 novembre ; démuni d'argent,
en demande au notaire Me Mignotte. Revient
par Nîmes et Agen.
Fin novembre : Gérard rentre à Paris et s'installe impasse du Doyenné n° 3, chez Camille
Rogier : La Bohème du Doyenné.

1835. Vers la fin de mars, Gérard touche le solde de sa
part d'héritage.
Mai : fondation du *Monde dramatique*.
11 octobre : Sophie de Feuchères prend posses-
sion de la maison et du jardin de feu Antoine
Boucher.
28 novembre : Bal des truands, impasse du
Doyenné.
Faust, 2e édition (Dondey-Dupré).
Jenny Colon est engagée à l'Opéra-Comique.

1836. Mai-juin : *Le Monde dramatique* passe à d'autre
mains.
Gérard aide Alphonse Karr à diriger son *Figaro*.
22 juillet : Nerval et Gautier signent avec
Renduel un contrat pour les *Confessions galantes
de deux gentilshommes périgourdins*.
24 juillet-25 septembre : voyage en belgique et peut-être en Angleterre de Gautier
et Nerval. Le 26 juillet : Anvers, puis Gand et

Bruxelles. Sur le chemin du retour, à Presles, Nerval tombe malade.

25 septembre dans la *Chronique de Paris* début d'*Un tour en Belgique* par Th. Gautier.

Octobre : début de la collaboration de Nerval à *La Charte de 1830*, journal soutenant la politique de Guizot, dirigé par Nestor Roqueplan.

1837. 17 juillet : premier feuilleton de critique signé Gérard dans *La Presse*. Développement de la passion pour Jenny Colon.

31 octobre : première de *Piquillo*, à l'Opéra-Comique, paroles de Dumas et Gérard (non nommé), musique d'Hippolyte Monpou. Jenny tient le rôle de Silvia.

26 décembre : première représentation, au Théâtre-Français, de *Caligula*, tragédie en cinq actes et en vers, écrite par Dumas avec la collaboration de Gérard.

1838. 11 avril : mariage de Jenny Colon avec Louis-Marie-Gabriel Leplus, flûtiste à l'Opéra-Comique. Vers le 15 août, départ pour l'ALLEMAGNE. Séjour à Baden et Strasbourg jusque vers le 12 septembre.

Par Carlsruhe et Mannheim, rejoint Dumas à Francfort où il arrive vers le 14 septembre. Ensemble visitent la principauté de Hombourg, se documentent sur l'assassinat de Kotzebue par Carl Sand.

Octobre-novembre : Anténor Joly introduit Gérard auprès du comte Walewski.

8 novembre : ouverture du Théâtre de la Renaissance, avec *Ruy Blas*, de Victor Hugo.

16 novembre : A. Joly reçoit *Léo Burckart* pour le nouveau Théâtre de la Renaissance.

1839. 10 avril : première de *L'Alchimiste*, au Théâtre de la Renaissance.

16 avril : première de *Léo Burckart* à la Porte-Saint-Martin, la première pièce est signée du seul Dumas, la seconde est donnée sous le nom de Gérard, elle aura vingt-six représentations. Comme dédommagement pour le retard dans la représentation de *Léo Burckart* dû à des difficultés avec la censure, Gérard obtient une mission officieuse en AUTRICHE. Quitte Paris le 31 octobre, atteint Lyon le 1er novembre,

arrive à Genève le 3 novembre, y séjourne jusqu'au 5 — passe à Lausanne le 6; est à Berne
les 7 et 8; à Aarau et Zurich les 9 et 10; à
Constance le 11 — par Lindau, il gagne Augsbourg le 12, séjourne à Munich probablement
du 13 au 17, voit Salzbourg le 17, Linz le 18 et
arrive à Vienne le 19 novembre. A Vienne
Gérard est reçu à l'Ambassade. Rencontre
Marie Playel. Donne quelques articles aux journaux dirigés par Saphir.

1840. 1er-13 mars : Gérard quitte Vienne et, voyageant
en partie à pied, faute d'argent, traverse le
Wurtemberg et le duché de Bade et atteint
Strasbourg. Regagne Paris vers le 19 mars.
Chez Gosselin : *Faust suivi du Second Faust,
et Choix de ballades et des poésies de Goethe,
Schiller, Burger, Klopstock, Schubart, Körner
Uhland*, etc... avec une préface importante.
Octobre : Gérard part pour la BELGIQUE. Y
voyage en attendant la première de *Piquillo*
au Théâtre de la Monnaie à Bruxelles, qui a lieu
le 15 décembre (J. Colon y interprète le rôle
principal). Le même jour meurt à Londres
Sophie Dawes (Mme de Feuchères).
15 décembre : retour des cendres de Napoléon.
Selon toute vraisemblance, le 25 décembre au
Théâtre de la Monnaie, à Bruxelles, Gérard
assiste à la représentation de *Robert-le-Diable*,
musique de Meyerbeer (Jenny Colon y tient
le rôle d'Isabelle).

1841. 21 ou 23 février : première crise de folie de
Gérard, on le transporte chez Mme de Saint-
Marcel, 6, rue de Picpus — à la suite d'une nou-
velle crise il est conduit vers le 21 mars chez le
Dr Esprit Blanche, rue Trainée à Montmartre,
où il restera jusqu'au 21 novembre.

1842. 5 juin : Jenny Colon meurt à Paris.
Dans *La Sylphide* (24 décembre) : *Un roman
à faire.*
Vers le 23 décembre, Nerval quitte Paris pour
Marseille et l'Orient, en compagnie de Joseph
Fonfrède.
Le 25 il est à Lyon, le 28 à Marseille.

1843. VOYAGE EN ORIENT.
Le 1er janvier 1843, Nerval s'embarque à bord

du *Mentor* à destination de Malte; le 8, il arrive
à La Valette; le 9, il repart sur le *Minos* en
route pour l'Archipel et l'Égypte. Le 10, à l'aube,
il passe près de Cérigo (Cythère); le 11 ou le 12,
il fait escale à Syra. Le lundi 16 janvier, il
arrive à Alexandrie — le 7 février il arrive au
Caire.
Il repart du Caire le 2 mai et arrive au Liban
vers le milieu du mois. Il tombe malade à
Beyrouth.
Il serait reparti de cette ville début juillet,
voyant au passage Chypre, Rhodes et Smyrne.
Il arrive le 25 juillet à Constantinople, où il
reste jusqu'au 28 octobre. Il en repart à bord
de l'*Eurotas :* le 5 novembre il est à Malte d'où
il repart le 16. Du 18 novembre au 1er décembre
il séjourne à Naples et arrive le 5 décembre à
Marseille. Il passera la Noël à Nîmes, dans la
famille de Camille Rogier.

1844. En septembre : Nerval voyage en BELGIQUE
ET HOLLANDE, en compagnie d'Arsène Hous-
saye. Ensemble ils vont à Anvers, La Haye,
Harlem, Rotterdam, Amsterdam, où il est
le 23 septembre. Collabore régulièrement à
L'Artiste.

1845. 15 janvier : assiste, avec Balzac, au mariage de
Lingay.
Durant le voyage de Gautier en Algérie, de
juin à septembre, Gérard est chargé du feuilleton
dramatique de *La Presse.*
En août, il va passer huit jours à LONDRES.
Préface pour *Le Diable amoureux* de Cazotte
(Ganivet).

1846. Le 2 juillet Nerval se fait délivrer un passeport.
Peut-être est-il allé en ANGLETERRE ce mois-
là? Travaille aux *Monténégrins.*
Promenades aux environs de Paris à partir de
cette époque.
6 décembre : *La Damnation de Faust* de Berlioz
(avec des paroles de Gérard) exécuté dans la
salle de l'Opéra-Comique.

1847. Nerval a peut-être séjourné en clinique (chez
Mme de Saint-Marcel, rue de Picpus), au mois
de mars.
En août : VOYAGE AU HAVRE.

1848. *Scènes de la vie orientale. Les Femmes du Caire* —
(Ferdinand Sartorius.)
Traductions des *Poésies de Henri Heine* (*Revue
des Deux Mondes*, juillet et septembre).
Collaboration au *Journal* d'A. Karr à partir
du 28 juillet. Ce journal soutient la candidature
de Cavaignac à la présidence.

1849. 31 mars : création à l'Opéra-Comique des
Monténégrins, musique de Limnander. Publié
en volume chez M. Lévy.
Crise nerveuse en avril-mai, Gérard est soigné
par le Dr Ley puis loge chez le Dr Aussandon.
En mai-juin VOYAGE A LONDRES, avec Gau-
tier : ils y rencontrent Dickens et Thackeray.
Le Marquis de Fayolle (*Le Temps*, du 1er mars
au 16 mai, roman demeuré inachevé).
Le Diable rouge, almanach cabalistique pour 1850
(Aubert, Martinon et Dumineray).

1850. Scénario d'un opéra-comique, *La Main de
gloire*.
13 mai : création à l'Odéon du *Chariot d'enfant*
du roi Soudraka, adaptation de Nerval et
J. Méry. (En volume, chez Giraud et Dagneau.)
Les Nuits du Ramazan, tiré à part du feuilleton
du *National* (E. Prost).
Scènes de la vie orientale : Les Femmes du Caire
(Souverain).
Scènes de la vie orientale : Les Femmes du Liban
(Souverain).
Faust (Bry). Collaboration à *La Revue comique
à l'usage des gens sérieux*, publication anti-
bonapartiste de Dumineray.
En juin, Nerval est soigné par le Dr Aussandon.
En août et septembre VOYAGE EN ALLE-
MAGNE, va jusqu'à Leipzig, revient par
Bruxelles, rentre entre le 20 et le 22 septembre.
Le 20 novembre, il reçoit congé de son logement
de la rue Saint-Thomas-du-Louvre.

1851. Le 28 janvier, Gérard passe traité avec Char-
pentier pour l'édition définitive du *Voyage en
Orient* — l'ouvrage sera annoncé à la *Bibliogra-
phie de la France* le 14 juin.
En février, voyage en TOURAINE.
En septembre, entre en pourparlers avec Marc

Fournier, directeur de la Porte-Saint-Martin, pour *L'Imagier de Harlem*. Travaille à une traduction de *Misanthropie et Repentir* de Kotzebue, commandée par son ami A. Houssaye, qui est administrateur de la Comédie-Française.

Le 24 septembre, fait une dangereuse chute; malade jusqu'à la fin de novembre, séjourne probablement à Passy chez le Dr Blanche.

27 décembre : Première de *L'Imagier de Harlem*. (La pièce est publiée en volume à la Librairie théâtrale, 1851 et 1852.) Elle aura vingt-sept représentations.

1852. Au début de l'année, Nerval souffrant d'un érésipèle et d'une « fièvre chaude », est hébergé par son ami Stadler. Il est hospitalisé à la maison de santé municipale, pour le même motif, du 23 janvier au 13 février.

Il quitte Paris vers le 6 mai et VOYAGE EN HOLLANDE, peut-être en compagnie de Houssaye. A Bruxelles, il voit Dumas et divers exilés. Le 12 il est à Anvers. Il visite La Haye, Amsterdam, Zaandam, le 17 Amsterdam, voyage en bateau sur la mer de Zélande le 21. Le 22 mai il est à Gand, le 23 à Lille.

Cette année paraissent : *La Bohème galante*, (*L'Artiste*, juillet à décembre); *Lorely, Souvenirs d'Allemagne* (Giraud et Dagneau); *Les Illuminés* (V. Lecou); *Faust, précédé de la légende populaire de Johann Faust, l'un des inventeurs de l'Imprimerie* (Bry); *Les Nuits` d'octobre* (*L'Illustration*, 11, 23, 30 octobre, 6 et 13 novembre); *Contes et facéties* (Giraud et Dagneau).

En dépit de cet incessant labeur, Gérard se trouve à la fin de l'année dans un tel état de détresse matérielle et morale qu'il adresse au ministère une demande de secours.

1853. En janvier *Petits Châteaux de Bohême*.

Au début de l'année, Gérard travaille à *Sylvie*. Il séjourne à la maison de santé municipale (maison Dubois) du 6 février au 27 mars 1853. *Sylvie* paraît le 15 août dans la *Revue des Deux Mondes*.

Une crise se déclare au soir du 25 août, il est conduit à l'hôpital de la Charité et le 27, il entre chez le Dr Blanche. Fin septembre, une sortie prématurée est suivie d'une rechute. Le 8 octobre les meubles de Gérard sont amenés à Passy. Il s'y installe, le 12 dans un état de délire furieux.

Le 10 décembre paraît dans *Le Mousquetaire* le désinvolte article de Dumas, présentant *El Desdichado*.

Gérard se hâte de réunir ses écrits et publie *Petits Châteaux de Bohême* — il prépare *Les Filles du feu*.

1854. *Les Filles du feu* (Giraud) avec *Les Chimères.* Termine la traduction de *Misanthropie et Repentir* de Kotzebue.

Le 14 mars, Gérard est chargé de mission en Orient mais il renonce à la somme de six cents francs qui lui a été allouée à cet effet, l'état de sa santé ne lui permettant plus de s'éloigner trop de la France.

Le 27 mai, il quitte la maison du Dr Blanche et part aussitôt pour l'ALLEMAGNE; les étapes de son voyage comprendront Strasbourg, Baden, Carlsruhe, Bruchsal, Stuttgart, Munich, Augsbourg, Donauwerth, Nuremberg (du 21 au 24 juin), Neuenmarkt, Leipzig. Peut-être à la suite d'un pèlerinage qui a pu le conduire jusqu'à Glogau, Nerval a une grave rechute. Le 8 juillet il est à Weimar, où il ne fait qu'entrevoir Liszt; puis il gagne Gotha, Cassel, Francfort, rentre en France par Forbach le 18 juillet. Il est à Paris vers le 20 juillet.

Dès le 6 ou le 8 août, il doit rentrer chez le Dr Blanche. Il travaille à *Aurélia* et supporte mal la privation de liberté. Une intervention du Comité de la Société des gens de lettres provoque sa sortie de clinique le 19 octobre, à l'entrée de la mauvaise saison. Il n'a pas de domicile fixe.

Le 31 octobre, Dumas dans *Le Mousquetaire* publie une partie de *Pandora.*

1855. Gérard mène une existence vagabonde. Ne parvient pas à trouver de l'argent, même pour subsister.

Le 25 janvier il gèle à 18 degrés sous zéro, la ville est sous la neige. A l'aube du 26 janvier, Gérard se pend rue de la Vieille-Lanterne. Ses obsèques ont lieu le 30 janvier.

Promenades et Souvenirs (*L'Illustration*, 30 décembre 1854; 6 janv., 3 février 1855);
Aurélia ou le Rêve et la Vie (*Revue de Paris*, 1er janvier, 15 février 1855); « Desiderata », lettres à Aurélia (*Revue de Paris*, 15 mars 1855); *La Bohème galante* (Michel Lévy); *Le Rêve et la Vie* (V. Lecou); *Scènes de la vie orientale* (V. Lecou).

NOTES ET VARIANTES

Poésies de jeunesse choisies

JUVENILIA I

Page 35. L'ENFANCE

1. Manuscrit G. Dubois, inédit.
2. Touchante note du jeune auteur.
3. Nous ajoutons le ? qui semble indispensable au sens.

Page 36. ÉPÎTRE PREMIÈRE

1. Adressée par Nerval à son ami Duponchel. Il s'agit, croyons-nous, d'Alexandre Duponchel, qui fut son condisciple au collège Charlemagne et collabora à *L'Almanach dédié aux demoiselles* (1826) et à *L'Hommage aux dames* (1829).

Il existe des deux épîtres à Duponchel un manuscrit portant la date de 1825, décrit dans le catalogue Blaizot de février 1936. Il s'agit d'un petit cahier broché, à couverture bleue, ornée d'une composition à la plume par le poète. On y trouve la signature G. Labrunie sur la première page et sur l'une des dernières pages, l'auteur a calligraphié : « *G. Labrunie, poète français du XIXe siècle.* » Le texte en est celui publié par Mlle Gisèle Marie dans *Des inédits de Gérard de Nerval*, Mercure de France, 1939; *Épître*

première, pp. 43-45. Ce document a plusieurs fois
changé de mains depuis 1936 (vente Blaizot, 1942;
vente Vidal-Mégret, 1969).

Page 38.   LES ÉCRIVAINS

1. G. Marie, *op. cit.*, pp. 55-58.

Page 41.   ÉPÎTRE SECONDE

1. Également adressée à Duponchel.
G. Marie, *op. cit.*, pp. 81-84.

JUVENILIA II

CHANTS ÉLÉGIAQUES

Page 44.   LE CINQ MAI

1. Ms. Georges Dubois, date de 1824. La fin seule
(vers mis entre crochets) avait été publiée par Jacques
Patin, dans *Le Figaro* du 22 septembre 1928; le reste
est inédit.

Il s'agit évidemment du 5 mai 1821, jour de la mort
de Napoléon. La pièce de Béranger qui porte le même
titre est le monologue d'un marin qui passe ce jour-là
devant Sainte-Hélène, revenant des Indes sur un
bateau espagnol :

> ... « *que voit-on au rivage?*
> *Un drapeau noir! ah! grands dieux! je frémis.*
> *Quoi! lui, mourir! O gloire, quel veuvage!*
> *Autour de moi pleurent ses ennemis.*
> *Loin de ce roc nous fuyons en silence,*
> *L'astre du jour abandonne les cieux.* »

Toutefois, l'influence du *Bonaparte* de Lamartine
(Nouvelles Méditations), du *Lui* et des *Deux Iles* de
Victor Hugo, et, à travers ces deux poèmes, de l'ode
de Manzoni *Il cinque maggio*, composée en juillet 1821,
ne fait pas de doute.

Page 47.   SUR LA BATAILLE
               DU MONT SAINT-JEAN

1. Ms. G. Dubois, 1824. Seule la dernière strophe
avait été publiée par Jules Claretie dans *La Presse* du
23 avril 1878.

2. Sous « trois » un mot incomplet et mal lisible : contre (?) ou Curiace (?), ou Cinti (?). De toute manière, nous supposons que *les trois* renvoient aux trois Curiaces.

Page 48.   LE TEMPS. ODE

1. Ce poème, portant la date de 1824, fut publié pour la première fois dans *L'Artiste* du 1er janvier 1865.

Il est d'une inspiration voisine de celle de la chanson que chante Ziska dans le deuxième acte des *Monténégrins* : « *Les belles choses n'ont qu'un printemps / Semons de roses les pas du temps* », etc. (Notre édition, t. III des Œuvres complémentaires, pp. 269-271), devenue pour une part la *Chanson gothique* (voir p. 122), recueillie dans les *Petits châteaux*.

Page 50.   LA MORT DE L'EXILÉ

1. Ce poème parut dans : *Napoléon et la France guerrière, Élégies nationales,* par Gérard L... (certains exemplaires portent : Gérard Labrunie).

Dans le manuscrit de *Napoléon et la France guerrière,* daté de 1825, précédemment dans la collection Champion-Loubet, actuellement dans la collection Éric et Marie-Hélène B..., il constitue l'*Élégie sixième* et occupe les folios 19 à 23. Nous donnons les variantes de ce manuscrit dans les notes suivantes.

2. ... avec *tout ton* fardeau

3. *et ta tâche* remplace par rature *ta journée*

4. *l'enivrante* remplace par rature *l'agréable*

5. Les vingt-cinq vers mis entre crochets, qui renvoient à la légende de Milon de Crotone, sont remplacés par :

Tu pleures tes soldats sous ton règne aguerris,
Tes lauriers, ta fortune et ton pouvoir suprême
Puis tu portes encor tes regards sur toi-même,
Seul débris existant de tous ces grands débris.

Qu'il est loin en effet de l'esprit des conquêtes
Qui comme un coup de foudre au milieu des tempêtes
Sillonna l'univers d'un rayon de splendeur,
A cet infortuné qui sur un roc sauvage

> *Oppressé de malheur languit* sur le rivage,
> Comme un débris vomi par l'écume des mers

Page 52.

1. Remplace par rature : *a perdu toute son* énergie
2. .... magie
   Tu te laisses mener par une faible main :
   Ainsi le fier serpent devient doux, et docile,
   Et se laisse toucher par le chasseur habile
   Qui sut lui ravir son venin
3. Au lieu de *te courber*
4. *Ne te restait-il pas* un asile?
5. Ces deux vers remplacent par rature :
   > *Ton âme va quitter son écorce mortelle*
   > *Tu vas dire à la vie un éternel adieu*

Page 53.

1. *du sommeil de la mort*
2. *comme lorsqu'on [tu] t'endors* (barré, non corrigé).
3. *sa dépouille* remplace par rature : *son écorce*
4. Manquent les trente-cinq vers mis entre crochets.

Page 54.

1. *Il est mort,* mais la gloire...

Page 55.

1. *Des faiblesses* remplace par rature : *Quelques vices*
2. qui *voudrez* rabaisser cette gloire
   Qui longtemps aveugla vos yeux
3. craignant un *retour* de fortune
4. Et la *longueur* d'une vie
5. *Sa* mémoire
6. Il *est mort* disent-ils
7. *obtint* qu'une tombe

Page 56.

1. *Ses* guirlandes
2. En cet endroit, on lit sur le ms. : *Les rayons*
   de son front, qui remplace par rature : *Et les feux* de
   son front
3. Les cinq vers suivants, jusqu'à « t'abreuver »,
   sont barrés au crayon sur le manuscrit.

4. Là tu viens *de mourir*

5. juste *défense* remplace par rature : juste *vengeance*

6. Ces monuments *publics*

Page 57.

1. Entoure le *guerrier* d'une sainte *grandeur*

2. Dans le manuscrit, ces vers, d'ailleurs barrés :

> *Et ces colonnes triomphales*
> *Faites du bronze des combats*
> *Pris sur les nations rivales ;*
> *Partout pour faire une cité*
> *Il usurpa d'arides plaines*
> *Et partout d'utiles fontaines*
> *Répandent la salubrité*
> Mais des codes nouveaux *épouvantent* le crime
> *Montrent à l'innocence un sévère vengeur,*
> Et Thémis, reprenant son pouvoir qu'il ranime,
> *Règne sur les Français : gloire au législateur !*
> Gloire à lui qui fut grand *et toutes gl...*
> [Raturé : *voilà ses monuments de gloire !*]
> *Voilà ce qui pour lui commande nos regrets*
> *Celui* qui nous combla de maux et de bienfaits,
> *Celui* qui fut vainqueur de toutes les victoires,
> Mais ne put se vaincre jamais !

3. Extrême en ses grandeurs *il brisa la sagesse* (remplace par rature : *comme en ses petitesses*)

Page 58.   PROLOGUE
       DES ÉLÉGIES NATIONALES

1. *La France guerrière*, *Élégies nationales*, janvier 1827 et *Élégies nationales et Satires politiques*, mai 1827.

Page 60.   LA GLOIRE

1. *Élégies nationales*, 1827.

Page 64.   PRIÈRE DE SOCRATE

1. *Élégies nationales*, 1827.

Ce poème a probablement été inspiré par *La Mort de Socrate* de Lamartine, poème qui eut deux éditions en 1823 et auquel on voudra bien se reporter.

Odes et Poèmes

Page 69.   A BÉRANGER

1. *Couronne poétique de Béranger*, 1829, signé Louis Gerval. Rappelons que le quatrième recueil de Chansons de Pierre-Jean de Béranger parut en 1828. Il valut au chansonnier d'être poursuivi et, malgré la célèbre plaidoirie de Dupin, condamné, le 10 décembre, à neuf mois de prison et dix mille francs d'amende. La somme fut acquittée par souscription publique tandis que l'écrivain purgeait sa peine à la Prison de la Force, où il poursuivait son œuvre.

Page 71.   LE PEUPLE

1. Cette ode parut dans le *Mercure de France au XIXᵉ siècle*, 1830 (t. XXX, pp. 281-282), signée Gérard. Il en existe en outre un tiré à part dont nous avons fait connaître les variantes dans un article de la *Revue des Sciences humaines*, juillet-septembre 1958. On y trouve, en particulier, une strophe supplémentaire — ci-après, n. 1 de la p. 72 — placée entre la troisième et la quatrième strophe du texte de la publication du *Mercure* et intitulée « Sa voix ». *Le Peuple* reparut dans *L'Artiste* en 1848.

Nous donnons les variantes du *Mercure (M.F.)* et celles du tiré à part.

2. *M.F.: Des Francs sous les Gaulois, l'orgueil enfin s'abaisse :*

> *Le coq du peuple a dévoré*
> *Les fleurs de lys de la noblesse*

Tiré à part : *Des Francs sous les Gaulois, enfin l'orgueil s'abaisse*, etc.

Ces vers sont à rapprocher des réflexions que l'on trouve dans « De l'aristocratie en France », deux articles publiés dans *Le Carrousel* en 1836 (recueillis dans *Variétés et Fantaisies*, t. VIII des Œuvres complémentaires, Minard, éd.). Il est question, dans le premier, de la « noblesse d'intelligence » et de la « noblesse de courage ».

3. *M. F.: les* rois

4. *M. F.: point*

5. *M. F.: Les habits déchirés* du peuple...

6. *M. F.: feu*

Page 72.

1. Tiré à part — après cette strophe, on lit :

SA VOIX

Et puis victorieux, il jette un cri sublime
Dont ceux qu'on a cru morts s'éveillent en sursaut
  Qui fouille au plus profond abîme,
   Éclate au faîte le plus haut,
Un cri de liberté qui gronde et qui dévore,
Que frontières ni mers n'arrêtèrent jamais ;
Tonnerre au vol immense, à l'éclair tricolore,
  Qui menace tous les sommets !
Cri dont se fait l'écho toute poitrine libre,
Cri qui des nations renverse l'équilibre ;
Oracle qu'en tous lieux et cultes et partis
Reconnaissent divins... et comprennent s'ils peuvent,
Et qui fait que les rois sur leurs trônes s'émeuvent,
  Pour sentir s'ils sont bien assis !

2. *M. F. : De les fouler* aux pieds sa *fureur se* contente,

Page 73.   LES DOCTRINAIRES
A Victor Hugo

1. Le manuscrit de ce poème fut effectivement adressé à *Monsieur Victor Hugo*, rue Jean Goujon. Notre texte de base, inédit sous cette forme, est celui de ce manuscrit, signé Gérard.

Un texte un peu différent fut inséré dans l'*Almanach des Muses (A. M.)* de 1831, p. 83, avec la date du 16 octobre 1830, également signé Gérard. Nous ne relevons pas les nombreuses variantes de ponctuation ; elles n'altèrent pas le sens.

2. *A. M. : vingt-huit* juillet

Page 74.

1. *A. M. :* Comme on *se sentait fort dans un pareil*
           moment*!*

   Que de gloire, que d'espérance !
   On était *d'une taille immense*
   Et l'on respirait largement!

2. *A. M. : pas*
3. *A. M. : en vain* renié
4. *A. M. : point*

Page 75.

    1. *A. M.:* Du despotisme encore...? *Oh* non!
    2. *A. M.:* A bas! à bas *les* petits hommes!
    3. *A. M.:* C'est le dernier*! on peut* prédire
           Que jamais
    4. *A. M.: les* toiles
    5. *A. M.: par* une vaine et froide *majesté*

Page 76.   EN AVANT MARCHE!

    1. Publié dans le *Cabinet de lecture* du 14 mars 1831, pp. 8-9, signé Gérard.
    2. *Itinéraire*, IIIᵉ partie (« Rhodes, Jaffa, Bethléem, mer Morte »), Chateaubriand relate une scène dont il fut témoin dans la vallée de Jérémie en Judée, le texte du début du passage est un peu différent de celui que donne Nerval : « Tout à coup je fus frappé de ces mots prononcés distinctement en français : " En avant, marche! " Je tournai la tête, et j'aperçus une troupe, etc. »

Page 78.

    1. C'est probablement à Antoine de Bourbon (1518-1562) roi de Navarre, père de Henri IV, qui toute sa vie flotta entre les deux partis et les deux religions qui divisaient alors la France, que Nerval aura pensé.

Page 79.

    1. En 1832, on cessa de plaisanter le choléra-morbus, car l'épidémie fit rage. On sait que Gérard, alors étudiant en médecine, fit seul ou avec son père un certain nombre de visites.
    2. Horace : *Art poétique*, IV, paraphrasé dans les deux derniers vers de la pièce de Nerval.

Petits Châteaux de Bohême

Page 81.

    1. L'histoire de cet écrit de Nerval est complexe. Certains éditeurs reprennent les chapitres publiés

en feuilleton par Nerval sous le titre *La Bohême galante* dans *L'Artiste,* du 1er juillet au 15 décembre 1852. Nous ne retenons que le texte adopté en 1852, pour le volume intitulé *Petits Châteaux de Bohême* paru à la date de 1853, chez Didier. Nous donnons les variantes de la publication de *L'Artiste (B. G.)* ainsi que celles qui se lisent sur les fragments manuscrits conservés à la collection Lovenjoul, que nous avons déchiffrés (D 741, fos 36 à 43).

Au reste, pour tout le début du présent volume, nous adoptons la disposition générale du volume en question. Toutefois, le choix de poésies est sensiblement plus étendu (voir la préface, pp. 10-11) et comprend l'essentiel de la poésie de Nerval.

Page 83.   A UN AMI

1. *Var. Bohème galante: A Arsène Houssaye.*
2. *Var. B. G.* : l'épigraphe comprend, sous la signature *Le cavalier Guarini, Pastor Fido* [cet ouvrage date de 1590], huit vers de plus :

> *Tu torni ben, ma teco*
> *Non tornano i sereni*
> *E fortunati di delle mie gioie:*
> *Tu torni ben, tu torni,*
> *Ma teco altro non torna,*
> *Che del perduto mio tesoro*
> *Che delle mie care e felici gioie*
> *La rimembranza misera, e dolente!...*

3. *Var.* ms. : ... un humble prosateur.
Vous êtes certainement le seul directeur de revue, de théâtre, qui puisse avoir de telles curiosités. Il est vrai que vous êtes le plus poète des directeurs actuels. Soit dit sans ombrager Roqueplan, Fournier et Altaroche, mes anciens confrères de la prose.
Je vous envoie les trois âges du poète...

Var. B. G. : ... un humble prosateur. — *Ne le savez-vous donc pas? vous qui avez écrit ces vers:*

> *Ornons le vieux bahut de vieilles porcelaines*
> *Et faisons refleurir roses et marjolaines.*
> *Qu'un rideau de lampas embrasse encor ces lits*
> *Où nos jeunes amours se sont ensevelis.*
> *Appendons au beau jour le miroir de Venise:*

> *Ne te semble-t-il pas y voir la Cydalise*
> *Respirant une fleur qu'elle avait à la main*
> *Et pressentant déjà le triste lendemain?*

Je vous envoie les trois âges du poète...

4. *Var. B. G.* : le quatrain d'Arsène Houssaye (paru dans *L'Artiste*, série II, tome VII, 1841, à la suite d'une note sur Nerval, qui venait d'être interné) est complété par ce dernier vers :

> *Et pour un jour encor relisons nos romans.*

PREMIER CHÂTEAU

Page 84.

1. *Var. B. G.* : le premier chapitre s'intitule : PREMIER CHÂTEAU, (Cf. « Un petit point de topographie romantique », par H. Boucher, *Bulletin du Bibliophile*, janvier-février 1918.)

On sait que la rue du Doyenné était située sur l'emplacement de l'actuelle place du Carrousel, non loin de la Seine.

2. *Var. B. G.* : ... *Arcades ambo*, bien près de l'endroit...

L'Hôtel de Rambouillet se trouvait rue Saint-Thomas-du-Louvre, rue où Nerval habita en 1850.

3. *Var. B. G.* : Le vieux salon du *doyenné, restauré* par les soins...

4. Le peintre et graveur Camille Rogier, chez qui Nerval logea à diverses reprises et qu'il retrouvera à Constantinople en 1843.

5. *Var. B. G.* : ... sur un des *quatre* dessus de glace...

6. *Var. ms.* : ... c'était Théophile. *Il cassait, en s'asseyant, un vieux* fauteuil Louis XIII. *On s'empressait de lui offrir un escabeau du moyen âge*, et il lisait... Il s'agit, évidemment, de Théophile Gautier.

Var. B. G. : même texte que le ms., avec cette variante : ... un escabeau *gothique*...

7. *Var. ms.* : ... à travers l'immense *salle*.

8. *Var. ms.* : ... en contemplant *la galerie du Musée*, égayée de ce côté par les arbres *des fenêtres* du manège.

Page 85.

1. *Var.* ms. : ... on jouait *des proverbes et* de vieilles comédies...

2. *Var. B. G.* : ... notre pauvre Édouard *Ourliac* était comique...

Édouard Ourliac (1813-1848) avait alors un emploi médiocrement rétribué à l'administration des Enfants-Trouvés. A. Houssaye a célébré ses dons de comédien improvisateur. Il collabora à *La Charte de 1830*, au *Figaro* de Karr, à *L'Artiste*, à *La Presse*. Il est l'auteur de *L'Archevêque et la protestante* (1832), de *Jeanne la Noire* (1833), des *Confessions de Nazarille* (1840), pastiche de Scarron et de Swift, de *Suzanne* (1840). A la suite d'un mariage malheureux, il fit quelques années plus tard une conversion retentissante et devint collaborateur de *L'Univers.*

3. *Var.* ms. : ... jeunes, *heureux, souvent* riches...

Var. B. G. : ... jeunes, toujours gais, *quelquefois* riches...

4. *Var. B. G.* : ... un jour, au dix-*septième* siècle, sur *onze* malheureux...

Page 86.

1. *Var. B. G.* : ... racheter *en* deux lots *les* boiseries...

2. *Var.* ms. : ... qui dort;. *la Chasse au tigre* de Chassériau, les deux *panneaux* de Rogier, où la *Cidalise*, en costume régence...

De ces peintures et de celles que Nerval nomme ensuite, il ne subsiste à peu près rien. (Voir le catalogue de l'Exposition Nerval à la Bibliothèque nationale, 1955, pp. 20-21.)

3. On lit dans les manuscrits d'Auguste Chatillon (Propos sur Victor Hugo, B. N. n. a. fr. 20455, f° 75) : « Le *Moine rouge* avait d'abord été fait au-dessus d'une porte rue du Doyenné, chez un ami commun. Hugo l'avait trouvé bien. Il y a ajouté une femme nue, Paquita Mercier, la sœur de la danseuse. C'était comme le songe d'un homme qui, en lisant, a des visions charmantes. C'était cloué aux quatre coins. Ce tableau formait le plafond de la chambre à coucher de Victor Hugo, rue de la Tour d'Auvergne. »

4. *Var.* ms. : ... d'une couche *de peinture à la colle*, parce qu'il...

Page 87.

1. *Var.* ms. : ... aux deux *bahuts*, au Ribeira, aux

tapisseries des Quatre *Saisons*, il y a longtemps que tout cela s'était dispersé.

Var. B. G. : Quant *à mon* lit Renaissance, *à ma* console Médicis, *à mes* buffets, *à mon* Ribeira, *à mes* tapisseries des Quatre Éléments, il y a longtemps que tout cela s'était dispersé.

2. *Var. B. G.* : Le deuxième chapitre s'intitule : LE THÉOPHILE.

3. Il s'agit du sonnet *Pour veiner de son front la pâleur délicate... Poésies complètes,* éd. R. Jasinski, 1932 et 1970, t. II, p. 194.

4. *Var. B. G.* : ... passé pour *gras*; il n'a jamais...

5. *Var. B. G.* : L'armature *solide* du corps...

Page 88.

1. M. H. Bonnet nous a indiqué que Nerval renvoie au recueil de Houssaye : *Romans, contes et images* (1850) et, plus précisément, à « Le ciel et la terre, histoire panthéiste » qui ouvre le recueil. Dans *B. G.* le paragraphe suivant commence ainsi : « Nous étions plusieurs amis, d'une *Bohème* antérieure, qui menions gaiement *l'*existence *que nous menons encore, quoique plus rassis.* »

2. *Var. B. G.* : ... et viens *boire.*

3. Le 21 novembre 1831 à l'Académie royale de musique.

4. Claude-Louis Ziegler, artiste né à Langres en 1804, mort à Dijon en 1856, élève d'Ingres. Il se fit connaître au Salon de 1833 par son *Giotto dans l'atelier de Cimabue.* L'étude que Gautier lui consacra en 1857 est recueillie dans les *Portraits contemporains.*

Page 89.

1. *Var.* ms. (fragment isolé) : ... qui s'était écroulée au *XVII*[e] siècle sur les *onze* malheureux chanoines. Accident duquel le cardinal *Mazarin* fut un instant soupçonné.

Var. B. G. : conforme au manuscrit. (L'accident s'est produit le 15 octobre 1729, six ans après la mort du cardinal Dubois).

Page 90.

1. *Var. B. G.* : ... de *votre* Cantique des Cantiques...

2. *Var. B. G.* : Cet alinéa est précédé de la phrase : *Nous reprendrons plus tard ce discours littéraire et*

philosophique, et du sous-titre : IV. UNE FEMME EN
PLEURS.

3. *Var. B. G.* (note en bas de page) : *Vous connais-
sez le beau tableau de Gleyre qui représente la scène.*
Ce tableau date de 1838.

Page 91.

1. Une note au crayon, conservée à la collection
Lovenjoul (D 741, fº 122) est à rapprocher du ch. III
(LA REINE DE SABA).

*Je trouvais de l'énergie pour faire aussi mes vers
et pour aller à l'Odéon demander à — Quand j'ai de l'X.*

*La promenade avec... concours de chant... et de
pinsons.*

*Les prairies — C'était une bohème dorée — La
notion... des sept châteaux — Celle d'Orlando de Camisy
— J'ai été lecteur de...*

Dans un autre temps seigneur à Ermenonville...

Un homme qui n'a pas fait de vers ne peut être...

Comme...

*J'appartiens en littérature comme en pays à la tra-
dition française...*

*J'ai fait d'abord la Reine de Saba, dont vous disais-je,
un soir Meyerbeer éploré... Le vieux Mercure D. rajeu-
nissait... gravure de la Rév[olution] poésies allemandes
— 1830 à travers. — 1/2 feuille.*

Page 92.

1. *Var. B. G.* (note en bas de page) : *Les soirées
chez la Mère Saguet seront publiées sous ce titre: la
Vieille Bohème.* (Cf. dans les *Mémoires d'un Parisien*
les pages intitulées *Le Cabaret de la Mère Saguet,*
p. 183 de la présente édition.)

2. *Var.* : 1855 ... nous partîmes à pied, *les uns se
trompant de femmes et se trompant de chemin, — vous
vous en souvenez — les autres* escortés... (Cette phrase
n'est ni dans *L'Artiste* ni dans le volume, elle ne peut
donc être qu'une interpolation de Houssaye.)

3. Henry Massé d'Egmont (1810-1863) n'est autre
que le traducteur des *Contes fantastiques* d'Hoffmann,
publiés en quatre volumes en 1836, avec des vignettes
de Camille Rogier.

4. *Var. B. G.* : ... à *la* fenêtre...

Page 93.

1. *Var. B. G.* : Un de ses bras *était pris par* la Cydalise...

2. Une deuxième note au crayon (Lovenjoul, D 741, f° 122) sous le titre *Bal d'Alexandre Dumas*, concerne l'épisode rapporté dans le ch. ıv : Une femme en pleurs :

Le Dumas. Les amours.

Je n'étais pas habile en succès — *Qu'il m'avait volé le mauvais compte.*

Les poètes comme m.

Après tout les vers font du bien...

Un poète n'est jamais regardé comme dangereux à moins d'être Lovelace.

Les poètes — Il y en a mille fois moins que de peintres ou de notaires.

Poète ne peut entièrement bon. Ce n'est pas à dire que tous le soient, témoin Lacenaire.

A sa manière de caresser les chats on voyait qu'il connaissait les femmes.

La femme et le chat se sentent toujours coupables.

Ils se sentent [fautifs] intérieurement toujours d'abord.

La mère Saguet. Le chat est [inquiet] comme la femme, il se sent toujours coupable de quelque faute.

Il faut les rassurer et les caresser sans cesse.

Limnander...

Var. B. G. : Le texte de *L'Artiste* intercale après le chap. ıv, deux chapitres. Le premier, très court, s'intitule : v. Interruption :

Je vous conterai le reste de l'aventure. Mais vous m'avez rappelé, mon cher Houssaye, qu'il s'agissait de causer poésie, et j'y arrive incidemment. — Reprenons cet « air académique » que vous m'avez reproché.

Je crois bien que vous vouliez faire allusion au mémoire que j'ai adressé autrefois à l'Institut, à l'époque où il s'agissait d'un concours sur l'histoire de la poésie au XVIᵉ siècle. J'en ai retrouvé quelques fragments qui intéresseront peut-être les lecteurs de L'Artiste, *comme le sermon que le bon Sterne mêla aux aventures macaroniques de Tristram Shandy.*

Vient ensuite le chap. vı, Les Poètes du XVIᵉ siècle, reproduisant avec des coupures le texte sur le même sujet publié en 1830. On le trouvera dans *La Vie des Lettres*, t. I des Œuvres complémentaires.

3. *Var. B. G.* : VII. EXPLICATIONS.

4. *Var. B. G.* : *Vous le voyez, mon ami* — en ce temps je ronsardisais — pour me servir d'un mot de Malherbe. *Considérez toutefois le paradoxe ingénieux qui fait le fond de ce travail :* il s'agissait alors...

5. *Var. B. G.* : ... aux formes générales. *Cette distinction, que je devais à l'étude de Schlegel, parut obscure alors même à beaucoup de nos amis qui voyaient dans Ronsard le précurseur du* romantisme. — *Que de peine on a, en France, pour se débattre contre les mots! Je ne sais trop qui obtint le prix proposé alors par l'Académie; mais je crois bien que ce ne fut pas Sainte-Beuve, qui a fait couronner depuis par le public son* Histoire de la poésie au XVIe siècle. *Quant à moi, il est évident qu'alors je n'avais le droit d'aspirer qu'aux prix du collège, dont ce morceau ambitieux me détournait sans profit :*

> *Qui n'a pas l'esprit de son âge*
> *De son âge a tout le malheur!*

Je fus cependant si furieux de ma déconvenue que j'écrivis une satire dialoguée contre l'Académie, qui parut chez Touquet. Ce n'était pas bon, et cependant Touquet m'avait dit, avec ses yeux fins sous ses besicles ombragées par sa casquette à large visière : « Jeune homme, vous irez loin. » Le destin lui a donné raison, en me donnant la passion des longs voyages.

Mais, me direz-vous...

Gérard romance ou bien a une défaillance de mémoire. En effet, c'est le 25 août 1826 que l'Académie proposa le sujet du prix d'éloquence à décerner en 1828 et c'est le 25 août de cette année 1828 que Philarète Chasles et Saint-Marc Girardin reçurent le prix.

Or les deux éditions de la satire dialoguée *L'Académie ou les membres introuvables* sont datées de « décembre 1826 ». (Nous avons recueilli cet ouvrage dans le t. III des Œuvres complémentaires.) Dans *La Main enchantée* (ch. v) « aller loin » veut dire « aller aux galères ».

Page 94.

1. *Var. B. G.* : le texte du chapitre s'arrête ici dans *B. G.*, suivi immédiatement des ODELETTES RYTHMI-

QUES ET LYRIQUES (sauf *Les Papillons*). Puis on
reprend, sous le titre : VIII. MUSIQUE, à ces mots :
Voyez, mon ami, si ces poésies déjà vieilles...

Page 95.   ODELETTES

1. Nous groupons ici tous les poèmes que Nerval
a recueillis sous le titre commun d'*Odelettes rythmi-
ques et lyriques* (dans *L'Artiste* en 1852) ou simplement d'*Odelettes* (dans les *Petits Châteaux de Bohême*
de 1853, ainsi que dans les *Annales romantiques* de
1835 et l'*Almanach des Muses* de 1832). A la vente
Barthou ont figuré les manuscrits de quatre odelettes :
Le Vingt-Cinq Mars (= *Avril*) — *La Grand'Mère* —
Fantaisie — *Nobles et Valets.*
M. Marc Loliée nous a communiqué deux manuscrits où figurent quatre odelettes copiées de la main
de Nerval (chacune est signée GÉRARD) : 1° *Dans les
bois, Notre-Dame de Paris,* 2° *Le Coucher de soleil, Le
Réveil en voiture.* Nous avons adopté la ponctuation
de Nerval pour ces poèmes.
Un manuscrit appartenant à M. H. Matarasso
regroupe, sous le titre *Odelettes,* trois poèmes inti-
tulés : *Notre-Dame (Notre-Dame de Paris) ; Ma Grand'-
Mère (La Grand'Mère)* et *Cour de Prison (Politique).* Il est signé GÉRARD. La forme des titres des
poèmes, le relevé des variantes, permettent par comparaison avec les premières publications des poèmes,
d'assigner à ce manuscrit une date comprise entre
1832 et 1835.
Les sept poèmes *La Malade,* (*La Sérénade,* cf. p. 118),
*Le Soleil et la Gloire (Le Point noir), Nobles et Valets,
Le Réveil en voiture, Le Relais, Une allée du Luxembourg, Notre-Dame de Paris* parurent dans l'*Almanach
des Muses* de 1832.

AVRIL

2. Ms. Lovenjoul D 741, f° 3.
Var. ms. : vers 5 : Un reflet *bleu*[*âtre*]... (mot barré
et remplacé par *rougeâtre*).
Var. ms. : vers 9 : Que doit *venir*... (barré, remplacé
par *surgir*).

Almanach dédié aux Demoiselles, 1831.
Annales romantiques, 1835.
    Titre : *Odelette. Le Vingt-Cinq Mars.*
Petits Châteaux de Bohême, 1852 et 1853.
Dans les manuscrits de Chantilly D 741, f°s 7 et
7 *bis*, on lit l'ébauche au crayon d'une odelette dans
le même style, dont voici le texte :

ÉBAUCHE D'UNE ODELETTE

Au joli mois du renouveau
et des pâquerettes mignonnes
Tous deux ensemble, au bord de l'eau
Nous devions tresser des couronnes
Je t'ai bien longtemps attendu
hélas, et tu n'es pas venu
Nulle couronne n'est tressée
et voilà la saison passée

Que de fois tu m'avais promis
de venir aux moissons prochaines
cueillir avec moi des épis
de beaux épis mûrs dans les plaines
Je t'ai bien longtemps attendu
hélas et tu n'es pas venu
Nulle gerbe n'est amassée
et voilà la saison passée

Tu m'avais promis bien souvent
encor de venir à l'automne
faire de l'herbe au petit champ
hélas maintenant l'herbe est jaune
si tu veux faire une couronne (de la vigne)
et faucher le gazon flétri
viens sur ma tombe pauvre ami

FANTAISIE

3. Un ms., passé en vente le 29 juin 1938 et reproduit dans le catalogue Cornuau, nous donne la ponctuation que nous adoptons ici.
    Annales romantiques, 1832 et 1835; *Le Diamant*,
souvenirs de littérature contemporaine [1834].
    Journal des gens du monde, 1834.

Var.: Vers 10 : ... teints *en* rougeâtres couleurs
         14 : Blonde aux yeux noirs, en *son cos-*
                  tume ancien.

L'Esprit, 1840.
Var.: Vers 2 : ... tout *Wèbre;*
        14 : comme ci-dessus.
La Sylphide, 31 déc. 1842.
   Titre : *Vision.* Dédicace : *A Théophile Gautier.*
Les Nouvelles Parisiennes, 1843.
   Titre : *Stances.*
Le Diamant, 1844.
   Titre : *Odelette.*
   Aux vers 2 et 14 les var. déjà signalées.
L'Artiste, 1er août 1849.
   Titre : *Odelette.*
Petits Châteaux de Bohême, 1852 et 1853.

Page 96.   LA GRAND'MÈRE

1. *Journal des gens du monde*, 1834, p. 141.
Annales romantiques, 1835.
Texte du manuscrit H. Matarasso :

MA GRAND'MÈRE

Voici trois ans qu'est morte ma grand'mère,
— la bonne femme, — et, quand on l'enterra,
Parents, amis, tout le monde pleura
D'une douleur bien vraie et bien amère *!*

Pour moi j'errois dans la maison — surpris
Plus que chagrin — et, comme j'*étois* proche
De son cercueil, quelqu'un me fit reproche
De voir cela sans larmes et sans cris :

Douleur bruyante est bien vite passée *!*
Depuis trois ans, d'autres *affections*
Dés biens, des maux, des révolutions, —
Ont dans les cœurs sa mémoire effacée...

Mais moi j'y songe, et la pleure souvent;
Chez moi toujours, par le *tems* prenant force,
Ainsi qu'un nom *taillé* dans une écorce,
Son souvenir se creuse plus avant !

Var. 1834 : Vers   5 : *Pour moi,* j'errais...
   et 1835   10 : ... d'autres *affections,*
                      13 : *Mais moi,* j'y songe...
                      14 : *Chez moi toujours,* par le temps...
                      15 : Ainsi qu'un nom *taillé...*
Petits Châteaux de Bohême, 1852 et 1853.

Page 97.   LA COUSINE

1. *Petits Châteaux de Bohême,* 1852 et 1853.

PENSÉE DE BYRON

2. *Élégies nationales,* 1827 (nous reproduisons **ce**
texte).
Petits *Châteaux de Bohême,* 1852 et 1853.
Sans sous-titre. Version abrégée par la suppression
des vers 13-28, et de la dernière strophe.
Var.: Vers 32 : C'est qu'une larme *en* va couler !

Page 99.   GAIETÉ

1. *Petits Châteaux de Bohême,* 1852 et 1853. **Il**
existe une version de ce poème, avec la mention :
écrit à Chatou devant la maison de Méry.
Ce manuscrit écrit au crayon, peut-être l'original,
présente les variantes suivantes :
Titre : *Gaîté.*
Var.: Vers 1 : *O bon* piqueton de Mareuil *!*
             2 : Plus *léger que n'est* l'Argenteuil
             5 : Lorsqu'*habitans du vieux* Paris
             8 : Semble faite du *jus* divin
            17 : *Frappant* mon palais épaissi
            19 : *Hé* quoi !...
            20 : Je foule d'un *pas* incertain
            21 : *Les sentiers que* verdit ton pampre !...
Un autre manuscrit, qui nous a été aimablement
communiqué par M. Marc Loliée, apporte encore ces
variantes :
Vers 5 : Lorsqu'habitant *le vieux* Paris
Note du vers 15 : faute *de français.*
Vers 19 : Eh quoi, si gai *de si* matin

Page 100.   POLITIQUE (1832)

1. Ms. Coll. J. Marsan : « Prison ».
Le Cabinet de Lecture, 4 décembre 1831.

Titre : *Cour de Prison.*
Var.: Vers 2 : *D'une aile rélargie,*
            3 : *Où rêveur et plaintif*
            8 : *Et bien* taillés!
           25 : *Oui,* faites-moi *la* joie,
Petits Châteaux de Bohême, 1852 et 1853.
Var. du manuscrit H. Matarasso :

COUR DE PRISON

Dans Sainte Pélagie
D'une aile élargie
Où rêveur et *plaintif,*
Je vis captif,
v. 8   Et frais taillés
v. 9-10 Oiseau qui fends l'espace,
           Et toi brise qui passe
5e str. v. 17-20 :
         Qu'à mes pieds tourbillonne
         De ces feuilles d'automne
         Peintes de cent couleurs
         Comme *des* fleurs
v. 23-25 : Une nature — un Dieu
         Dehors ce lieu!
         Faites moi cette joie,

Page 101.   LE POINT NOIR

1. *Le Cabinet de Lecture,* 4 décembre 1831, p. 9.
Titre : *Le Soleil et la Gloire.*
Var.: Vers 1 : ... *fixément*
            2 : Croit voir devant ses yeux *danser*
                obstinément
            4 : Ainsi, *bien* jeune encore...
            5 : *Je vis briller la gloire et j'y fixai* les
                yeux
            6 : *Hélas! c'en était trop pour* mon
                regard avide
            7 : Depuis, *m'importunant* comme un
                oiseau de deuil
          10 : Quoi, *partout* entre moi sans cesse
                et le bonheur!
Almanach des Muses, 1832.
Titre et variantes comme dans *Le Cabinet de Lecture.*
En outre :
Vers 3 : *Partout, à terre, au ciel,* — une tache livide

8 : Partout, sur quelque *objet* que j'arrête mon œil
Petits Châteaux de Bohême, 1852 et 1853.
Titre : *Le Point noir.*

Dans ses *Poésies allemandes* de 1830, Nerval avait
donné la traduction en prose du *Sonnet* de Burger
dont *Le Point noir* est une adaptation. Voici cette
traduction :
« Mes amis, il vous est arrivé peut-être de fixer sur
le soleil un regard soudain abaissé; mais il restait
dans votre œil comme une tache livide, qui longtemps
vous suivait partout.
C'est ce que j'ai éprouvé : j'ai vu briller la gloire, et
je l'ai contemplée d'un regard trop avide... Une tache
noire m'est restée depuis dans les yeux.
Et elle ne me quitte plus, et sur quelque objet que
je fixe ma vue, je la vois s'y poser soudain, comme un
oiseau de deuil.
Elle voltigera donc sans cesse entre le bonheur et
moi!... O mes amis, c'est qu'il faut être un aigle pour
contempler impunément le soleil et la gloire! »

LES PAPILLONS

2. *Mercure de France au XIXe siècle*, 1830,
t. XXVIII, pp. 289-291.
Var. : I, vers 14 : Entre la *fleur* et l'oiseau
         15 : *Ah!* quand *vient* l'été superbe
         18 : *Comme un mort dans son* linceul
         26 : *Qui porte* des étincelles
         31 : *Sa robe* noire et splendide
    II, vers 26 : Rayé de *rouge* et de vert
         36 : *Ces lourds* hôtes de la nuit.
Les deux dernières strophes (IIIe partie) manquent.
Hommage aux Dames, septembre-octobre 1831.
Mêmes variantes que le *Mercure*. En outre :
Var.: I, vers 33 : *Dieu!* le Soufré...
    II, vers 22 : ... sur un *poil* gris
La France littéraire, IX, septembre-octobre 1833.
Var.: les mêmes que dans le *Mercure* pour les
vers 14, 15, 18 et 26.
Manquent les deux dernières strophes de la deuxième
partie *(Voici le sphinx...* et *Je hais aussi).*
Petits Châteaux de Bohême, 1853.
Manque la première strophe, ainsi que les deux
strophes supprimées dans *La France littéraire.*

Page 105.   NI BONJOUR NI BONSOIR

1. Voici le texte du ms. Lovenjoul, D. 741, fᵒ 9. Nous soulignons les mots formant variantes.

AIR GREC

Nè kalimera, nè orà kali...
Le matin n'est plus, le jour pas encore,
Pourtant de nos yeux la flamme a pâli !

Nè kalimera, né orà kali...
Mais l'éclat du soir ressemble à l'aurore
Et la nuit plus tard amène l'oubli !

Publié pour la première fois, comme un chant de jeunes filles grecques, dans le *texte descriptif* anonyme (mais qui est bien de Nerval) précédant l'album *La Turquie*, de Camille Rogier, 1846.

Ce premier texte, conforme à celui du ms. de Chantilly, comporte les mêmes variantes.

Cf. G. Rouger, *Bulletin du Bibliophile*, septembre 1949.

Petits Châteaux de Bohême, 1852 et 1853.

Voyages en Orient, « Druses et Maronites », II, ι (« Le Matin et le Soir »).

LES CYDALISES

2. *Ibid.* (Voir le texte en prose des *Petits Châteaux*.)

Le ms. reproduit dans la monographie de Mirecourt sur Nerval montre deux variantes; la ponctuation est différente.

Vers 9 : O *pâle* fiancée
Vers 13 : *L'Éternité*

Page 106.

NOBLES ET VALETS. LE RÉVEIL EN VOITURE.
LE RELAIS. UNE ALLÉE DU LUXEMBOURG

Almanach des Muses, 1832.

LE RÉVEIL EN VOITURE

1. *Var.* du ms. Loliée au vers 1 : Voici ce que *j'ai vu*
Nerval écrit : *fuyoient, rouloit, conduisoient, énivrés, chanceloient, j'élois.*
Ponctuation du ms., signé GÉRARD.

Page 108.   NOTRE-DAME DE PARIS

1. *Var.* du ms. Loliée :
Vers 2 : Cependant, enterrer
Vers 3 : graphie : *Tems*
Vers 6 : Rongera *lentement*
Texte du manuscrit H. Matarasso : ·

NOTRE-DAME

Notre-Dame est bien vieille — on la verra peut-être
Cependant enterrer Paris qu'elle a vu naître —
Mais, dans quelque mille ans, le Tems fera broncher
Comme un Loup fait un Bœuf, cette carcasse lourde,
Tordra ses nerfs de fer; et puis d'une dent sourde
Rongera *lentement* ses vieux os de rocher !

Bien des hommes de tous les pays de la terre
Viendront pour contempler cette ruine austère,
Rêveurs, et relisant le livre de Victor...
Alors — ils croiront voir la vieille basilique
Toute ainsi qu'elle *étoit*, puissante et magnifique,
Se lever devant eux — comme l'ombre d'un mort !

Page 109.   DANS LES BOIS

1. *Annales romantiques*, 1835, et *La Fauvette*, 1842.
Ponctuation du ms. Loliée. Graphies du ms. : *printems,
nait, tems.* Signé GÉRARD.

LE COUCHER DU SOLEIL

2. Cette odelette demeurée *inédite* jusqu'en 1956
figure sur le manuscrit Loliée décrit ci-dessus, sur la
même page que *Le Réveil en voiture*, autre impression
notée, signée GÉRARD.
3. *Var. B. G.* : ... quand on commence.
*Il y en a encore bien d'autres que je ne puis plus retrou-
ver : une notamment sur les papillons, dont je ne me
rappelle que cette strophe :*

> *Le papillon, fleur sans tige*
> *Qui voltige,*
> *Que l'on cueille en un réseau;*
> *Dans la nature infinie,*
> *Harmonie*
> *Entre la fleur et l'oiseau*

C'est encore une coupe à la Ronsard, et cela...

Page 110.

1. *Var. B. G.* : *L'avant*-dernière : « Où sont... »
2. *Var. B. G.* : ... très concordante aux paroles.
La dernière est calquée sur un air grec.

Suit, dans *L'Artiste,* un long texte sur les chansons populaires au milieu duquel s'intercalent les poèmes suivants : *Le Roi de Thulé, Sérénade, Vers d'opéra, Chœur d'amour, Chanson gothique, Chant des femmes en Illyrie, Chant monténégrin, Chœur souterrain,* annoncés par ces mots : *Voici des pièces choisies parmi celles que j'ai écrites pour plusieurs compositeurs.* Vient ensuite cette remarque : *Ces dernières strophes, comme vous voyez, ont une couleur ancienne qui aurait réjoui le vieux Gluck.*

La Bohême galante compte ensuite, à la place des *Second* et *Troisième Châteaux,* sept chapitres non repris dans le volume de 1853 : ix. Un jour a Senlis. — x et xi. Vieilles Légendes. — xii. Visite a Ermenonville. — xiii. Ermenonville. — xiv et xv. Ver. Il s'agit, pour une bonne part, de pages reprises des *Faux-Saulniers,* texte paru en feuilleton dans *Le National* en 1850 et que Nerval n'a conservé qu'en partie dans *Angélique.*

3. Paul Scudo, musicographe, critique musical de *La Revue des Deux Mondes,* né à Venise en 1806, mort fou à Blois en 1864.

Page 112.   *LYRISME ET VERS D'OPÉRA*

1. Poèmes groupés sous ces titres dans les *Petits Châteaux de Bohême* de 1852 et 1853.

Dans les *Petits Châteaux de Bohême,* l'ordre des pièces était le suivant : sous le titre *Mysticisme,* trois pièces : *Le Christ aux Oliviers, Daphné (Delfica), Vers dorés ;* puis sous le titre *Lyrisme,* quatre pièces de vers : *Espagne, Chœur d'amour, Chanson gothique, La Sérénade.* Dans le présent volume, nous conservons à l'ensemble des *Chimères* son unité, c'est-à-dire que précèdent *Les Chimères* les pièces qui s'y rattachent.

PIQUILLO

ESPAGNE

2. *Piquillo*, musique de Monpou, 1837. (Acte III, scène i.)

Page 113. CHŒUR D'AMOUR

1. *Ibid.* (Acte II, scène i.)

CALIGULA (1837)

Page 114. LES HEURES

1. *Caligula*, Prologue, sc. ix. On comparera au *Ballet des heures* de *L'Imagier de Harlem*, p. 176.

Page 115. PREMIER CHANT

1. Un article anonyme, très probablement de Nerval, paru dans *La Charte de 1830* du 7 janvier 1838. que nous avons recueilli dans *La Vie du théâtre* (texte 52), reproduit les trois chants qui figurent dans le cinquième acte de *Caligula* avec l'introduction suivante : « [cette citation] nous paraît empreinte de la couleur des poètes du temps d'Auguste, et nous serions presque tentés de croire que l'auteur a traduit quelque morceau inédit de Tibulle, d'Ovide ou d'Horace, qu'il aurait retrouvé dans ses courses à Herculanum et à Pompéïa. »

En réalité le premier chant (Acte V, scène i) s'inspire du *Pervigilium Veneris* latin; son refrain traduit *Cras amet qui numquam amavit quique amavit cras amet.*

Nerval renverra au célèbre texte anonyme dans sa lettre à George Sand du 22 novembre 1853.

Page 116. DEUXIÈME CHANT

1. *Caligula*, Acte V, scène iii. Ce deuxième chant fait penser aux poètes français de la Pléiade autant qu'aux poètes latins.

Page 117. TROISIÈME CHANT

1. *Caligula*, Acte V, scène v.

TRADUCTIONS
ET ADAPTATIONS DE L'ALLEMAND

Page 118   LA SÉRÉNADE

1. Ms. coll. J. Marsan.
Le Cabinet de Lecture, 29 décembre 1830.
Annales romantiques, 1831. Signé GÉRARD.
Almanach des Muses, 1832.
Ces trois publications sous le titre *La Malade* et
avec les variantes suivantes :
Vers   7 : *La* fièvre...
       8 : Ces chants de *ma* fenêtre
      11 : *Va, point de* sérénade...
      12 : Les *amants* sont couchés!
      13 : Les *amants*... que m'importe...
      16 : *Maman*, ces sons étranges,
Var. d'un ms. :
      16 : *Cette musique étrange*
Une ébauche au crayon (Lovenjoul D 741, f°s 3-4)
présente des variantes :
Titre : *La Mère et la f.*
Vers   4 : Rendors-toi... c'est chimère...
       8 : *Les* chants...
      11 : *Va point de* sérénade
      12 : Les *Amans* sont...
      13 : Les *Amans* que...
      16 : ... ces *chants* étranges
Petits Châteaux de Bohême, 1852 et 1853.
La mention « Musique du Prince Poniatowski » est
ajoutée, elle ne figurait pas dans les autres publi-
cations.

Page 119.   CHAMBRE DE MARGUERITE

1. *Faust*, 1828.
Dans l'édition de 1840, Nerval a remplacé cette
traduction par une version en prose :
« Le repos m'a fuie! hélas! la paix de mon cœur
malade, je ne la trouve plus, et plus jamais!
Partout où je ne le vois pas, c'est la tombe! Le
monde entier se voile de deuil!
Ma pauvre tête se brise, mon pauvre esprit s'anéan-
tit!
Le repos m'a fuie! hélas! la paix de mon cœur
malade, je ne la trouve plus, et plus jamais!

Je suis tout le jour à la fenêtre, ou devant la maison, pour l'apercevoir de plus loin, ou pour voler à sa rencontre !

Sa démarche fière, son port majestueux, le sourire de sa bouche, le pouvoir de ses yeux,

Et le charme de sa parole, et le serrement de sa main ! et puis, ah ! son baiser !

Le repos m'a fuie !... hélas ! la paix de mon cœur malade, je ne la trouve plus, et plus jamais !

Mon cœur se serre à son approche ! ah ! que ne puis-je le saisir et le retenir pour toujours !

Et l'embrasser à mon envie ! et finir mes jours sous ses baisers ! »

Page 120.   LE ROI DE THULÉ

1. Ms. Coll. J. Marsan : « *A Lady Grey* ».
La Damnation de Faust (de Berlioz), 1846.
Petits Châteaux de Bohême, 1852 (dans le chapitre *Musique*, supprimé en 1853). « Musique de Berlioz. »
Nerval a donné deux autres traductions du *Roi de Thulé :* d'abord en vers, dans son *Faust* de 1828 :

> Autrefois, un roi de Thulé,
> Qui jusqu'au tombeau fut fidèle,
> Reçut, à la mort de sa belle,
> Une coupe d'or ciselé.

> Comme elle ne le quittait guère,
> Dans les festins les plus joyeux,
> Toujours une larme légère
> A sa vue humectait ses yeux.

> Ce prince, à la fin de sa vie,
> Légua tout, ses villes, son or,
> Excepté la coupe chérie,
> Qu'à la main il conserve encor.

> Il fait à sa table royale
> Asseoir ses barons et ses pairs,
> Au milieu de l'antique salle
> D'un château que baignaient les mers.

Le buveur se lève et s'avance
Auprès d'un vieux balcon doré;
Il boit, et soudain sa main lance
Dans les flots le vase sacré.

Il tombe, tourne, l'eau bouillonne
Puis se calme bientôt après;
Le vieillard pâlit et frissonne...
Il ne boira plus désormais.

(Dans l'édition de 1840, les deux dernières strophes
seront remaniées ainsi :

Alors, le vieux buveur s'avance
Auprès d'un vieux balcon doré;
Il boit *lentement, et puis* lance
Dans les flots le vase sacré.

Le vase tourne, l'eau bouillonne,
Les flots repassent par-dessus ;
Le vieillard pâlit et frissonne...
Désormais il ne boira plus.)

Dans l'édition Richault de *La Damnation de Faust*
(1877) le titre est suivi de la mention *Chanson gothique*.
On relève les variantes suivantes :
3e str. : ses villes *et* son or
6e str. : *Le vase tombe :* l'eau bouillonne
        Puis se calme *aussitôt* après.

Puis, les *Poésies allemandes* de 1830 donnent une
traduction en prose :
« Il était un roi de Thulé qui fut fidèle jusqu'au
tombeau, et à qui son amie mourante fit présent d'une
coupe d'or.
Cette coupe ne le quitta plus; il s'en servait à tous
ses repas, et, chaque fois qu'il y buvait, ses yeux
s'humectaient de larmes.
Et, lorsqu'il sentit son heure approcher, il compta
ses villes, ses trésors, et les abandonna à ses héritiers,
mais il garda sa coupe chérie.
Il s'assit à sa table royale, entouré de ses chevaliers,
dans la salle antique d'un palais que baignait la mer.
Ensuite il se leva, vida le vase sacré pour la dernière
fois, et puis le lança dans les ondes.

Il le vit tomber, s'emplir, disparaître, et ses yeux
s'éteignirent soudain... Et, depuis, il ne but plus
une goutte! »

LES MONTÉNÉGRINS

Page 122.   CHANSON GOTHIQUE

1. *Les Monténégrins,* musique de Limnander, 1849.
(Acte II, scène v de la version manuscrite.) Dans la
version imprimée, cette chanson est à l'acte II,
scène iv, avec variantes et additions :

... qui sied aux fleurs.

Belle à l'aurore
Quand vient le jour,
Plus belle encore
Quand vient l'amour.

Ou brune ou blonde
Pourquoi choisir?
Le Dieu du monde
C'est le plaisir.

C'est un doux rêve
Que l'on poursuit
Qu'il ne s'achève
Qu'avec la nuit !

Les belles choses
N'ont qu'un printemps
Semons de roses.
Les pas du temps.

Ou brune ou blonde, etc.

CHANT DES FEMMES EN ILLYRIE

2. *Ibid.* (Acte III, scène i.)
Var. : Vers 4 : *Reines,* sur ces monts
            12 : *Une fleur,* un mot...
            13 : O soleil *brillant*
            19 : *Car* ses accents
            22 : A qui *veut* tout oser

23 : *Pourrait-on* refuser
24 : *Un regard, un soupir,* un baiser?

Page 123.   CHANT MONTÉNÉGRIN

1. *Ibid.* (1ʳᵉ version, 1848, acte III, scène VIII.)
Var. : Vers 3 : *Il a dit à* ses capitaines :
      8 : Au *corps* de fer
     11 : Ils ont *envoyé* des canons

Ce chant est une adaptation en vers des deux pre-
mières « strophes » en prose de la pièce intitulée « Les
Monténégrins » dans *La Guzla*. (V.-M. Yovanovitch :
La Guzla de Prosper Mérimée, 1911.)

Page 124.   CHŒUR SOUTERRAIN

1. *Ibid.* (1ʳᵉ version, acte II, scène IV.)
Var. : Au *sein* des ténèbres
    Dans ces lieux funèbres
    Conjurons le sort
    Et *dans le silence*
    Sûrs de la vengeance
    Préparons la mort...

MYSTICISME

Page 129.   LE CHRIST AUX OLIVIERS

1. Ms. autrefois dans la collection Jules Marsan.
L'Artiste, 31 mars 1844.
Sans épigraphe. « Imité de Jean-Paul. »
Var. :   I, vers 3 : Se fut *assez* perdu...
    II, vers 6 : d'*horizons* agités
     vers 8 : Mais nul esprit n'*habite*...
    IV, vers 1 : ... gémir *la céleste Victime,*
      4 : Il appela le seul *qui veillait* dans
       Solyme :
    V, vers 2 : ... qui remontait *aux* cieux,
      4 : *Cet Athys* (sic) *immolé* que Cybèle
       ranime !
Petits Châteaux de Bohême, 1852 et 1853.
Les Filles du feu, 1854.

Page 132.   DELFICA

1. *L'Artiste*, 28 décembre 1845.
Sous le titre : *Vers dorés* et datés : *Tivoli*, 1843.

Épigraphe : *Ultima Cumae venit jam carminis aetas.*
[Virgile, 4ᵉ églogue.]
  Var. : Vers 3 : Sous *les myrtes en fleurs,* ou les saules
tremblants
  Petits Châteaux de Bohême, 1852 et 1853.
  Sous le titre : *Daphné.*
  Épigraphe : *Jam redit et virgo* [Virgile, 4ᵉ églogue].
  Var. : Vers 2 : Au pied du sycomore, ou sous les
mûriers blancs,
  Les Filles du feu, 1854.
  Sous le titre : *Delfica* et sans épigraphe. Variantes
de simple ponctuation.
  Autres versions :
  1° *A J-y Colonna.* Quatrains de *Delfica,* tercets de
Myrtho.
  Variantes par rapport à *Delfica :*
  Vers 2 : Au pied du sycomore... ou sous les *mûriers*
      blancs
      3 : Sous l'olivier *plaintif* ou les saules trem-
      blants,
      8 : Où du *serpent* vaincu dort *la vieille* semence ?
  2° Le sonnet *A Madame Aguado* et sa variante
Érythréa reprennent en le transformant le dernier
tercet de *Delfica.*

Page 133.   VERS DORÉS

  1. *L'Artiste,* 16 mars 1845.
  Titre : *Pensée antique.*
  Var. : Vers 3 : Des forces que tu tiens ta *royauté*
          dispose,
          6 : Chaque *plante* est une âme...
  Petits Châteaux de Bohême, 1852 et 1853.
  Les Filles du feu, 1854.
  Un feuillet, donnant le texte de *Vers dorés,* accompagné de la signature de Charlemagne provenant de
l'album de Nadar, a été reproduit à deux reprises dans
L'Autographe (1ᵉʳ août 1864 et 23 mars 1872). Nous
adoptons la ponctuation de ce manuscrit, ainsi que
les majuscules à *Univers* (v. 4) et à *Nature* (v. 6) et
la variante dans le premier tercet, où le manuscrit
donne : « Ne la fais *point...* » au lieu de « Ne la fais
pas... ».

Les Chimères

Page 135.

1. Poèmes groupés sous ce titre dans *Les Filles
du feu*, 1854. Nous donnons ici ceux des sonnets qui
ne se trouvaient pas dans les *Petits Châteaux de
Bohême* (I) en y joignant les neuf sonnets posthumes très
probablement plus anciens (II) dont certains sont des
versions différentes des *Chimères*.

I

Page 137.   EL DESDICHADO

1. Ce sonnet fut publié dans *Le Mousquetaire* du
10 décembre 1853 par Alexandre Dumas, reproduit
avec des variantes dans *Les Filles du feu*, 1854.

Pendant longtemps le manuscrit Lombard (à l'encre
rouge avec des corrections en noir), qui se présente
sous forme d'une lettre dans laquelle Gérard a écrit
le texte des deux sonnets connus sous les titres de *El
Desdichado* et *Artémis*, est demeuré inaccessible. Ces
deux feuillets sont conservés avec les trois pages qui
composent la lettre du 14 novembre 1853 (Trois jours
de folie, Bibliothèque de la Pléiade, tome I, lettre 265),
dont le titre *I. La carte du Diable*, renvoie à l'Arcane XV
du Tarot, où l'on voit deux petits personnages liés
ensemble, et qui est en relation symbolique avec les
Gémeaux, signe natal de Gérard.

M. Jean Guillaume a obtenu un photostat de cet
important document. On le trouvera reproduit dans
son édition des *Chimères*. Nous croyons que la meilleure solution est de reproduire ici le texte du manuscrit, qui apporte surtout des variantes de ponctuation,
si on le compare aux manuscrits Éluard.

Les deux feuillets sont paginés 2 et 3, la page 1
devait être une lettre de Gérard à Dumas, détruite
à la demande du poète, mais dont Dumas a donné
un aperçu dans le texte de présentation du *Desdichado*
(*Le Mousquetaire* du 10 décembre 1853) : « ... il est le
sultan Ghera-Gheraï, comte d'Abyssinie, duc d'Égypte,
baron de Smyrne, et il m'écrit à moi qu'il croit son

suzerain, pour me demander la permission de déclarer la guerre à l'empereur Nicolas. »

En face l'adresse : : *17, rue de la Banque* qui était celle de plusieurs banquiers et aussi de B. H. Revoil, agent et correspondant du *New York Herald*.

Le titre et le premier vers ont été rajoutés en haut d'une encre différente et, en marge, Gérard a écrit : *Sonnets*.

Nous soulignons les particularités du texte faisant variantes par rapport au texte des *Filles du feu*.

F⁰ paginé 2

EL DESDICHADO

Sonnets

Je suis le *T*énébreux, le *V*euf, l'*I*nconsolé :
Le prince d'Aquitaine à la tour abolie
Ma seule *É*toile est morte*:* et mon luth constellé
Porte le Soleil noir de la *M*elanc*h*olie.

Dans la nuit du Tombeau toi qui m'as consolé
Rends moi le Pausilippe et la mer d'Italie
La *F*leur qui plaisait tant à mon cœur désolé
Et la *T*reille où le pampre à la *vigne* s'allie !

Suis-je Amour ou Ph*œ*bus, — Lusignan ou Biron ?
Mon front est rouge encor du baiser de la Reine,
J'ai *dormi* dans la Grotte où *verdit* la syrène

Et j'ai deux fois, *vivant*, traversé l'Acheron
Modulant *et chantant* sur la lyre d'Orphée
Les soupirs de la Sainte, — et les cris de la *F*ée.

Si on compare le texte du *Mousquetaire* à celui du ms. Lombard, reproduit ci-dessus, on ne relève entre ces deux textes que de minimes différences ; dans *Le Mousquetaire* on remarque :

Vers 1 : pas de majuscule à *ténébreux, veuf, inconsolé*, le vers se termine par une virgule.

Vers 2 : se termine par point et virgule (rien sur le ms.).

Vers 3 : pas de majuscule à *étoile*, virgule au lieu de deux points après *morte*.

Vers 4 : pas de majuscules à *soleil* et *mélancolie*.

Vers 5 : pas de majuscule à *tombeau*, virgule après ce mot (absente sur le ms.).

Vers 7 : pas de majuscule à *fleur*, virgule à la fin du vers (rien sur le ms.).

Vers 8 : pas de majuscule à *treille*, à la fin du vers point au lieu de point d'exclamation du ms.

Vers 9 : tiret omis avant « Lusignan » — *Byron* (pour « Biron? » du ms.).

Vers 10 : *des baisers* de la Reine (ms. : *du baiser*).

Vers 11 : pas de majuscule à *grotte* (sur le ms., la majuscule est seulement probable).

Vers 12 : les deux virgules encadrant « vivant » sur le ms. sont omises.

Vers 14 : pas de majuscules à *fée*, tiret après «Sainte» omis.

On voit donc que la publication du *Mousquetaire* suit le ms. Lombard avec de douteuses « améliorations » qui portent sur l'omission des majuscules de Nerval et l'introduction d'une ponctuation légèrement différente. Au vers 10 : *des baisers* de la Reine est très probablement une faute de lecture. D'ailleurs les néo-platoniciens de la Renaissance ont parlé de la mort *du baiser* (mors osculi) et non de la mort « *des* baisers »!

Sur le ms. Éluard (ci-après) la lecture est bien aussi *du baiser*. La même remarque vaut pour *Byron*, substitué à « *Biron* » qui se lit sur les deux manuscrits.

Deux prétendues variantes données par Y.-G. Le Dantec dans son édition résultent d'une contamination du ms. Lombard par le ms. Éluard et *ne se lisent ni sur l'un ni sur l'autre manuscrit*, nous les signalons ici pour mémoire :

Vers 8 : Et la treille où la *rose* à la *vigne* s'allie

Vers 11 : J'ai *rêvé* dans la grotte où *verdit* la syrène

Ph. Audebrand dans *Petits Mémoires du XIXᵉ siècle* (1892) reproduisit le texte du *Mousquetaire*, mais en y introduisant des majuscules peut-être empruntées au ms. Dumas-Lombard.

De même que le manuscrit Dumas-Lombard est à l'origine de la publication du *Mousquetaire*, le manuscrit Éluard donne le texte des *Filles du feu*. En particulier la ponctuation est strictement identique. Mais si on a bien reproduit aussi les italiques de Nerval, ses majuscules n'ont pas été respectées. Notre texte est donc celui du manuscrit Éluard, c'est-à-dire celui des *Filles du feu*, avec des majuscules aux mots suivants :

Vers 1 : Ténébreux — Veuf, — Inconsolé

Vers 2 : Prince — Tour
Vers 3 : Étoîïe
Vers 5 : Tombeau — Toi
Vers 8 : Pampre — Rose
Vers 10 : Reine
Vers 11 : Grotte — Syrène (nous conservons cette graphie, qui est celle des *Filles du feu*).
Vers 14 : Fée.

En outre, au vers 9 nous avons rétabli *Phœbus* (et non Phébus) qui se lit sur les deux ms. et qui fait allusion à Gaston Phœbus.

Les mots suivants comportent des majuscules sur les deux ms. : Ténébreux, Veuf, Inconsolé — Étoile — Tombeau — Reine — Fée.

N'ont de majuscules que sur le ms. Dumas-Lombard : Fleur — Treille — Sainte.

(Nous croyons qu'au dernier vers il faut mettre des majuscules à *Sainte* et à *Fée*.)

Il semble inutile de supposer, comme le fait M. Guillaume, un troisième manuscrit ayant servi à l'impression dans *Le Mousquetaire* et un quatrième pour *Les Filles du feu!*

Le titre du ms. Éluard est *Le Destin*, il porte en outre cinq notes de Nerval expliquant plusieurs mots.

Vers 1 : au mot « veuf » n. 1 : *Olim: Mausole*, remplace par rature *le Prince Mort*.

Vers 3 : ♁ — (signe de la Terre et de la Tombe), au-dessus de *morte*.

Vers 7 : au mot « *fleur* » n. 2 : *l'Ancolie.*

Vers 8 : à la fin du vers n. 3 : *Jardin du Vatican.*

Vers 10 : au mot « Reine » n. 4 : *Reine Candace?* remplace par rature *Belan Menedir*. Ces mots semblent vouloir signifier « qui empêche le malheur », probablement du turc *Bela* (calamité, malédiction) et du verbe *mènetmek* (empêcher) — Les deux mots sont d'origine arabe : mais il s'agit de formes manifestement inventées; on dirait *belayi defeden* (qui éloigne le fléau) ou *bela defedilir* (et non *menedilir:* éloigner le fléau) en employant le verbe *dèfetmek* (abolir, rejeter au loin) et non *mènetmek.*

La Reine Candace est la Reine de Saba.

Vers 14, *in fine*, au mot « Fée » : *Mélusine ou Manto.*

On trouvera une photo du ms. Éluard dans *Nerval, Expérience et Création*, Pl. Ms. 10.

Les graphies suivantes sont communes aux deux ms. : Vers 4 : Melancholie.

Vers 11 : syrène.
Vers 12 : Acheron.

— L'usage est de laisser à ces mots leur forme habituelle. Nous laissons cependant subsister « Syrène » qui est dans la publication des *Filles du feu*.

Page 138.　　　　　　MYRTHO

1. *L'Artiste,* 15 février 1854.
Les Filles du feu, 1854.
Voir, p. 143, le sonnet *A J-y Colonna,* où les quatrains sont empruntés à *Delfica ;* mais avec d'importantes variantes.

HORUS

2. *Les Filles du feu,* 1854.
Une autre version : *A Louise d'Or., Reine,* p. 142.

Page 139.　　　　　　ANTÉROS

1. *Les Filles du feu,* 1854.

ARTÉMIS

2. *Les Filles du feu,* 1854.
Sur le ms. Dumas-Lombard (vente Andrieux du 14 juin 1935), le sonnet est écrit à la suite de *El Desdichado.* F° paginé 2.

Mention barrée :

[En voici un autre :]

BALLET DES HEURES

Nous soulignons les particularités qui font variantes par rapport au texte des *Filles du feu :*

La Treizième revient... C'est encor la première :
Et c'est toujours la *S*eule — ou c'est le seul moment !
Car es-tu *R*eine, ô toi, la première ou dernière?
Es-tu *R*oi, toi le seul ou le dernier amant?

Aimez qui vous aima du berceau dans la bière *!*
Celle que j'aimai seul m'aime encor tendrement...
C'est la *M*ort... ou la *M*orte *!* O délice! ô tourment!
La rose qu'elle tient, c'est la Rose trémière,

F° paginé 3

> *O Sainte de Sicile* aux mains pleines de feux
> Rose au cœur violet, *sœur* de *S*ainte Gudule
> As-tu trouvé ta croix dans le désert des *C*ieux?

> Roses blanches, tombez! vous insultez nos
> Dieux *!*
> Tombez, fantômes blancs de votre ciel qui brûle.
> La *S*ainte de l'*Abyme* est plus sainte à mes yeux.

Barré : [*Vous ne comprenez pas? Lisez ceci.*

> *D.M. — LUCIUS. AGATHO. PRISCIUS.*]
> *Nec maritus*

Gérard de Nerval

Cette « signature » renvoie à l'énigme alchimique de la Pierre de Bologne que Nerval cite aussi dans *La Pandora* et dans *Le Comte de Saint-Germain*. Il est probable qu'il l'aura d'abord trouvée dans l'édition de 1731 du *Nouveau Voyage* d'Italie de F. M. Misson. Elle figure également dans le *Theatrum chemicum* de Nicolas Barnaud (1597).

Au vers 11 « dans *le désert* » remplace par rature « dans *l'abyme* ».

Deux variantes imaginées par Y.-G. Le Dantec, ne se lisent pas sur le ms. :

Vers 2 : *et* c'est le seul moment
Vers 4 : *Et toi* Roi

On trouvera dans notre *Nerval, Expérience et Création* la photographie du manuscrit ayant autrefois appartenu à P. Éluard. On y lit au onzième vers : *l'abyme* des cieux; il porte en outre plusieurs notes explicatives de la main de Nerval.

Vers 1, note à « Treizième » : *La XIII° heure (pivotale)*.

Vers 8, note à *Rose trémière* : *Philomène*.

Vers 14, note à « Sainte de l'Abyme » : *Rosalie*.

On remarque en outre, au vers 10, un petit dessin de Rose + après « Rose au cœur violet ».

La ponctuation de ce ms. est identique à celle de la publication des *Filles du feu; Rose trémière* y est bien souligné, enfin on y trouve la faute d'orthographe *bierre* au vers 5, dont Gérard demanda la correction au prote Abel. (Lettre du 18 janvier 1854.) Nerval a seulement ajouté, probablement sur épreuve, un point d'interrogation, exigé par le sens, à la fin du 3e vers et il a, au vers 11, rétabli *le désert*.

Nous avons donc, comme pour *El Desdichado*, adopté le texte des *Filles du feu*, en y introduisant les majuscules du ms. Éluard dans les mots suivants :

Vers 2 : *Seule;* v. 3 : *Reine, ô Toi;* v. 4 : *Roi*, toi le *Seul;* v. 7 : *Mort — Morte.*

Vers 11 : *Croix — Cieux;* v. 12 : *Dieux;* v. 14 : *Sainte — Abyme.*

On a vu ci-dessus que la plupart de ces mots ont également des majuscules sur le ms. Dumas-Lombard, avec les exceptions suivantes :

Vers 3 : *toi;* v. 4 : *seul;* v. 11 : *croix.*

Sur les deux manuscrits, on lit *abyme* à deux reprises, nous imprimons « abîme », selon l'usage.

Là encore il nous paraît superflu de supposer, comme le fait M. Guillaume, trois manuscrits au lieu de deux !

II

Page 140.   LA TÊTE ARMÉE

1. *Poésies complètes*, Paris, Michel-Lévy, 1877. « Inédit copié sur autographe. » Manuscrit Lovenjoul D 741, fº 5. Nous donnons le texte du manuscrit. Les premières éditions donnaient des lectures fautives :

Vers 6 : *Rappela* Jésus-Christ...

      11 : ... aux monarques des cieux.

Cf. p. 54, la note de Nerval à *La Mort de l'exilé*.

Page 141. A HÉLÈNE DE MECKLEMBOURG

1. *Poésies*, Paris, Pelletan, Helleu et Sergent, 1924 (manuscrit Dumesnil de Gramont). Graphies du ms.

enfans, triomphans, tremblans, ayeul, tems, hazard.
Pas de virgule après « Fontainebleau. »
Vers 13, ms., mots raturés : Il *voit briller* la foudre...

A MADAME SAND

2. *Ibid.* Ms. Dumesnil de Gramont. Graphies du
ms. : *géans, descendans, ages, tremblans, ossemens.*
La strophe de Du Bartas est tirée des *Neuf Muses
Pyrénées,* recueil de neuf sonnets dédiés à Henri IV
qui allait libérer des brigands le Comté de Foix. Le
texte diffère de celui que donne Nerval :

   Ce roc cambré *par art,* par nature ou par l'*aage,*
   Ce roc de Tarascon hébergea quelquefois
   Les Geans qui voloyent les *montagnes de Foix,*
   Dont tant d'os excessifs rendent seur tesmoignage.

Ainsi que seul l'avait supposé M. Parronchi, le mot
roi, mis pour *roc* aux vers 1 et 2 par plusieurs éditeurs,
était une simple faute de lecture, que le manuscrit
de Nerval permet de corriger.
Dans la lettre à George Sand du 23 novembre 1853,
Nerval a transcrit le premier quatrain et les deux tercets avec les variantes suivantes :
v. 1 : Ce roc voûté par art, chef-d'œuvre *de Nature*
(le vers ne rime pas).
v. 9 : J'ai passé près Salzbourg sous des rochers *géans ;*
v. 12 : La neige règne au front de *ces rocs* infranchis,
dernier vers : *déluge,* sans majuscule.
L'autographe de cette lettre est, à l'heure actuelle,
inconnu; on en possède une copie, conservée à la
Bibliothèque historique de la Ville de Paris.

Page 142.   A MADAME IDA DUMAS

1. *Ibid.* Ms. Dumesnil de Gramont.
Vers 3, ms., mot raturé : ... dans sa *gloire* éclatante

A LOUISE D'OR., REINE

2. *Ibid.* Premier état du sonnet *Horus.* Ms. Dumesnil de Gramont. Graphie du ms. : *frimats.*

Les guillemets se continuent au dernier tercet, probablement par erreur.

Page 143.   A J-y COLONNA

1. *Ibid.* Voir notes sur *Myrtho* et sur *Delfica*. Ms. Dumesnil de Gramont. On a lu « *J. Y.* Colonna », alors que le manuscrit porte distinctement « *J-y* Colonna », c'est-à-dire : Jenny Colon. Graphies du ms. : *muriers, tremblans, perystile.*

Page 144.   A MADAME AGUADO

1. *Ibid.* Voir notes sur *Delfica* et *Érythréa*. Ms. Dumesnil de Gramont. Sur le ms. une virgule inutile à la fin du v. 12, après « vermeil ».

Page 145.   ÉRYTHRÉA

1. Publié pour la première fois dans l'édition Corti, d'après le manuscrit appartenant alors à Paul Éluard, où cette variante du sonnet *A Madame Aguado* porte les notes suivantes :

Vers 5 (Bénarès) : *Ben-Arès — la fille de Mars*
       7 (le Vautour) : *Typhon*
       7 (Patani) : *Païna ou hiéro-solime, la ville sainte*
       9 (Mahdéwa) : *Mahadoé la zendovère*
    11 (Cathay) : *Thibet*
    12 (Prêtresse) : *Amany*

On relève en outre deux ratures : v. 2 « pleurent » remplace par surcharge *volent.*

V. 7 : car *voici* le vautour remplace de même : car *je suis.*

Nerval et Gautier ont longuement parlé des Bayadères hindoues venues à Paris et notamment de la danseuse Amany. Voir en particulier l'article de Nerval « Les Bayadères à Paris » publié dans *Le Messager* du 12 août 1838. (Texte 57 de *La Vie du Théâtre.*)

Le nom de la danseuse *A-many* peut venir du sanscrit *Mani*, bijou. Ce serait alors une forme contractée de *Amanini :* « celle qui est sans bijou ». (Renseignement aimablement communiqué par Mᵐᵉ Manessy.)

Poésies diverses

Page 147.

1. Titre donné par l'édition de 1877 aux poèmes non recueillis par Nerval dans les *Petits Châteaux de Bohême* ou *Les Chimères*. Nous y joignons les pièces posthumes, en dehors de celles que nous avons jointes aux *Odelettes* ou aux *Chimères*.

Page 149.   CHANSON DE HAN D'ISLANDE

1. Cette chanson figure dans le second tableau de l'adaptation dramatique que Nerval fit en 1829 de *Han d'Islande*, publiée par Gisèle Marie, d'après le manuscrit, dans le volume *Des inédits de Gérard de Nerval*, éd. Mercure de France, 1939. Cette chanson est pp. 128 à 130 dudit volume. Comme l'a indiqué G. Marie dans sa préface (*ibid.*, p. 13), cette ballade constitue l'apport personnel de Gérard, dans son adaptation de Victor Hugo.

Page 150.   LÉNORE

1. Gérard de Nerval n'a pas donné moins de cinq traductions du fameux poème de Burger, trois en vers et deux en prose. Nous reproduisons :

I. TRADUCTIONS EN VERS

A. *Lénore*, ballade allemande imitée de Burger signée Gérard. *La Psyché*, 5e volume, 2e année, mai 1829, pp. 56-61 (105 vers) : « *Le point du jour brillait à peine que Lénore...* »
C. *Lénore*, ballade de Burger, traduction de Gérard, mise en musique par Hippolyte Monpou, Paris, Romagnesi, s.d. [1833].
Frontispice (non signé) de Goddé, une planche de C. Nanteuil, deux planches de C. Rogier.
Cette traduction est divisée en trois parties et

comporte des sous-titres : I. Le blasphème; II. La course; III. Le bal des morts.

« *Lénore au point du jour se lève...* »

Cette traduction fut reproduite dans *L'Artiste-Revue de Paris* du 15 juin 1848, pp. 158-160, sans variantes, les trois sous-titres omis. Dans cette publication, trois vers sont imprimés en italiques; ce sont ceux qui concernent le blasphème :

5e str. *Que le monde et que tout périsse.*
     Ma mère! Il est mort! Il est mort!
     Il n'est plus au ciel de justice...
     Mais je veux partager son sort!
  dernière str. *Malheur à qui blasphémera!...*

B. *La Lénore de Burger*, nouvelle traduction littérale; *La Psyché*, 1er volume, 3e année, janvier 1830, pp. 4-18 (32 strophes de 6 vers), signée Gérard.

Nous donnons en variantes les différences que ce texte présente par rapport à C qui en constitue la mise au point.

Variantes de B (1830) par rapport à C (1833) :

Page 154.

1.   Lénore, *au matin, de chez elle*
        Sort pleurante, elle a mal dormi :
        « *Est-il mort? est-il infidèle?*
        Reviendra-t-il, mon doux ami? »
        Wilhelm était parti naguère...

Page 155.

1.   Ah! partout, partout quelle joie!
        A leur abord, jeunes et vieux
        Fourmillent par monts et par voie
        En les accueillant de leur mieux :
        « *Dieu soit loué!...* » *dit une* amante;
        Une épouse : « *Quel heureux* jour! »
        Seule, hélas! Lénore tremblante
        Attend le baiser du retour.

2.   « Que le monde et que tout périsse*!...*
        Ma mère! il est mort! il est mort!
        Mais je *partagerai* son sort!

Page 156.

1. Dans *La Psyché* de 1830, deux strophes qui ont disparu en 1833 :

> « — *Écoute donc !... qui sait, ma chère,*
> *Si ton fidèle amoureux*
> *Avec une fille étrangère*
> *N'a pas contracté d'autres nœuds ;*
> *Que l'oubli paye son injure,*
> *Le diable en vengera l'affront :*
> *Il emportera le parjure*
> *Dans son enfer, et tout au fond.*

> « — *Il m'aimait trop, infortunée !*
> *Ma mère, il est mort ! il est mort !*
> *Puissé-je n'être jamais née*
> *Ou partager déjà son sort :*
> *Que ton éclat s'évanouisse,*
> *Flambeau de ma vie, éteins-toi !*
> *Le jour me serait un supplice,*
> *Dès qu'il n'est plus d'espoir pour moi !*

> « — Ces mots, ô ma fille chérie,
> Par la douleur sont arrachés... etc.

2.   *Se déchire,* maudit le Ciel,

Page 157.

1.   *Je saurai réchauffer* ton corps.

Page 158.

1.   Et de six planches dans un coin
2.   *La taille de son* cavalier...
3.   En as-tu peur, *petite fille?*
     — Non... mais laisse les morts en paix !

Page 159.

1.   — *Ah !* Wilhelm, ne m'en parle pas !

Page 160.

1. En 1830 cette strophe :

> *Comme les plaines éclairées*
> *Par la lune sous eux passaient !*
> *Comme les étoiles dorées,*
> *Comme les cieux sur eux glissaient !...*
> « *Hourra ! hourra ! la lune brille,*
> *Les morts vont vite par le frais ;*
> *En as-tu peur, petite fille ?*
> — *Mon Dieu ! laisse les morts en paix !*

II. TRADUCTIONS EN PROSE

(*d*) Notre texte de base est celui du volume des *Deux Faust* de 1840, presque identique à (*c*) *Poésies allemandes*, 1830 *(P.A.)*, pp. 223-232. Ont paru en outre : (*a*) *Littérature allemande. Lénore*, traduction littérale de Burger, signée Gérard, *Mercure de France au XIXe siècle*, t. XXVII, 1829, pp. 500-505 *(M.F.)*.

(*b*) *Lénore*, signé Burger (sans le nom du traducteur), *Annales romantiques*, 1831, pp. 24 à 33. *(A.R.)* reprend (*a*) avec deux petites variantes, sans tenir compte de (*c*).

Négligeant les variantes de ponctuation et la plupart des variantes orthographiques (dans la version définitive partout *hourra !* remplace *hurra !*) nous relevons vingt-six variantes textuelles de (*a-b*) par rapport à (*d*) et sept variantes de (*c*) par rapport à (*d*).

Voici le texte (*d*) :

LÉNORE

Lénore se lève au point du jour, elle échappe à de tristes rêves : « Wilhelm, mon époux ! es-tu mort ? es-tu parjure ? Tarderas-tu longtemps encore ? *ᵃ* » Le soir même de ses noces, il était parti pour la bataille *ᵇ* de Prague, à la suite du roi Frédéric, et n'avait depuis donné aucune nouvelle de sa santé.

Mais le roi et l'impératrice *ᶜ*, las de leurs querelles

Variantes :
a. M.F. (a) et *A.R. (b)* : Wilhelm ! es-tu *infidèle*, ou n'*es-tu plus? Combien vas-tu tarder* encore?
b. M.F. et *A.R.* : Il *s'en était allé à* la bataille de Prague
c. M.F. et *A.R.* : Le roi et l'impératrice

sanglantes, s'apaisant peu à peu, conclurent enfin la paix; et cling! et clang! au son des fanfares et des cimbales *ᵃ*, chaque armée, se couronnant de joyeux feuillages, retourna dans ses foyers.

Et partout et sans cesse, sur les chemins, sur les ponts, jeunes et vieux fourmillaient à leur rencontre. « Dieu soit loué! » s'écriaient maint enfant, mainte épouse. « Sois le bienvenu! » s'écriait mainte fiancée. Mais, hélas! Lénore seule attendait en vain le baiser du retour *ᵇ*.

Elle parcourt les rangs dans tous les sens; partout elle interroge. De tous ceux qui sont revenus, aucun ne peut lui donner de nouvelles de son époux bien-aimé. Les voilà déjà loin : alors, arrachant ses cheveux, elle se jette à terre et s'y roule avec délire.

Sa mère accourt : « Ah! Dieu t'assiste! Qu'est-ce donc, ma pauvre enfant? » Et elle la serre dans ses bras. « Oh! ma mère, ma mère, il est mort! mort! que périsse le monde et tout! Dieu n'a point de pitié! Malheur! malheur à moi!

— Dieu nous aide et nous fasse grâce! Ma fille, implore notre père : ce qu'il fait est bien fait, et jamais il ne nous refuse son secours. — Oh! ma mère, ma mère! vous vous trompez... Dieu m'a abandonnée : à quoi m'ont servi mes prières? à quoi me serviront-elles?

— Mon Dieu! ayez pitié de nous! Celui qui connaît le père sait bien qu'il n'abandonne pas ses enfants : le Très-Saint Sacrement calmera toutes tes peines! — Oh! ma mère, ma mère!... Aucun sacrement ne peut rendre la vie aux morts!...

— Écoute, mon enfant, qui sait si le perfide n'a point formé d'autres nœuds avec une fille étrangère... Oublie-le, va! Il ne fera pas une bonne fin, et les flammes d'enfer l'attendront à sa mort.

— Oh! ma mère, ma mère! les morts sont morts; ce qui est perdu est perdu, et le trépas est ma seule ressource : oh! que ne suis-je jamais née! Flambeau de ma vie, éteins-toi, éteins-toi dans l'horreur des ténèbres! Dieu n'a point de pitié... Oh! malheureuse que je suis!

— Mon Dieu! ayez pitié de nous. N'entrez point en jugement avec ma pauvre enfant; elle ne sait pas la valeur de ses paroles; ne les lui comptez pas pour

a. M.F. : tymbales; A.R. : timbales
b. M.F. et A.R. : un salut et un baiser.

des péchés! Ma fille, oublie les chagrins de la terre;
pense à Dieu et au bonheur céleste; car il te reste un
époux dans le ciel!

— Oh! ma mère, qu'est-ce que le bonheur? Ma
mère, qu'est-ce que l'enfer?... Le bonheur est avec
Wilhelm, et l'enfer sans lui! Éteins-toi, flambeau de
ma vie, éteins-toi dans l'horreur des ténèbres! Dieu
n'a point de pitié... Oh! malheureuse que je suis! »

Ainsi le fougueux désespoir déchirait son cœur et
son âme, et lui faisait insulter à la Providence de Dieu.
Elle se meurtrit le sein, elle se tordit les bras jusqu'au
coucher du soleil, jusqu'à l'heure où les étoiles dorées
glissent sur la voûte des cieux.

Mais au dehors quel bruit se fait entendre? Trap!
trap! trap!... C'est comme le pas d'un cheval. Et puis
il semble qu'un cavalier en descende avec un cli-
quetis d'armures; il monte les degrés... Écoutez!
écoutez!... La sonnette a tinté doucement... Klinglingling! et, à travers la porte, une douce voix parle ainsi :

« Holà! holà! ouvre-moi, mon enfant! Veilles-tu? [a]
ou dors-tu? [Penses-tu toujours à moi?] [b] Es-tu dans
la joie ou dans les pleurs? — Ah! Wilhelm! c'est donc
toi! si tard dans la nuit! Je veillais et je pleurais...
Hélas! j'ai cruellement souffert... D'où [c] viens-tu donc
sur ton cheval?

— Nous ne montons à cheval qu'à minuit; et
j'arrive du fond de la Bohême : c'est pourquoi je suis
venu tard, pour te remmener avec moi. — Ah!
Wilhelm, entre ici d'abord; car j'entends le vent
siffler dans la forêt... [d]

— Laisse le vent siffler dans la forêt, enfant :
qu'importe que le vent siffle? Le cheval gratte la terre,
les éperons résonnent; je ne puis pas rester ici. Viens [e],
Lénore, chausse-toi, saute en croupe sur mon cheval;
car nous avons cent lieues à faire pour [f] atteindre à
notre demeure.

a. M.F. et A.R. : veilles-tu *ma mie?*.

b. La phrase de *M.F.* et *A.R.* est sautée, sans doute par
inadvertance, dans *P.A.* et *(d)*; nous la rétablissons entre
crochets.

c. M.F. : D'où *donc viens-tu... A.R. :* D'où *viens-tu...*

d. M.F. et *A.R. : Entre, mon bien-aimé, que je te réchauffe
dans mes bras.*

e. M.F. et *A.R. :* Viens, *ma mie...*

f. M.F. et *A.R. : pour nous précipiter dans le lit nuptial.*

— Hélas! comment veux-tu que nous fassions aujourd'hui cent lieues pour *a* atteindre à notre demeure? Écoute! la cloche de minuit *b* vibre encore.
— Tiens! tiens! comme la lune est claire!... *c* Nous et les morts, nous allons vite; je gage que je t'y conduirai aujourd'hui même *d*.

— Dis-moi donc où est ta demeure? et comment est ton lit de noces. — Loin, bien loin d'ici... silencieux, humide et étroit, six planches et deux planchettes. — Y a-t-il place pour moi? — Pour nous deux. Viens, Lénore *e*, saute en croupe : le banquet de noces est préparé, et les conviés nous attendent. »

La jeune fille se chausse, s'élance, saute *f* en croupe sur le cheval; elle enlace ses mains de lis autour du cavalier qu'elle aime; et puis en avant! hop! hop! hop! Ainsi retentit le galop...Cheval et cavalier respiraient à peine; et, sous leurs pas, les cailloux étincelaient.

Oh! comme à droite, à gauche, s'envolaient, à leur passage, les prés, les bois et les campagnes! comme sous eux les ponts retentissaient? « A-t-elle peur, ma mie? La lune est claire... *g* Hourra! les morts vont vite... A-t-elle peur des morts? — Non... Mais laisse les morts en paix!

— Qu'est-ce donc là-bas que ce bruit et ces chants! Où volent ces nuées de corbeaux? Écoute... c'est le bruit d'une cloche; ce sont les chants des funérailles : « Nous avons un mort à ensevelir. » Et le convoi s'approche, accompagné de chants qui semblent les rauques accents des hôtes des marécages.

— Après minuit, vous ensevelirez ce corps avec tout votre concert de plaintes et de chants sinistres : moi, je conduis mon épousée, et je vous invite au banquet de mes noces. Viens, chantre, avance avec le chœur, et nous entonne l'hymne du mariage. Viens, prêtre *h*, tu nous béniras. »

Plaintes et chants, tout a cessé... *i* La bière a disparu...

a. Comme *f*, p. 342.
b. M.F. et *A.R.* : la cloche de *onze heures.*
c. M.F. et *A.R.* : comme la lune *brille!*
d. M.F. et *A.R.* : que je *te* conduirai aujourd'hui même *à ma demeure.*
e. M.F. et *A.R.* : viens *ma mie.*
f. M.F. et *A.R.* : *et* saute.
g. M.F. et *A.R.* : la lune *brille...*
h. M.F. et *A.R.* : « ... Viens, prêtre; tu *prononceras sur nous la bénédiction, afin que nous nous jetions dans le lit nuptial.* »
i. A.R. : Plaintes et chants *ont* cessé...

Obéissant [a] à son invitation, voilà le convoi qui les
suit... Hourra! hourra! Ils serrent [b] le cheval de près;
et puis en avant! hop! hop! hop! Ainsi retentit le
galop... Cheval et cavalier respiraient à peine; et, sous
leurs pas, les cailloux étincelaient.

Oh! comme à droite, à gauche, s'envolaient à leur
passage les prés, les bois et les campagnes! et comme à
gauche, à droite, s'envolaient les villages, les bourgs
et les villes! « A-t-elle peur, ma mie? La lune est
claire... [c] Hourra! les morts vont vite... A-t-elle peur
des morts? — Ah! laisse donc les morts en paix!

— Tiens! tiens! vois-tu s'agiter, auprès de ces
potences, des fantômes aériens, que la lune argente
et rend visibles? Ils dansent autour de la roue. Çà!
coquins, approchez; qu'on me suive et qu'on danse
au bal de mes noces!... [d] Nous partons pour le banquet
joyeux. »

Husch! husch! husch! toute la bande s'élance après
eux, avec le bruit du vent parmi les feuilles dessé-
chées; et puis en avant! hop! hop! hop! Ainsi retentit
le galop... Cheval et cavalier respiraient à peine; et,
sous leurs pas, les cailloux étincelaient.

Oh! comme s'envolait, comme s'envolait au loin
tout ce que la lune éclairait autour d'eux!... Comme le
ciel et les étoiles fuyaient sur [e] leurs têtes! « A-t-elle
peur ma mie? La lune brille... Hourra! les morts vont
vite... — Oh! mon Dieu! laisse en paix les morts!

— Courage, mon cheval noir! Je crois que le coq
chante : le sablier bientôt sera tout écoulé... Je sens
l'air du matin... Mon cheval, hâte-toi!... Finie, finie
est notre course! Le lit nuptial va s'ouvrir... [f] Les
morts vont vite... Nous voici! »

Il s'élance à bride abattue contre une grille en fer,
la frappe légèrement d'un coup de cravache... Les
verrous se brisent, les deux battants se retirent en

---

a. *M.F.; A.R.* et *P.A. : sensible* à son invitation
b. *M.F.; A.R.* et *P.A. : il serre* le cheval de près
c. *M.F.; A.R.* et *P.A. :* la lune *brille...*
d. *M.F.* et *A.R. :* qu'on danse *le* bal *des* noces! ... *Nous
allons au lit nuptial.*
P.A. : qu'on danse *le* bal *des* noces! ... *Nous allons au*
banquet joyeux.
e. *M.F.; A.R.* et *P.A. :* fuyaient *au-dessus de* leurs têtes!
f. *P.A. : J'aperçois notre demeure* (Remplace : « Le lit
nuptial va s'ouvrir ».)

gémissant. L'élan du cheval l'emporte parmi des tombes qui, à l'éclat de la lune, apparaissent de tous côtés.

Ah! voyez!... au même instant s'opère un effrayant prodige : hou! hou! le manteau du cavalier tombe pièce à pièce comme de l'amadou brûlée; sa tête n'est plus qu'une tête de mort décharnée, et son corps devient un squelette qui tient une faux et un sablier.

Le cheval noir se cabre furieux, vomit des étincelles et soudain... hui! s'abîme et disparaît dans les profondeurs de la terre : des hurlements, des hurlements descendent des espaces de l'air, des gémissements s'élèvent des tombes souterraines... Et le cœur de Lénore palpitait de la vie à la mort.

Et les esprits, à la clarté de la lune, se formèrent en ronde autour d'elle, et dansèrent, chantant ainsi : « Patience! patience! quand la peine brise ton cœur, ne blasphème jamais le Dieu du ciel! Voici ton corps délivré... Que Dieu fasse grâce à ton âme! »

Page 161. BOLESLAS Ier
SURNOMMÉ CHROBRY-LE-GRAND

1. Ce texte adapté en vers par Gérard figure dans les trois éditions successives de *La Vieille Pologne.* Première édition : *La Vieille Pologne, album historique et poétique, composé de chants et légendes de M. J. U. Niemcewicz,* Treuttel et Wurtz, Bossage et A. Bertrand, F. Didot frères, Paris, 1833 (B.N. : Ym 1).

On y trouve pp. 33-35 : *Boleslas Ier, surnommé Chrobry, le Grand,* traduit du polonais de M. J. U. Niemcewicz, mis en vers français par Gérard de Nerval (avec une gravure de S. Norblin).

Deuxième édition : *La Vieille Pologne,* etc., Treuttel et Wurtz, Paris, 1836 (B.N. : Fol. M. 1036). C'est la reproduction de l'édition de 1833, même pagination, placement des gravures un peu différent.

Troisième édition : *La Vieille Pologne, recueil historique et poétique,* par M. Charles Forster, Brockhaus et Avenarius, avec une préface de M. Saint-Marc Girardin, Paris, 1839 (B.N. : M 10 849). Format plus petit, typographie différente. On y trouve pp. 299-301 *Boleslas-le-Grand, chant historique mis en vers français par M. Gérard, traduit de l'ouvrage de J. U. Niemcewicz.* La comparaison des trois textes entre eux ne livre que trois graphies un peu différentes : les noms

propres qui, en 1833 et 1836, sont orthographiés
Lusace, *Yaroslaf* et *Bug* deviennent *Luzace*, *Iarosiaf* et
Boug en 1839. (Nous gardons : *Lusace*.) D'autre part
nous rétablissons : *Desna*; Kiiow est Kiev.

Page 163.   MÉLODIE

1. Ce poème publié pour la première fois dans
l'*Almanach des Muses* en 1828, se compose en réalité
des adaptations de deux *Mélodies irlandaises* placées
à la suite l'une de l'autre, la Mélodie LIV (« *Whene'er I
see those smiling eyes* ») puis, à partir de « Mais crois-
moi, mon amour... », la Mélodie XXVII (« *Believe me,
if all those endearing young charms* »). Allen B. Thomas
(*Moore en France*, 1911, p. 81) renvoyait à la seconde
de ces mélodies.

Ces deux poèmes avaient été traduits par Mme Louise
Swanton-Belloc dans *Les Amours des anges et les
Mélodies irlandaises*, choix de traductions de Thomas
Moore publié en 1823. (P. 189 : « Quand je vois ces
yeux sourians... » et p. 139 : « Ah! crois-moi, si tous
ces jeunes charmes ravissans... ».)

Almanach des Muses, 1828, pp. 153-154. — *Psyché*,
janvier 1830. Dédicace : *A Auguste* [Hunly]. — *Promenades et Souvenirs*, *L'Illustration*, décembre 1854 (cf.
note 3 de la p. 274). — *Bohème galante*.

Dans la publication de l'*Almanach des Muses*, on
relève les variantes suivantes :

Vers   3 : Quand *la gaîté de l'innocence*
        5 : *Quelquefois hélas!* je soupire
        6 : En *pensant...*
       21 : *Ah!* mon cœur n'est *point* incertain
       25 : Oui, si tous tes *appas...*
       27 : Je *sentirais...*
       28 : Et *dès que* loin de toi...
       30 : Une plus *noble* ardeur...
       33 : Mais qu'osé-je *rêver? pendant* que...
       34 : ... hélas! *trop* passager
       36 : D'un cœur *à* qui le temps...

Copie ms. de ce poème sur l'album de Mme Lhomme,
signée et datée de Londres *le 2 juin 1849*. (Cf. Albert
Dubeux, *Le Figaro*, 3 janv. 1925.) Manquent les vers
18 à 25.

Mêmes variantes que ci-dessus aux vers 27 et 34,
en outre :

Var. : Vers 26 : *Pour toi j'en gémirai,* mais en ce
cœur...
28 : Et *dès que* loin de toi les *amours*
auraient fui
30 : Une plus *pure* ardeur...
33 : ... prévoir? *pendant* que...
34 : ... d'un éclat hélas! *trop* passager,

Page 165.   STANCES ÉLÉGIAQUES

1. *Almanach des Muses,* 1829 (signé : Louis Gerval).
Almanach dédié aux Demoiselles, 1830, 1er vol.,
3e année (même signature).
Ces stances sont aussi, comme l'a découvert
M. Maurice Blackman, l'adaptation d'une Mélodie
irlandaise de Thomas Moore : « *As a beam o'er the
face of the waters may glow...* » Voir *R.H.L.F.,* mai-
juin 1972, pp. 428-431 : L'adaptation de Nerval est
très libre et développe en quatre dizains les trois
quatrains de Moore.

Page 166.   MÉLODIE IRLANDAISE

1. *La Psyché,* janvier 1830 : « Imitation de la
cinquante-septième mélodie de Thomas Moore »
(signé : Louis Gerval).
L'original est intitulé « *I saw from the beach* » et se
compose de quatre strophes de quatre vers chacune.
Il faut à Nerval six vers pour adapter chacune des
strophes!
Voici la première strophe de Th. Moore :

*I saw from the beach, when the morning was shining
A bark o'er the water move gloriously on;
I came when the sun o'er the beach was declining,
The bark was still there, but the waters were gone.*

Mme Swanton-Belloc, dans l'ouvrage déjà cité, avait
traduit ce poème (pp. 192-193 : « Le soleil du matin
brillait d'un vif éclat... »).
Allen B. Thomas : *Moore en France,* 1911, p. 82.

Page 167.   LAISSE-MOI!

1. *Almanach des Muses*, 1831. Signé L. Gerval.
    Ce poème est une adaptation d'un original de Thomas
Moore, qui figure dans les *National Airs* (1815) et
s'intitule : « *No leave my heart to rest* ».
    Cette poésie fut publiée par Gérard dans l'*Almanach
des Muses* en 1831, sans que rien indiquât qu'il s'agissait d'une imitation.
    D'ailleurs, dans les *Poésies* d'Hippolyte Tampucci,
garçon de classe au collège Charlemagne, publiées en
1832, on trouvait (p. 154), une imitation de Th. Moore,
datée de 1827, qui paraphrasait le même poème.
    Sur H. Tampucci, voir une note dans *La Cité*,
juillet 1913, pp. 339-340.

Page 168.   ROMANCE

1. *Chansonnier des Grâces*, 1832.
    Titre : *Romance. Traduction d'Anna Bolena.*
    Air : *Le Noble Éclat du Diadème.* Texte italien en
regard. Poème de Romani, musique de Donizetti.
    Voici la traduction en prose de cette romance qu'on
trouve dans *Anne de Boulen* (1831), tragédie lyrique
représentée au Théâtre royal italien le 1er septembre
1831. (Acte I, scène iii.)

I

    « De grâce, ne cherchez pas à feindre la gaîté ; votre
tristesse a autant de charmes que votre doux sourire :
de même l'aurore n'est pas moins belle, lorsqu'elle est
entourée de nuages, et Phœbé, lançant de pâles rayons,
n'a pas moins d'attraits que lorsqu'elle brille de tout
son éclat. »

II

    « En vous voyant si triste et silencieuse, on vous
compare à l'innocente et jeune victime qui pleure ses
premières amours, et oubliant la couronne qui ceint
votre front, l'on gémit avec vous, et l'on déplore une
aussi funeste ardeur. »

Page 169. RÉSIGNATION

1. Ce poème est peut-être imité de quelque original anglais.

Il fut publié par Léon Millot dans un article « Les Débuts de Gérard de Nerval », *Revue de Paris*, 15 novembre 1897, d'après l'autographe alors en sa possession. Celui-ci est à présent dans la collection Bodmer : il est signé L. G. [Louis Gerval].

A la 5e strophe, on lit *Printems*.

Page 170. DE RAMSGATE A ANVERS

1. *L'Artiste*, 30 août 1846.

L'Artiste, 1877, sous le titre de *Voyage rimé* et avec la date de juin 1837. Ce poème semble un souvenir du voyage de 1836.

Page 172. RÊVERIE DE CHARLES VI

1. *La Sylphide*, 1847. Reproduit p. 50 du livre d'Edmond Bonnaffé : *Eugène Piot* (1890).

Nous reproduisons le texte du manuscrit (Lovenjoul, D 741, f⁰ 6), dont Aristide Marie n'avait donné qu'une partie.

Sur le manuscrit, le mot NUIT est surmonté du chiffre 52 et d'une croix potencée. En marge : D[*efunctus*] γερ[ας].

Nous avons commenté ces annotations dans notre *Nerval*, coll. « Poètes d'aujourd'hui » (Seghers, 7e éd. 1972, pp. 70-71).

Var. de *La Sylphide* :

Vers 1-3 : manquent.
    4 : Que *de soins sur* un front...
    7 : ... aux pensers *sombres* abandonnée,
   12 : De *tapis de lierre* et de *mousse* tendue;
   26 : Et viens à *moi*, mon fils...

Page 173. A VICTOR HUGO (1842)

1. Collection Heilbrun, ms. à l'encre rouge, signé, feuillet détaché d'un album de Noilly. Gérard avait d'abord écrit : « *qui m'avait donné le Rhin* ».

Publié par nous en 1950 dans la première édition du

Nerval de la collection « Poètes d'aujourd'hui », en fac-similé.

Au verso du feuillet sur lequel figure l'autographe de ce poème on trouve l'ébauche d'un autre poème :

A EUGÉNIE

15 novembre.

O mère des infortunés,
Plaignez tous ceux qu'on abandonne :
Soyez heureuse ; et pardonnez,
Si vous voulez que Dieu pardonne

Gérard de Nerval.

(La signature avec paraphe est barrée légèrement.)

Avec beaucoup de vraisemblance M. Édouard Peyrouzet (*Gérard de Nerval inconnu*, Corti, 1965, pp. 277-278) suppose que ce quatrain est adressé à Eugénie Fort, mère abandonnée de Théophile Gautier fils (1836).

A côté du poème on lit des vers adressés *à Gérard de Nerval* peut-être recopiés par lui :

A tous les échos je m'adresse :
Savez-vous sa demeure? — non.
Le moindre écho sait votre nom,
Mais il ne sait pas votre adresse.

à vous de cœur et de reconnaissance
Méry
19 bergère.

Sans doute faut-il lire à la fin l'adresse de Méry : « 19, rue Bergère » (?). C'était, à cette date, celle de l'Hôtel Contay.

Page 174. L'ABBAYE
SAINT-GERMAIN-DES-PRÉS

1. Ce poème, publié d'après un manuscrit appartenant à M. Daniel Sicklès est dédié au peintre et graveur Jean Gigoux, qui demeurait 3, rue de l'Abbaye.

L'allusion historique se rapporte au roi de Pologne Jean-Casimir, né en 1609, qui, après son abdication, devint en 1669 abbé de Saint-Germain, puis de Saint-Martin-de-Nevers. Il mourut en 1672 et est enterré dans l'église Saint-Germain-des-Prés.

Au dernier vers, Nerval avait écrit tout d'abord :
Casimir *aurait dû se faire* votre élève. » (Fac-similé
dans le n°1 des *Cahiers Gérard de Nerval*, 1978.)

UNE FEMME EST L'AMOUR

2. *L'Artiste*, mai 1855 (« Sur un carnet de Nerval »).

Page 175.   A M. ALEXANDRE DUMAS

1. *Lorely*, 1852.
Dans *Le Pays*, au mois de juillet 1854, Dumas donna
un pittoresque récit du voyage de Gérard de Paris à
Strasbourg. Dans le numéro du 7 juillet, il reproduisit
une autre version des vers adressés par Gérard à Dumas
à propos de la traite refusée. « Ce billet, versifié dans
le goût Louis Treize, et qui fait preuve, je crois, de
quelque philosophie » :

En partant de Baden, hier, j'avais songé
Que par M. Hirvoix [Éloi], ou par M. Hypgé [Elgé]
Je pourrais, retrouvant des ressources meilleures,
Au bateau d'Ifelsheim m'embarquer vers six heures,
Et je m'acheminai dans cet espoir si beau
De l'Hôtel du Soleil pour l'Hôtel du Corbeau.
Mais à Strasbourg le sort ne me fut pas prospère :
Hirvoix fils avait trop compté sur Hirvoix père,
Et je repars, pleurant mon destin sans pareil,
De l'Hôtel du Corbeau pour l'Hôtel du Soleil.

Dumas envoya finalement à Gérard sept louis collés
à la cire sur un sept de carreau. A leur retour les deux
amis séjournèrent dans ces deux hôtels : « Mon compagnon de voyage me conduisit à l'hôtel du Corbeau;
il y avait demeuré huit jours en venant me rejoindre
à Francfort, et il l'avait illustré par des vers que
Chapelle ou Bachaumont auraient donné bien des
choses s'ils les avaient connus pour pouvoir les mettre
dans leurs Voyages. » (*Excursions sur les bords du
Rhin*, 1841, ch. xxxv.)

A MADAME HENRI HEINE

2. *Le Temps*, 21 mai 1884.

L'IMAGIER DE HARLEM

Page 176.   LE BALLET DES HEURES

1. *L'Imagier de Harlem*, acte III, sixième tableau, scène II; pp. 141-142 de notre édition, t. V des Œuvres complémentaires.

Nous avons montré (*Nerval, Expérience et création*, pp. 590-592) les affinités étroites qui existent entre ces vers, le sonnet *Artémis* et le premier chapitre de *Sylvie*. Voir aussi notre étude de *Sylvie* comme ballet des heures dans *Nerval au royaume des archétypes*, Archives des Lettres Modernes, 130, 1971.

Nerval avait aussi revu le *Poème des heures* de son ami Alfred Busquet, comme celui-ci l'a rapporté dans la préface de ce recueil (texte 26 de notre *Nerval par les témoins de sa vie*, Minard, 1970).

Page 177.   CHRISTOPHE COLOMB

1. *L'Imagier de Harlem*, acte IV, huitième tableau, scène III; p. 169 de notre édition.

Tout ce passage versifie le poème de F. Schiller consacré à *Colomb*, dont Gérard a donné deux traductions en prose. La première se trouve dans le choix de *Poésies allemandes* de 1830 :

« Courage, brave navigateur ! la raillerie peut attaquer tes espérances, les bras de tes marins peuvent tomber de fatigue... Va toujours ! toujours au couchant ! Ce rivage que tu as deviné, il t'apparaîtra bientôt dans toute sa splendeur. Mets ta confiance dans le Dieu qui te guide, et avance sans crainte sur cette mer immense et silencieuse. Si ce monde n'existe pas, il va jaillir des flots exprès pour toi; car il est un lien éternel entre la nature et le génie, qui fait que l'une tient toujours ce que l'autre promet. »

Dans *Le Messager* de septembre 1838 (texte que nous avons recueilli dans le t. II des *Œuvres* parues dans la « Bibliothèque de la Pléiade », pp. 892-893) Nerval donna une traduction différente :

« Va devant toi, et, si ce monde que tu cherches n'a pas été créé encore, il jaillira des ondes exprès pour justifier ton audace; car il existe un Éternel entre la nature et le génie, qui fait que l'une tient toujours ce que l'autre promet » (cf. *Nerval, expérience et création*, p. 138 et notes p. 162).

2. « *Mit dem Genius steht die Natur im ewigen Bunde* », écrit Schiller.

MADAME ET SOUVERAINE

3. *Petite Revue internationale*, 30 mai 1897 (publié par « le vicomte de Tresserve » *alias* Mme de Solms). Date des années 1852-54. Voir les lettres à Mme de Solms.

Chérubin, comme on sait, chante sa romance dans la scène IV de l'acte II du *Mariage de Figaro* de Beaumarchais.

Page 178.   ÉPITAPHE

1. Même provenance.

Mémoires d'un Parisien

Page 181.

1. La découverte d'un feuillet sur la Révolution de 1830 nous a conduit à penser qu'il convient de regrouper sous ce titre, qui est de Nerval, les divers fragments qui nous sont parvenus, d'un ouvrage dont d'autres pages inconnues doivent subsister dans des collections particulières. Nous regroupons ici les textes connus, non dans leur ordre de publication, mais suivant la chronologie des événements ou impressions qu'ils évoquent. On trouvera ici, ainsi regroupés :

   I. Le Cabaret de la Mère Saguet.
  II. Juillet 1830.
 III. Mes Prisons. Sainte-Pélagie en 1832.

Page 183. LE CABARET
DE LA MÈRE SAGUET

1. Paru d'abord dans *Le Gastronome* du 13 mai 1830,
sans signature. Puis, signé Gérard de Nerval, dans
L'Abeille impériale du 15 septembre 1855, par les
soins de P. Lacroix. Voir dans les *Petits Châteaux de
Bohême*, Premier château, IV (Une femme en pleurs),
l'allusion à la Mère Saguet et, en note dans le texte de
La Bohême galante, l'annonce de « Soirées chez la
Mère Saguet » à paraître sous le titre de *La Vieille
Bohême*. (Voir la note 1 de la p. 92.)

Le bibliophile Jacob, qui semble avoir eu en sa
possession le manuscrit, présentait ainsi cette réim-
pression : « Une page de Gérard de Nerval, que nous
retrouvons dans les paperasses de cette époque-là,
doit être recueillie comme un précieux document
pour l'histoire des mœurs et de la littérature en 1830. »

Citons aussi une remarque de Victor Hugo : « L'hôtesse syrienne a plus de grâce que la Mère Saguet, mais,
si Virgile chantait le cabaret romain, David d'Angers,
Balzac et Charlet se sont attablés à la gargote pari-
sienne. » (*Les Misérables*, « Marius », I, ch. x.)

Page 186. JUILLET 1830

1. Nous avons publié pour la première fois, dans
la *Revue des Sciences humaines*, juillet-septembre 1958,
cette page demeurée inédite, d'après le feuillet autographe en notre possession, numéroté 9.

C'est un fragment d'un récit en prose des journées
de juillet 1830. Les événements qu'il décrit semblent
se rapporter à la journée du 28 juillet. Il est vraisem-
blable de supposer que d'autre feuillets de ces *Mémoires
d'un Parisien* sont dispersés dans des collections
particulières. Ils doivent comprendre les huit pages
précédentes, et peut-être aussi une suite établissant
la liaison entre les événements de 1830 et ceux de 1832.
Si de telles pages existent, elles donnent peut-être
une description du milieu « Jeune-France » en 1831
et un témoignage de Gérard sur Hugo et Petrus Borel,
qui nous manque jusqu'à présent.

Rappelons, d'ailleurs, que Th. Gautier annonça
dans *La Presse*, le 11 septembre 1839, un article de
Nerval qui ne parut pas, mais qui était sans doute en

partie écrit alors : « ... l'on promet aussi, écrivait Gautier, un article sur *Les Bousingaults* de Gérard de Nerval, l'auteur du beau drame de *Léo Burckart*, que *La Presse* va reproduire en son entier... »

Lorsqu'en 1841, Nerval publia *Mes prisons*, nous croyons que c'est pour des raisons d'opportunité politique qu'il renonça à faire connaître la partie de ses notes qui se rapportait à la Révolution de juillet. L'ancien éditeur de l'éphémère *Carrousel* (1836), journal gouvernemental, le feuilletoniste de *La Charte de 1830* (1837-1838), l'ami de Jacques Mallac et d'Edmond Leclerc, informateur officieux du ministère de l'Intérieur durant son séjour à Vienne (hiver de 1839-1840), ne tenait pas alors à rappeler sa sympathie pour une révolution dont la réussite avait été si bien confisquée.

2. Sans doute faut-il lire rue du Pont-Saint-Michel, il n'existait pas de rue Saint-Michel.

3. P. Lacroix (le bibliophile Jacob) demeurait 77, rue de Tournon.

4. Béthune, imprimeur, 5, rue Palatine.

5. D'après le Bottin, il demeurait 20, rue Cassette. (D'ailleurs Gérard a corrigé au crayon et mis rue *Cassette*.) C'est lui qui édita en 1830 les *Poésies allemandes*, traduites par Gérard, et le *Choix de Poésies de Ronsard, etc.*, établi par Nerval. Ces deux volumes dans la *Bibliothèque choisie*.

6. Barré au crayon : *Avaient pas* [été].

7. L'Hôtel de Nantes était situé dans la cour du Carrousel, au coin de la rue de Chartres. On sait que Marmont avait massé ses troupes dans ce secteur.

Page 187.

1. Barré : *Mon* (pour *Montmartre*). Par la rue du Bouloi, Gérard allait chez son grand-père, qui habitait 27 (ou 37?) rue Montmartre et y tenait un magasin de lingerie et calicots. Magasin et logement étaient peut-être dans deux maisons différentes de la même rue.

D'après le Bottin de 1830, la *Maison Labrunie, lingerie et calicots*, était au 37, rue Montmartre. Le grand-père Laurent, également linger, était installé à proximité, au 23, rue Coquillière.

2. *Énéide*, XII, vers 948-949.

Page 188.   MES PRISONS —
                SAINTE-PÉLAGIE EN 1832

1. Ces pages parurent d'abord dans *L'Artiste* du
11 avril 1841, sous le titre : *Mémoires d'un Parisien.
Sainte-Pélagie en 1832.* Elles n'ont été reprises ensuite
que dans le recueil posthume de *La Bohème galante*
(1855). C'est donc le texte de *L'Artiste* que nous
suivons. Nerval fut emprisonné à l'automne de 1831,
puis en février 1832 (?) (Voir p. 100 le poème intitulé
Politique).

2. Magalon, un des fondateurs de *L'Album*. Emprisonné à Sainte-Pélagie et à Poissy pour délits de
presse; les traitements dont il fut victime soulevèrent
l'indignation. Chateaubriand intervint en sa faveur.

3. *Mémoires de M. Gisquet*, ancien préfet de police.
Paris, Marchant, 4 vol., 1840.

Page 191.

1. Vol commis le 6 novembre 1831; Fossard était
un forçat libéré dont le frère tenait un commerce de
bijouterie.

Page 196.

1. *La salle est magnifique et la table est immense*
   Toujours par quelque bout le banquet recommence.
Les Chants du Crépuscule, IV, « Noces et Fes-
tins », deux premiers vers. (Référence donnée par
D. Schmidt.)

Page 198.

1. Évariste Galois avait été déféré une première fois
devant les assises en 1831 pour avoir menacé Louis-
Philippe. Après son acquittement, il fut de nouveau
arrêté et condamné à neuf mois de prison pour avoir
revêtu, le 14 juillet 1831, la tenue d'artilleur de la
garde nationale (corps dissous depuis le 1er janvier)
et avoir pris part à un commencement d'insurrection.
É. Galois ne quitta Sainte-Pélagie que pour finir son
temps de détention dans une maison de santé surveillée
par la police, où il resta jusqu'au 30 mai 1832. Il en

sortit au petit jour, pour rejoindre un adversaire
sur le terrain. Grièvement blessé, il mourut le lendemain. Dans sa « lettre à tous les républicains » datée
du 29 mai, on lit : « Je meurs victime d'une infâme
coquette. » (Voir Paul Dupuy : « La Vie d'Évariste
Galois », *Cahiers de la Quinzaine*, 1903, avec un beau
portrait du jeune et génial mathématicien, et l'ouvrage
d'André Dalmas : *Évariste Galois, révolutionnaire* et
géomètre, Fasquelle, 1956.)

Les Nuits d'octobre

Page 199.

1. Nous donnons le seul texte valable, celui que
Nerval publia lui-même dans *L'Illustration* des 9,
23, 30 octobre, 6 et 13 novembre 1852. *Les Nuits
d'octobre* ne furent reprises en volume que dans le
recueil composite intitulé *La Bohème galante* par
Gautier et Houssaye (Paris, Michel Lévy, 1855). Il
est inutile de relever les variantes de cette publication posthume dont on sait assez le peu de confiance
qu'elle mérite.

Page 202.

1. *La Revue britannique*, juillet 1852, 7e série,
pp. 143 à 160 : « La clé de la rue ou Londres la nuit »,
par Charles Dickens.

Page 203.

1. Comme la suite du texte le montre clairement,
cet ami n'est autre que le peintre-poète Auguste de
Chatillon. « La Grand'Pinte » se retrouve dans son
recueil *Chant et Poésie*.

Page 204.

1. *Var.* Ms. : ou seulement *même* à Montmartre.

Page 205.

1. Pour Cernunnos (le cornu), la faute est de Nerval et se trouve aussi dans le manuscrit d'*Aurélia*.

Page 207.

1. *Var.* Ms. : *Tout le monde sait* les facéties...
Sur les excentricités légendaires du baron de Saint-Cricq, J. Marsan renvoyait à Alfred Delvau *(Les Lions du jour)* et à Roger de Beauvoir (*Les Soupeurs de mon temps*, 1868).

2. Harel (Félix-A.) préfet des Landes en 1815, exilé, rentra en France en 1820. En 1829, il prit la direction de l'Odéon, en 1832, celle de la Porte-Saint-Martin. Gérard l'avait connu par l'intermédiaire de Janin, lors de ses premières tentatives dramatiques.

3. Au théâtre, Saint-Cricq adorait interpeller le public, ou engager conversation avec les acteurs en scène.

Page 208.

1. On comparera cette page au récit « Une nuit à Londres » (*Un tour dans le Nord*, ch. II).

2. *Var.* Ms. : je ne sais *trop*.

3. *Var.* Ms. : *de l'ancien estaminet* de l'Épi-scié.

Page 209.

1. Cf. Musset : *Namouna*, chant Ier, str. LXXII.

Page 214.

1. On rapprochera ce chapitre du chapitre III des *Promenades et Souvenirs* (« Une société chantante ») p. 262 ainsi que du compte rendu de Nerval, paru dans *La Charte de 1830* du 30 avril 1838 d'un vaudeville des frères Cogniard *Les Enfants du délire*. (Texte 56 de *La Vie du théâtre*, t. II des Œuvres complémentaires.)

Page 215.

1. M. Olivier Encrenaz nous a indiqué que Nerval cite de mémoire, mettant le refrain en meilleur français, les paroles d'une chanson alors célèbre

Le Baptême du p'tit ébénisse d'Émile Durandeau et Charles-François Plantade :

> « *Que j'aime à voir autour de cette table*
> *Des scieurs de longs, des ébénisses...*
> *Des entrepreneurs de bâtisses...*
> *Que c'est comme un bouquet de fleurs.*
> (parlé en chœur)
> *Que c'est comme un bouquet de fleurs.* »

Page 216.

1. Pour *Amphion.*

Page 218.

1. Pia de Sienne, épouse de Messer Nello della Pietra, qui paraît à la fin du chant v du *Purgatoire.*

2. Nerval a laissé une note qui s'inspire de l'épisode de Paolo et Francesca à propos d'un dessin de P. Chenavard : « Ce sont deux ombres blanches et plaintives, unies dans cet éternel baiser de poésie que l'enfer même n'a pu disjoindre, se glissant sur le fleuve d'oubli impuissant pour elles, dans une barque étrange, moitié esquif, moitié oiseau, dont la proue est un bec et les rames sont des ailes. » (Lovenjoul, D 741, f° 131.) Voir le chant v de *L'Enfer.*

Le poëte, attentif aux structures, voit sans doute la relation entre le chant v de *L'Enfer* et le chant v du *Purgatoire.*

3. Le cloître Saint-Honoré était à l'est du Palais-Royal entre les rues Saint-Honoré, Croix-des-Petits-Champs, Montesquieu et Bons-Enfants.

Cet enclos était formé de l'ancien cloître de l'église Saint-Honoré qui occupait l'emplacement sur lequel sont bâties les maisons de gauche de la rue Montesquieu. L'église Saint-Honoré, fondée au commencement du xiiie siècle par un boulanger nommé Renold Chereins et par sa femme, fut agrandie et réparée en 1579 et démolie en 1792. (Elle contenait une « Présentation au Temple » de Philippe de Champaigne et le tombeau du cardinal Dubois par Coustou.)

4. Voir note 1 de la page 203.

Page 220.

1. Dante, *Enfer*, xvii, vers 81-82. Référence donnée par M. L. Belleli (*R. L. C.* juillet-septembre 1960).

Page 222.

1. Le marché des Innocents occupait l'emplacement de l'église et du cimetière des Innocents.
L'église existait au XIIe siècle, le cimetière fut clos
de murs par Philippe Auguste et plus tard entouré
d'une galerie voûtée construite en grande partie
par le maréchal, de Boucicaut et Nicolas Flamel.
Cette galerie appelée le *Charnier* était destinée à la
sépulture des personnes riches; Flamel y fit enterrer
sa femme. Dans le charnier était peinte *La Danse
macabre* et se voyait un squelette sculpté, en marbre,
par Germain Pilon. Au milieu du cimetière était une
lanterne de pierre haute de près de vingt pieds;
il y avait aussi une croix ornée d'un bas-relief représentant le triomphe du Saint-Sacrement, sculpté
par Jean Goujon. En 1786 l'église et les charniers
furent démolis, on enleva les ossements et une très
grande quantité de terrain du cimetière pour les
transporter hors de la barrière Saint-Jacques dans les
carrières de la Tombe-Issoire. Le sol fut renouvelé,
exhaussé et pavé; vers 1816 on construisit des galeries
en bois pour abriter les marchands. En 1830 on
enterra, dans la partie occidentale, un grand nombre
de citoyens tués dans les journées de Juillet — trans-
portés ensuite, en 1840, sous la Colonne de Juillet.
Au milieu du marché s'élève la *Fontaine des Innocents*,
placée en 1550 à l'angle des rues Saint-Denis et aux
Fers (actuellement rue Berger), déplacée lors de la
création du marché des Innocents. L'ancien monument
n'avait que trois arcades, sculptées par Jean Goujon;
il fallut en ajouter une qui fut sculptée par Pajou.
Le square a été créé en 1858. Les maisons de la rue
des Innocents sont construites sur un des côtés du
charnier. Des boutiques occupent les galeries. Certaines ont conservé leurs voûtes.

Page 227.

1. Il est aussi question du cabaret Paul Niquet dans
Paris anecdote de Privat d'Anglemont (1860) (« Les
oiseaux de nuit », pp. 201-213).

Page 228.

1. Un fragment de dialogue au crayon conservé à
Chantilly (D 741, f° 126) semble se rapporter à cette
partie du texte :
« Vadé :

> *Vos deux bas, cadet*
> *Font voir vos mollets.* »

Ce n'est pas facile de me d[émentir] (ou d[émonter]?)...
Quand je cause, j'y apporte cette irremplaçable sévérité
de l'histoire, cette force d'analyse...
Je ne suis pas pour [légitimer] la mode des pantalons
plissés des mollets, mon fy.
Si tu veux mesurer : je crois que les mollets de la fille
et le t[ien].
N'y parviendrons pas.
Mesurons — Mon ami tu dois mesurer parce que tu es
à la halle aux pommes de terre.
— J'y avais pensé — C'est tout ce que tu payes —
J'offre une tournée chez la Madgnon — Encore un
héritier qui m'éch[appe] : — Ah mon fy c'est réel —
Encore un héritier ! — Ma fille aura un [soldat?] — Si
je l'étais. »

Page 230.

1. Une note de la collection Lovenjoul (D 741,
f° 126 *bis*) n'a pas trouvé son utilisation ; elle concerne
sans doute une scène à laquelle Gérard avait assisté
à Meaux : 1ᵉʳ MEAUX.
Le garde chasse était là — employant tous les moyens
possibles pour obtenir l'évacuation des lieux — comme
on dit souvent aussi improprement — Journal de Seine
et Marne — Pont d'Arches. S'il est un vol particuliè-
rement admirable, c'est celui qui s'associe aux [condi-
tions] d'un respect de l'intelligence, pardon de l'adresse.
Un paysan, venu de la commune de P... avait, en
glanant paisiblement, soustrait quelques épis...
— Moulin à petits sacs.
2. Le texte exact est :

> *Voilà, voilà celui qui revient de l'enfer !*

C'est le dernier vers du poème d'Auguste Barbier,
Dante, qui figure dans les *Iambes* (1831).

Page 231.

1. Deux notes de la collection Lovenjoul (D 741,
f°s 126 *bis* et 124) donnent un brouillon de cette
description :

*Mérinos de Barbarie [toison] d'environ 52 centi-
mètres. Elle pousse comme les plantes et on lui voit sur
la tête des tiges qui supp[ortent] quatorze ou quinze branches. Deux de ces tiges s'élèvent sur son front et forment
des fragments de laine.*

*Et forment des cornes... Cette personne est très ave-
nante. Dans le cours de l'année, il tombe de sa toison
comme de celle des moutons qui ne sont pas tondus à
tems des fragmens de laine. Ses yeux sont expressifs,
elle a la peau très blanche, elle a excité dans les grandes
villes l'admiration de tous ceux qui l'ont vue et dans son
séjour à...*

Page 232.

1. La collection Lovenjoul conserve une intéressante
ébauche des chapitres XVII à XIX (note au crayon
D 741, f° 125, une déchirure a supprimé une partie
de la fin du texte).

Journal d'un assagi.

à *Ch. D.* [Charles Dickens]

*Des corridors, des corridors sans fin, des escaliers, des
escaliers inextricables qui toujours aboutissent à une
eau noire sous l'arche d'un pont et puis on me brise
la tête à grands coups de marteau. Décidément ce n'est
pas une position soutenable pour un gentleman parisien.
C'est extravagant cela n'a pas de raison d'être, il vaut
mieux se réveiller tout à fait.*

*Tiens un coq chante, où suis-je donc? pourquoi m'a-t-on
cassé la tête et de quel droit. Tiens c'était un rêve et je
m'éveille dans la ville de Meaux. Diable de Bilboquet va.*

*Tirons de cet affreux malaise une conclusion solide
et — à Pontoise notre [rêve de cette nuit]. — Je m'éveille
à ma —*

On sait que Bilboquet est un personnage des
Saltimbanques. Le texte, dans sa forme élaborée,
comporte des souvenirs du ch. II du *Stello* de Vigny
et peut-être de gravures de Daumier, elles-mêmes
inspirées de Cruikshank *(The Headache).* (Voir notre
Nerval, Expérience et Création, pp. 407-408.)

Page 235.

1. *Les Prétendus*, comédie lyrique, paroles de Rochon de Chabannes, musique de C. Lemoyne, représenté à l'Académie de musique le 2 juin 1789, et dont le succès se prolongea trente ou quarante ans.

Page 240.

1. Auteur supposé des *Soirées de Neuilly* de Dittmer et Cavé (1827).

Page 242.

1. Voici encore une note de travail, se rapportant à ce passage, conservée à Chantilly (D 741, f° 128) :

Les hommes qui ont [tracé] ce chemin n'ont pu songer qu'on leur demanderait compte un jour de leurs infractions à la ligne droite.

O ce gros rire impitoyable qui semble échapper de leurs chars...

La providence avec l'avenir de tout temps stable.

L'homme a désorganisé cette ordonnance si naturelle et si légère...

Promenades et Souvenirs

Page 251.

1. Ici encore le seul texte sûr est celui de la publication en revue (*L'Illustration*, 30 décembre 1854, 6 janvier et 3 février 1855). Les *Promenades et Souvenirs* furent recueillis ensuite par Gautier et Houssaye dans *La Bohème galante* (1855). Il n'y a pas lieu de tenir compte des variantes de cette publication.

Page 253.

1. Gérard a habité 4, rue Saint-Thomas-du-Louvre de 1848 à 1850 et 9, rue du Mail en 1852 et 1853.

Page 254.

1. Dans le catalogue Laverdet du 16 février 1859 sous le n° 261 figure « Souvenirs de jeunesse », ms. autographe de Nerval ayant servi à l'impression — 6 pages in-4°.

Ce même manuscrit, croyons-nous, est mentionné par A. Marie dans sa Bibliographie sous le n° 38 : « *Promenades et Souvenirs*, I : Les Buttes Montmartre, ms. autographe 6 pages avec 17 variantes, collection J. Marsan. » Les manuscrits de la collection Jules Marsan demeurant inaccessibles, nous devons nous contenter de relever les variantes qui se lisent sur les deux feuillets reproduits en fac-similé pp. 184-185 de l'édition des *Petits Châteaux de Bohême* par J. Marsan (Champion, 1926). Le texte ainsi reproduit commence à « Il y a là... ». Nous y joignons quelques variantes données par J. Marsan. Première variante : ... Un louis pour une chanterelle.

2. En réalité, on ne connaît que de brefs séjours montmartrois de Gérard (chez Gautier, 14, rue de Navarin, en 1840-41 et en 1852; 6, rue Pigalle au début de 1844; peut-être rue des Martyrs à la même époque, peut-être rue de Douai vers 1846). Mais il faut y ajouter les huit mois passés en 1841 à la clinique du Dr Esprit Blanche, rue de Norvins.

3. Ms. barré : *paisibles.*

4. Ms. remplace par rature : *bordées* de précipices.

Page 255.

1. Ms. remplace par rature : *j'ai voulu.*

2. Pour Διόνυσος, la faute est de Nerval — qui a remplacé par rature *qui avait.*

3. Ms. remplace par rature et addition : deux figures de *nymphes*, on obtiendrait...

4. Ms. : Au-dessus se dessine le Chemin des Bœufs puis le jardin du restaurant Gaucher, avec ses kiosques, etc.

5. Ms. remplace par rature : *ligne.*

Page 256.

1. Ms. barré : de s'*en écarter...*

2. Ms. : *étale en cette saison* ses panaches verts décorés... (remplace par rature : *fait valoir* (?) *ses perles*)

3. Ms. barré : *s'app[rête]*.
4. Cette phrase manque dans le ms.
5. Ms. : *y* sont venus étudier.
6. Ms. : remplace par rature : il y *a*.
7. Ms. : où serpentent des *ravines* et des sentiers.
Le fragment reproduit en fac-similé dans l'édition
Marsan s'arrête à : « ... de cette petite vallée... »

Page 257.

1. Selon Marsan, la parenthèse : « (près de Paris,
du moins) » ne figure pas sur le manuscrit.
M. Vautour est le type du propriétaire impitoyable,
créé par Désaugiers dans un vaudeville de ce titre
dont il était l'auteur (1811).

Page 259.

1. Nerval est revenu à diverses reprises sur le fait
que le plan du château de Saint-Germain dessine le
D de Diane. En particulier dans une page d'abord
insérée dans *L'Artiste* du 27 septembre 1846 (« Hamlet
à Saint-Germain ») qui constitue le texte 98 de *La Vie
du théâtre*, page reprise en 1849 dans *L'Almanach
cabalistique pour 1850* (voir notre *Nerval, Expérience
et Création*, pp. 601-602).
2. Voir le ch. xviii de *La Fiancée de Lammermoor*
de W. Scott.

Page 270.

1. Cette gravure, dessinée d'après nature par Lemire
aîné et gravée par Lefèvre vers 1805, est le n° 5 du
catalogue de l'exposition Nerval à la Bibliothèque
nationale (1955). On la trouve reproduite dans notre
Nerval, coll. Seghers, 7e éd., 1972.
2. Ce passage est le plus important de ceux où,
discrètement, Nerval fait allusion au souvenir de sa
mère (il en a déjà parlé quelques pages plus haut).

Page 271.

1. Cette cérémonie eut lieu le 5 mai 1815.

Page 273.

1. Provost dit Raymond a écrit : avec les frères Cogniard la féerie *La Fille de l'air* (1837), avec Saint-Yves *L'Amour d'une reine ou Une nuit à l'hôtel Saint-Paul*, drame en trois actes (1837), et seul *Lucette ou Une chaumière allemande*, comédie-vaudeville en un acte (1836).

Page 274.

1. Dans le ms. Georges Dubois figurent les libres adaptations par Gérard de quatre odes d'Horace : les deux odes *A Tyndaris*, xiv et xv du livre premier; l'ode xi du livre II, *A Posthumus;* l'ode vi du livre IV, *A Torquatus.*

Ces exercices prendront place dans le volume des *Œuvres de jeunesse.*

2. C'est la poésie de Byron, datée de 1810 :

> *Maid of Athens, ere we part*
> *Give, oh give me back my heart!*

3. Le texte de *L'Illustration* reproduit ici cette *Mélodie*, parue successivement dans l'*Almanach des Muses* en 1828 et dans *La Psyché* en janvier 1830. On la trouvera ci-dessus dans les *Poésies diverses*, p. 163.

Page 275.

1. M. Claude Pichois a signalé la publication par Ch. Brainne dans *Le Constitutionnel* du 10 février 1855, d'une grande partie du chapitre vii et de la totalité du chapitre viii des *Promenades et Souvenirs* sous le titre « La Dernière page de Gérard de Nerval ». Ce texte nous semble une simple reprise de la publication dans *L'Illustration*. Toutefois Brainne ayant pu avoir sous les yeux un manuscrit, nous relevons les minimes variantes de cette publication, avec la mention *C.*

Le même texte a été repris dans *La Sylphide* du 20 février 1855. Dans cette publication on trouve des fautes évidentes et aussi quelques petites variantes que nous indiquons (*S.*).

Page 276.

1. Allusion aux *Causeries d'un voyageur* publiées par Dumas dans *Le Pays* (7-9 juillet 1854).

Page 277.

1. *C.* et *S.* : *pas* ailleurs
2. *C.* et *S.* : dans *ces* vieilles maisons, sous *ces* beaux arbres
3. *La Fiancée*, opéra-comique en trois actes, livret de Scribe, musique d'Auber, représenté au théâtre de l'Opéra-Comique le 10 janvier 1829.
4. *C.* et *S.* : *en* madras

Page 278.

1. Ces publications de *C.* et *S.* s'arrêtent ici; elles donnent ensuite le chap. viii en entier.

Page 280.

1. *C.* et *S.* : ou de *Carlepont*, ou de *Montmélian*.
2. *C.* : *ces* pays

Page 282.

1. *S.* : si je *l'*avais connue... *l'*aurais aimée
2. *S.* : *toute* l'éternité
3. Au dos du manuscrit d'*Émerance* (coll. Lovenjoul, D 741, f° 51 *bis*) se lit l'ébauche d'une adaptation du début de la même ballade allemande :
« *Trois étudiants compagnons passaient le Rhin. La fille de l'hôtesse était dans son blanc suaire, le visage d'une pâleur de cire et ses c...* » M. Guillaume (*Les Études classiques*, janvier 1973, p. 66) cite *Der Wirthin Töchterlein* de Ludwig Uhland, texte de 1836 : Nerval en adapte quelques vers.
4. *S.* : *Rheims*

Page 283.

1. *S.* : d'agilité jouaient...

PRÉFACE

« L'Expérience de chacun est le trésor de tous »
par Jean Richer.

POÉSIES DE JEUNESSE CHOISIES
(1822-1827)

ODES ET POÈMES
(1828-1831)

Table 371

MÉMOIRES D'UN PARISIEN

LES NUITS D'OCTOBRE

Table 373

PROMENADES ET SOUVENIRS

DOSSIER

DÉJÀ PARUS DANS LA COLLECTION

Ce volume,
le centième de la collection Poésie
a été achevé d'imprimer sur les presses
de l'imprimerie Bussière à Saint-Amand (Cher),
le 23 septembre 1983.
Dépôt légal : septembre 1983.
1ᵉʳ dépôt légal dans la collection : janvier 1974.
Numéro d'imprimeur : 2256.
ISBN 2-07-032127-4. / Imprimé en France.